Ulrich Nersinger

»Es lebe der Papst-König!«

Ulrich Nersinger

»Es lebe der Papst-König!«

Der militärische Kampf um den Kirchenstaat (1860–1870)

Bernardus-Verlag 2019

 Impressum

1. Auflage 2019

Printed in Germany

Bernardus-Verlag
Verlagsgruppe Mainz
Süsterfeldstraße 83
52072 Aachen
www.bernardus-verlag.de

Herstellung und Vertrieb
Druck & Verlagshaus Mainz
Süsterfeldstraße 83
52072 Aachen
www.verlag-mainz.de

Abbildungsnachweise

Umschlag: Giovanni Gallucci: La battaglia di Castelfidardo (https://upload.wikimedia.org/wikipedia/commons/5/59/Giovanni_Gallucci_La_Battaglia_di_Castelfidardo_palazzo_comunale_di_Castelfidardo.jpg)

Innenteil: Alle Abbildungen und Karten stammen aus dem Privatarchiv des Verfassers.

ISBN-10: 3-8107-0315-X
ISBN-13: 978-3-8107-0315-6

Inhalt

IV. KAPITEL

Ein Neuanfang: die Jahre 1861–1866 77

V. KAPITEL

Das Patrimonium Petri in Bedrängnis 95

VI. KAPITEL

Die Schlacht von Mentana 117

Vorwort

Das letzte Jahrzehnt des alten Kirchenstaates ist für die Papstgeschichte, aber auch für die allgemeine Geschichte von Bedeutung. Eines der ältesten Staatswesen auf dem europäischen Kontinent fand damals sein dramatisches Ende. Über ein Jahrtausend hinweg hatten die Päpste über ein eigenes weltliches Hoheitsgebiet verfügt und nicht selten die Geschicke der Welt entscheidend mitbestimmt.

Von 1860 bis 1870 hatte der Kirchenstaat nicht nur politisch um seine Existenz zu kämpfen. Es waren vor allem militärische, kriegerische Operationen, gegen die er sich vehement wehren musste. 1860 wurden den Päpstlichen Staaten in einem kurzen Feldzug zwei Legationen, Umbrien und die Marken, genommen. 1867 drangen die Freischärlerbanden Giuseppe Garibaldis in den Kirchenstaat ein, drangsalierten die Bevölkerung und versuchten, dem Papst die Ewige Stadt zu nehmen. Drei Jahre später, im September 1870, marschierten reguläre italienische Truppen in das weltliche Hoheitsgebiet des Pontifex Maximus ein und beendeten – entgegen dem geltenden Völkerrecht und mit brutaler Gewalt – die Existenz des Kirchenstaates.

Hintergründe und Details zu den Geschehnissen dieses Jahrzehnts sind auch gut unterrichteten Katholiken kaum oder gar nicht bekannt. Es gab und gibt Vorbehalte, sich mit den kriegerischen Auseinandersetzungen, die von den Päpsten geführt wurden, zu beschäftigen. Der Zeitgeist scheint an einem Verstehen des damaligen Handelns nicht interessiert zu sein und das Urteil zu den Geschehnissen bereits gefällt zu haben. Zustimmung oder Ablehnung, zumindest ein Verständnis der damaligen Ereignisse, haben aber nach und nicht vor einer Informationsbeschaffung zu stehen. Das Wissen des

Warum und Wie ist nicht nur eine Option, sondern hat ein notwendiges Muss zu sein.

Das Buch möchte eine Hilfe sein, über die angesprochene kirchen- und weltpolitische Epoche informiert zu werden. Das Buch ist jedoch ein Versuch – ein nicht einfaches Unterfangen –, eine schwierige Materie dem Leser einigermaßen verständlich zu vermitteln. Es bemüht sich, das militärische Vorgehen allgemein begreiflich darzulegen, ohne sich übermäßig in Fachjargon zu verlieren, den Lesefluss allzu sehr zu beeinträchtigen und mit einer Vielzahl von Fußnoten zu hemmen. Auch muss sich die Darstellung der kirchlichen und politischen Gegebenheiten auf das Nötige beschränken – die Regierungen Italiens wechselten damals genau so oft wie heute, und die einflussreichen ideologischen Strömungen der Zeit zeigten sich in einem breiten Spektrum.

In der vorliegenden Darlegung der Geschehnisse des letzten Jahrzehnts des Kirchenstaates wird Zitaten und offiziellen Dokumenten reichlich Platz eingeräumt, und sie lässt über weite Passagen qualifizierte (wenn auch für ihre Sache eingenommene) Augenzeugen berichten, sie ausführlich zu Wort kommen. Der Verfasser hofft, dass so der Leser in das ereignisreiche Geschehen dieser Jahre besser »einzutauchen« vermag. Diesem Zweck soll auch der Anhang mit seinen Zeitdokumenten und eine ausführliche Bibliografie dienen. Das Buch möchte aufzeigen, wie sehr religiöses Engagement und der Glaube an eine gerechte Sache auf Menschen Einfluss zu nehmen vermögen und Vergangenes bis in unsere heutige Zeit hinein wirkt.

Die Existenz des Vatikanstaates und die Rolle des Papstes bzw. des Heiligen Stuhls in Kirche und Welt sind ohne das, was im letzten Jahrzehnt des Kirchenstaates geschah, nicht denkbar. Die Jahre von 1860 bis 1870 sind für die Kirche keine verlorenen Jahre – die damaligen Kämpfe letztendlich keine Niederlagen.

I. KAPITEL

Die Päpste im Krieg – ein Blick in die Geschichte

»Seit einigen Jahren habe ich mich selbst, obwohl unwürdig, als kleiner Zuave Eurer Heiligkeit bezeichnet. Meine Waffen sind Gebete und Opfer, die ich bis zu meinem letzten Atemzug einsetzen werde. Nur dann wird die Opferwaffe fallen.«

Die hl. Bernadette Soubirous (1844–1879) am 17. Dezember 1876 an den sel. Pius IX.

Begründungen

Heute, wie eh und je, wird gegenüber dem Papsttum die Anschuldigung erhoben, die Nachfolger Petri hätten seit frühester Zeit das Schwert gegen ganze Völker geführt und seien bereit gewesen, für den Erhalt ihrer weltlichen Macht Blut zu vergießen. Die Vorwürfe wiegen schwer, zumal Schriftstellen des Neuen Testamentes als Belege gegen ein solches Vorgehen angeführt werden können. Habe denn nicht Christus den ersten der Apostel im Garten Gethsemani aufgefordert: »Stecke Dein Schwert in die Scheide« (Mt 26,52)? Und würden die Verheißungen der Bergpredigt – »Selig, die Frieden stiften, denn sie werden Söhne Gottes genannt werden« (Mt 5,9) – keine Gültigkeit mehr besitzen?

Die Kirche der ersten Jahrhunderte nahm die Worte Jesu Christi sehr ernst und hielt am Prinzip der Gewaltlosigkeit für sich selbst fest. Doch sie gestand schon bald dem Staat zu, Heere aufzustellen und Kriege führen zu dürfen. Ein Kirchenlehrer, Isidor von Sevilla (566–636), griff in seinen *Etymologiae* Ciceros Rede vom »gerechten Kriege«, dem *bellum iustum*, auf: »Ein gerechter Krieg ist einer, der nach einer Kriegserklärung geführt wird, um Besitz zurückzuerlangen oder um Feinde abzuwehren.« Der Kirchenvater Augustinus (354–430) befasste sich ausführlich mit der Problematik des Krieges; er benennt drei Kriterien, damit ein Krieg als gerecht bezeichnet werden kann: er muss aus einem gerechten Grund (*iusta causa*) geschehen, mit dem Willen zum Frieden (*recta intentio*) ausgestattet sein und auf dem Befehl einer rechtmäßigen Autorität (*legitima potestas*) beruhen.

Thomas von Aquin (1225–1274) behandelte den *bellum iustum* in seinem Traktat von der übernatürlichen Liebe, deren Ziel das Heil des Nächsten ist. Nach Ansicht des großen Kirchenlehrers werden durch einen gerechten Krieg Übeltäter von weiteren Sünden und verbrecherischen Taten abgehalten. Die Kriegsführenden müssten die rechte Absicht haben, entweder das Gute zu mehren oder das Böse zu vermeiden. Aus all diesen Darlegungen ließ sich für die Hirten der Kirche folgern: Das Amt des Bischofs verlangt von dem, der es innehat, sich einer Verantwortung zu stellen, besondere Pflichten zu übernehmen. Die Nachfolger der Apostel sind in der Sorge um das Wohlergehen der ihnen Anvertrauten in die Pflicht genommen – und nicht nur mit Blick auf deren Seelenheil. Und umso mehr gilt dies für den, der dem Kollegium der Bischöfe vorsteht.

Von den Anfängen bis zu Napoleon

»Der römische Bischof ist ohne das Patrimonium der Kirche nichts anderes als der Knecht der Könige und Fürsten«. Mit diesen markanten Worten begründete Enea Silvio Piccolomini, der spätere Papst Pius II. (1458–1464), die Ansprüche der Nachfolger Petri auf ein weltliches Hoheitsgebiet. Das Dictum des großen Humanisten gab die damalige allgemeine Sicht wieder. Über ein eigenes Territorium zu verfügen, verschaffte den Bischöfen von Rom die Möglichkeit, sich als Oberhirten der katholischen Kirche, die im Verlauf der Jahrhunderte in fast allen Ländern der Welt vertreten sein sollte, einer notwendigen Unabhängigkeit von fremden Mächten zu versichern. Doch die Freiheit souverän – nur Gott und dem Evangelium verpflichtet – zu handeln, war nicht der einzige Grund, auf ein eigenes Land, einen Staat zu beharren.

Bereits früh waren den Päpsten Ländereien zum Geschenk gemacht worden. Politische Verantwortung in der westlichen Hälfte des Römischen Reiches hatten sie schon recht bald übernehmen müssen – bedingt durch die Verlegung der Residenz des Kaisers ins ferne Konstantinopel. Die Statthalter der Cäsaren in Italien, Männer mit dem klangvollen Titel eines Exarchen, nahmen ihre Verantwortung für die dortige Bevölkerung nur wenig wahr und besaßen keinerlei echtes Interesse an deren berechtigten Anliegen. Die Päpste sahen sich in die Verantwortung genommen und bewiesen, dass sie aus der Not heraus zum Schutz des Landes und seiner Bewohner handeln konnten, auch mit militärischen Mitteln. So wurden sie notgedrungen zu Landesherren, die sich zu einer verantwortlichen Wehrhaftigkeit bekannten.

Die Sarazenen waren im Jahre 876 bis weit ins Innere des römischen Umlandes vorgedrungen. Johannes VIII. (872–882) bat den Kaiser und die Fürsten und Städte Italiens vergeblich um Hilfe. Der Papst sah sich in die Verantwortung genommen. Er stellte eine Flotte auf, die er trotz seines hohen Alters selbst befehligte. Mit seinen gut ausgerüsteten und mit Marinesoldaten bewehrten Dromonen traf der Pontifex am Kap der Circe auf seine Feinde, nahm ihnen achtzehn Schiffe und befreite 600 christliche Sklaven aus der Hand der Sarazenen. Es war das erste, aber auch letzte Mal, dass ein Oberhaupt der katholischen Kirche als Admiral in den Kampf gezogen war.

Angriffskriege führten die Päpste nie. Die Heere und Flotten, die unter ihrer Fahne standen und segelten, waren auf Verteidigung ausgerichtet (oder auf die Rückeroberung angestammter Gebiete). In der zweiten Hälfte des 12. Jahrhunderts versuchte Kaiser Friedrich I. Barbarossa auf der apenninischen Halbinsel seine Autorität durchzusetzen, um über die im Norden des Landes gelegenen Städte Macht zu erlangen und dem Papst seine Grenzen aufzuzeigen. Von Alexander III. (Rolando Bandinelli, 1159–1181) ermuntert vereinten sich die norditalienischen Kommunen zum Lombardenbund, der *Lega Lombarda*. Mit dem Papst als Bündnispartner zog man gegen den Kaiser in den Krieg und besiegte ihn am 29. Mai 1176 in der Schlacht von Lengano.

Die Päpste der Renaissance, besonders Alexander VI. (Rodrigo Borgia, 1492–1503) und Julius II. (Giuliano della Rovere, 1503–1513), werden zu Unrecht als kriegslüstern und eroberungssüchtig skizziert. Der Borgia-Papst setzte sich gegen ein Wiedererstarken der römischen Barone und Adelsgeschlechter ein, denn Teile des päpstlichen Herrschaftsgebietes drohten durch deren feudales Gebaren unregierbar zu werden. In der Sicherung der Provinzen bediente sich der Pontifex der harten Hand seiner Söhne Juan und Cesare. Auch wenn uns ihr Handeln heute grausam erscheint, so war es doch zum Schutz des Kirchenstaates von Nöten.

Julius II. erwarb den Ruf eines Heerführers, da er sich an die Spitze seiner Truppen setzte, um Perugia und Bologna, zwei Städte, die sich gegen ihn erhoben hatten, niederzuringen. In der feierlichen Totenrede auf Julius II. wird es später heißen: »Er eroberte nicht, er stellte wieder her!« Das folgende Jahrhundert brachte, abgesehen von den Unternehmungen der päpstlichen Flotte zur Türkenabwehr, dem Pontifex Maximus nur wenige militärische Konflikte. 1649 kam es um ein päpstliches Lehen, das Herzogtum Castro, zum Streit. Papst Innozenz X. (Giovanni Battista Pamphily, 1644–1655) entsandte seine Truppen und rang den Aufstand in kurzer Zeit nieder. Als es Jahre später erneut zu Auseinandersetzungen um Castro kam, entzog 1660 Papst Alexander VII. (Fabio Chigi, 1655–1667) dem Herzogtum den Status eines Lehens und gliederte es in das päpstliche Hoheitsgebiet ein.

Es ist angesichts der weltlichen Macht des Papstes allgemein üblich vom »Kirchenstaat« zu sprechen. Bis zum September des Jahres 1860 muss aber korrekterweise von den »Päpstlichen Staaten« gesprochenen. Neben dem Patrimonium Petri – das »Erbe des heiligen Petrus« umfasste Rom und seine Provinzen – übte der Papst die Herrschaft über eine Reihe von Legationen (Staaten) aus. Große Legationen, wie die Romagna, Umbrien oder die Marken, wurden von Kardinallegaten in relativer Eigenständigkeit verwaltet.

Dieser Umstand kam auch in militärischen Angelegenheiten zum Tragen: die Legationen und sogar viele ihrer Städte besaßen eigene Truppen und Milizen.

Einen militärischen Oberbefehl im klassischen Sinne gab es im 18. Jahrhundert im Herrschaftsgebiet des Papstes nicht mehr; im 17. Jahrhundert hatte der Papst zum letzten Mal eine Ernennung zum *Capitano Generale di Santa Romana Chiesa* (»Generalkapitän der Heiligen Römischen Kirche«) ausgesprochen. Ein großes Problem für die päpstliche Armee lag ferner darin, dass sie die meisten ihrer Führungsoffiziere aus ausländischen Armeen (oft der österreichischen) berufen musste, selbst die inländischen Offiziere hatten ihre militärische Ausbildung größtenteils außerhalb der Päpstlichen Staaten erhalten.

Seit dem Jahre 1709 hatten sich die Päpste einer strikten Neutralität verschrieben. Eroberungen durch fremde Mächte glaubte man nicht mehr befürchten zu müssen. So gab es keine größeren Festungen mehr entlang der Grenzen. Die dem Papst verbliebenen Truppen dienten in erster Linie der Aufrechterhaltung der öffentlichen Ordnung im Inneren seiner Staaten. Ein Großteil der Soldaten waren Söldner, zumeist aus den katholischen Kantonen der Schweiz.

Als sich die Zahl der päpstlichen Soldaten immer mehr verringerte, erhoben sich jedoch warnende Stimmen am römischen Hof. So überzeugte man schließlich Papst Klemens XIV. (Giovanni Vincenzo Ganganelli, 1769–1774), im Jahre 1770 ein Dekret zu erlassen, das verlangte, die Sollstärke der päpstlichen Armee auf 7.000 Mann zu bringen. Aber erst in der Regierungszeit Pius' VI. (Giannangelo Braschi, 1775–1799) und unter dem Eindruck der Französischen Revolution begann man eine notwendige Reform des päpstlichen Heerwesens anzustreben – jedoch viel zu spät.

Frankreich begann durch seine brutale Eroberungspolitik das historische Gefüge des europäischen Kontinents erheblich zu stören. Zahlreiche Völker wurden unterworfen, ihre rechtmäßigen Herrscher abgesetzt und in der Napoleonischen Ära Verwandte und Kampfgefährten des selbsternannten Kaisers zu neuen Landesherren bestimmt. Auch die

Päpstlichen Staaten waren dem Machthunger des Korsen zum Opfer gefallen. Den schlagkräftigen Armeen Napoleons hatte der Papst kaum etwas entgegenzusetzen gewusst. Die Truppen des römischen Pontifex waren den französischen Soldaten hoffnungslos unterlegen gewesen, sowohl zahlenmäßig als auch in ihrer militärischen Ausbildung.

Die Kriegsschiffe der Päpstlichen Staaten hatte Napoleon der Armada für seinen Ägyptenfeldzug (1798–1801) einverleibt. In der berühmten Seeschlacht von Aboukir, vor der Küste Alexandrias und auf den Flussarmen des Nils, hatte die ehemalige Flotte des Papstes mitgefochten und war so ihrer vollständigen und sinnlosen Vernichtung entgegengegangen: »Die Offiziere in alle Winde zerstreut, die Mannschaften bis auf den letzten Bootsjungen gefallen, die Schiffe zur Gänze zerstört, die Fahne auf immer eingeholt, eine lange Tradition zerbrochen – meine Geschichte ist zu Ende«, klagte der Dominikaner Alberto Guglielmotti in den letzten Zeilen seiner *Storia della Marina Pontificia* (Geschichte der päpstlichen Marine). 1802 »entschädigte« Napoleon Papst Pius VII. (Barnaba Chiaramonti, 1800–1823) mit zwei (!) neuen Schiffen.

Die Päpstlichen Staaten nach dem Wiener Kongress

Nach dem Sturz des Korsen stellte der Wiener Kongress im Jahre 1815 die alte Ordnung größtenteils wieder her – auch die Päpstlichen Staaten traten erneut auf der Landkarte Europas in Erscheinung. Das weltliche Herrschaftsgebiet des Papstes umfasste neben dem Patrimonium Petri (Rom, seine Umgebung, die Provinzen Velletri, Frosinone, Civitavecchia und Viterbo) wieder die Legationen (Staaten) der Marken, der Romagna und Umbriens sowie das Herzogtum Benevent und das Fürstentum Ponte Corvo. Verloren blieben jedoch die Besitzungen des Heiligen Stuhls in Frankreich: Avignon und die Grafschaft Venaissin. Schon bald wurde in Italien durch liberale und aufklärerisch orientierte Kräfte ein Nationalbewusstsein geweckt, das sich in dem Streben nach staatlicher Einheit äußerte.

Auch der Kirchenstaat blieb von dieser Entwicklung nicht verschont; gegen das *dominium temporale,* die weltliche Herrschaft der Päpste, wurde nun mit großen Anstrengungen zum Kampf aufgerufen. Die Päpstlichen Staaten kannten keine Zwangsrekrutierung von Soldaten. Die zahlenmäßig kleine Armee des Papstes setzte sich ausschließlich aus Freiwilligen zusammen. In Zeiten drohender kriegerischer Auseinandersetzungen warb der Heilige Stuhl zusätzliche Regimenter an; in der Vergangenheit waren diese überwiegend aus der Schweiz rekrutiert worden. Zudem hatten katholische Staaten in bedrohlichen Situationen dem Papst durch die Entsendung von Expeditionskorps beigestanden.

Bereits einen Tag nach der Wahl Gregors XVI. (Bartolomeo Alberto Mauro Cappellari, 1831–1846) brach in Bologna die Revolution aus, die sich innerhalb von zwei Wochen auf den Großteil der Päpstlichen Staaten ausweitete. Am 8. Februar verkündete man in Bologna das Ende der päpstlichen Herrschaft. Am 17. Februar übernahmen Revolutionäre die Macht in der Hafenstadt Ancona. Der Papst sah sich zwei Tage später gezwungen, Österreich und Frankreich um Hilfe zur Wiederherstellung seiner Macht zu bitten. Am 3. März drangen kaiserliche Truppen zum päpstlichen Territorium vor. Den Truppen der Österreicher gelang es schon bald, die Aufstände niederzuschlagen. In einer halboffiziellen Mitteilung aus Wien vom 4. April 1831 hieß es: »Die päpstliche Regierung ist allenthalben in ihre Rechte wieder eingetreten; nirgends hat die gebotene Hülfsmacht sich die geringste Einmischung in die Regierungsangelegenheiten des Landes erlaubt.«

In einer diplomatischen Niederschrift heißt es: »Der Feldmarschall-Lieutenant Baron Geppert hat das Kastell von Ancona, dessen Werke Reparaturen erheischten, herstellen lassen. Von den Insurgenten abgenommenen in der Citadelle von Ancona als Eigenthum der päpstlichen Regierung deponirten Waffen hatte der Feldmarschall-Lieutenant Baron Geppert den päpstlichen Behörden 200 Stücke Gewehre zur Bewaffnung der Gendarmen (Carabinieri) verabfolgen lassen, um die Gegenden, wo keine kaiserlichen Truppen stehen, vor Raubgesindel zu sichern, an dem es nicht fehlen wird, da die Insurgenten, außer den Linientruppen, meistens aus lüderlichen Leuten der Städte bestanden, die nun ohne Unterhalt im Lande herumstreifen und die friedlichen Einwohner beängstigen.«

1832 beschloss der Heilige Stuhl, in der Schweiz zwei Fremdenregimenter durch Privatkapitulationen anzuwerben, die zwei erfahrene Schweizer Offiziere vornahmen, die als Kommandanten des 7. und 8. französischen Garderegiments der Bourbonen gedient hatten. Mit der Gründung des ersten Regiments wurde Franz Simon von Salis-Zizers (1777–1845) beauftragt. Dieses bestand aus 2.200 Mann in zwei Bataillonen mit sechs Kompanien zu je 174 Mann. Es versah seinen Dienst in den Legationen von Bologna und Ravenna. Die Bildung des zweiten Regiments oblag Eugène de Courten (1771–1839). Es sollte die gleiche Stärke haben, doch sein Bestand erreichte nur 1.600 Mann. Die beiden Regimenter wurden durch eine mobile Artillerie (147 Mann und 88 Pferde) unterstützt.

1848 kam es in Rom und den Päpstlichen Staaten zur Revolution; Pius IX. (Giovanni Maria Mastai Ferretti, 1846–1878) musste die Ewige Stadt unter abenteuerlichen Umständen verlassen. Nach der Flucht des Papstes brach Anarchie aus, später ließ Giovanni Mazzini in der Ewigen Stadt die »Römische Republik« ausrufen. Von seinem Exil in Gaeta aus rief Pius IX. die europäischen Mächte zur Verteidigung seiner Rechte auf. Im April 1849 erfolgte eine Intervention französischer und spanischer Truppen zur Wiederherstellung der weltlichen Autorität des Papstes. Revolutionären Einheiten unter der Führung des Freischärlers Giuseppe Garibaldi gelang es zunächst, die anrückende Befreiungsarmee zurückzuschlagen. Dann wurde die Ewige Stadt belagert. In Rom verschlechterte sich zunehmend die Versorgungslage und von außen durften die Republik und ihre Anhänger keine Hilfe erwarten.

Im Norden Italiens war Österreich siegreich gegen republikanische Freischärler und Sardinien-Piemont, das diese unterstützt hatte, vorgegangen. Österreichische Truppen hatten in Bologna und der Romagna die Erhebungen niedergeschlagen und damit wichtige Legationen für den Papst wiedergewonnen. Ende Juni kapitulierten die Vertreter der Republik vor der erdrückenden Übermacht ihrer Gegner; am 3. Juli 1849 wurde die Revolution endgültig niedergeschlagen. Ein Exekutivkomitee aus Mitgliedern des Kardinalskollegiums verwaltete nun im Auftrag und im Namen des Papstes die Päpstlichen Staaten. Französische Truppen blieben als Schutzmacht in Rom stationiert. Der Papst kehrte 1850 unter dem Jubel der Bevölkerung in sein angestammtes Herrschaftsgebiet zurück und begann mit dem Wiederaufbau seiner Truppen.

Im Dezember des Jahres 1850 schuf Papst Pius IX. durch den Zusammenschluss der beiden römischen Stadtkorps, der *Milizia Urbana* und der *Guardia Civica Scelta,* die Päpstliche Palatingarde. Das Korps setzte sich aus zwei Kompanien zusammen, die aus dreizehn Offizieren, zwei Sanitätern, einem Adjutanten im Unteroffiziersrang, fünfzehn Unteroffizieren, siebzehn Korporalen, vier Tambouren und 120 Gardisten bestanden (1859 ordnete der Papst an, dass aus ursprünglich einem Bataillon zwei Bataillone zu je vier Kompanien geschaffen werden sollten). Die Palatingarde leistete Ordnungs- und Ehrendienste im Apostolischen Palast, bei Pontifikalämtern und feierlichen päpstlichen Zeremonien. Obschon in der Verpflichtung als Palastgarde des Papstes half sie der Armee als Begleitschutz bei Waffen- und Munitionstransporten und übernahm Aufgaben, die mit der Aufrechterhaltung der öffentlichen Sicherheit zusammenhingen.

Im Revolutionsjahr 1849 waren die beiden Schweizer Fremdenregimenter aufgehoben worden. Pius IX. entschied sich 1852 für deren Wiedererrichtung. Der Kriegsminister des Papstes, Theodosius von Kalbermatten (1788–1866), beauftragte damit seinen Bruder, Wilhelm von Kalbermatten (1793–1875). Diesem gelang es noch im selben Jahr, ein erstes Regiment (zwei Bataillone, 1854 auf drei Bataillone erhöht) ins Leben zu rufen; 1855 konnte er die Errichtung des zweiten Regiments (zwei Bataillone) vermelden.

Neue Bestimmungen für die päpstliche Armee

Im Januar 1852 unterzeichnete der Staatssekretär des Papstes, Kardinal Giacomo Antonelli, ein Gesetz, das die Präsenz von Ausländern in der päpstlichen Armee regelte. Für die Aufnahme in das Heer des römischen Souveräns waren demnach erforderlich: Ein Empfehlungsschreiben des Heimatgeistlichen, eine Geburtsurkunde und ein Staatsbürgerschaftsnachweis, eine Bescheinigung über die Freistellung vom Militärdienst des Heimatlandes (oder ein Zeugnis über eine ehrenhafte Entlassung) und ein ärztliches Gesundheitsattest. Eintrittswillige mussten in der Regel zwischen 17 und 35 Jahre alt sein (für jene, die schon einmal im päpstlichen Heer gedient hatten, galt für einen erneuten Eintritt ein Höchstalter von 40 Jahren), eine Mindestgröße von fünf Pariser Fuß / 1,62 Meter, später herabgesetzt auf 1,57 Meter, vorweisen können sowie ledig oder kinderloser Witwer sein.

Der päpstliche Soldat schwor beim Allmächtigen Gott, »treu und gehorsam meinem Souverän, dem Römischen Pontifex, unserem Allerheiligsten Vater, und seinen legitimen Nachfolgern zu sein, ihm in Ehre und Treue zu dienen, und auch mein Leben zu opfern für seine heilige und erhabene Person, für den Fortbestand seiner Souveränität und die Verteidigung seiner Rechte« *(Io ... giuro a Dio Omnipotente di essere fedele ed obbediente al mio Sovrano il Romano Pontefice, il Santissimo Padre Nostro, ed ai leggitimi di Lui Successori; giuro di servirlo con onore e fedeltà, e sagrificare, anche la mia vita per la difesa della Sacra ed Augusta di Lui Persona, pel sostegno della di Lui Sovranità, e per la difesa de' suoi diritti).*

Den Offizieren und Angestellten des Kriegsministeriums wurde die Besoldung – das *stipendio* – monatlich, den Unteroffizieren und der Truppe der Sold – die *paga* – täglich ausgezahlt. Zuschläge gab es, wenn die vorgeschriebene Dienstzeit beträchtlich überzogen wurde oder wenn das Militär zur Sicherung ziviler Feste (wie des Römischen Karnevals) beordert wurde. Offiziere und Truppe erhielten zudem aus Anlass besonderer Feierlichkeiten, so dem Jahrestag der Papstkrönung oder in der Zeit der Sedisvakanz des Apostolischen Stuhls, Gratifikationen. Ein großes Problem war bisher das Fehlen einer gemeinsamen Kommandosprache gewesen. Das Ministerium legte fest, dass alle Befehle auf Italienisch zu geben seien (dennoch wurde in den Schweizer Regimentern die deutsche Sprache verwendet). Neugeregelt wurde 1856 die Einteilung der Uniformen. Die entsprechende Verordnung sah vier Kategorien vor: 1) die Paradeuniform (*uniforme di parata*, auch *grande uniforme* oder *di alta tenuta* genannt), 2) die Tagesuniform (*uniforme ordinaria*, auch *comune, bassa* oder *piccola tenuta* genannt), 3) die Arbeitsuniform (*uniforme di fatica)*, 4) die Marsch/Kriegsuniform (*uniforme di campagna*).

Als besondere Auszeichnungen für herausragende oder langjährige Verdienste diente die Verleihung der militärischen Klassen der päpstlichen Ritterorden, des Christus-Ordens (*Ordine Supremo del Cristo*), des Pius-Ordens (*Ordine Piano*)' des Gregorius-Ordens (*Ordine di San Gregorio Magno*) und des Silvester-Ordens (*Ordine di San Silvestro Papa*). Für besondere Verdienste wurden 1856 von Papst Pius IX. *medaglie di benemerenza* gestiftet. Alle Dekorationen waren mit Pensionen ausgestattet: Die Träger der militärischen Klassen der päpstlichen Ritterorden erhielten fünfzig Scudi jährlich. Die mit den *medaglie di benemerenza* Ausgezeichneten bekamen 25 bis 30 Scudi im Jahr; sie verloren jedoch den Anspruch auf diesen Geldbetrag, wenn sie zu Offizieren befördert wurden.

Auf den Weg in neue unsichere Zeiten

Im Juni 1852 war die päpstliche Armee in drei Territorialdivisionen (achtzehn Piazze/Festungsplätze) aufgeteilt. Sie bestand – von den Palastgarden des Papstes abgesehen – aus dem Regiment der Gendarmerie als *arma politica* der Päpstlichen Staaten (vierzehn Kompanien zu Fuß und drei Schwadronen zu Pferd), der Artillerie (acht Batterien und eine Sektion *fuori rango*), dem Pionierkorps, der Infanterie (vier Linienregimenter, je zwei aus Einheimischen und Ausländern bestehend) der Kavallerie, die von einem Dragonerregiment (fünf Schwadronen und einem Zug *fuori rango*) gebildet wurde, einer Disziplinarkompanie, einer Invalidenkompanie und den Sanitätsdiensten.

Das Jahrzehnt brachte dem weltlichen Hoheitsgebiet des Papstes nicht geringe Anfeindungen und Bedrohungen. Bereits 1851 war die Parole von einer »*libera chiesa in libero stato* – freien Kirche im freien Staat« im Sinne Vincenzo Giobertis zu vernehmen. Probleme bereitete der päpstlichen Regierung die in London ansässige »Gemeinschaft demokratischer Flüchtlinge« Italiens, die im August 1851 ein mazzinistisches Manifest erließ und ihre Landsleute aufrief, das »päpstliche Regime« in Rom zu stürzen; nur wenige Monate später folgte ein weiteres Manifest. Der Papst sah sich und seine Untertanen immer mehr bedroht, und so verblieben österreichische und französische Truppen zu seinem Schutz in den Päpstlichen Staaten – eine österreichische Brigade in Bologna, eine zweite in Ancona sowie eine Division Franzosen in der Ewigen Stadt, Civitavecchia und dem römischen Umland.

1855 kam es in England unter der Regie von Premierminister Lord Palmerston im *House of Commons* (Unterhaus) und ebenso in der britischen Presse zur Hetze gegen den Papst und die Päpstlichen Staaten. Die Teilnahme Piemonts am Krimkrieg und dessen Bündnis mit Frankreich zu Beginn des Jahres 1856 schuf für die Feinde der Kirche die Gelegenheit, auf dem Friedenskongress von Paris gegen den Papst zu agieren. Eine Denkschrift vom 27. März beklagte die »Unfähigkeit und Reformgegnerschaft« Roms und verlangte, die nördlichen Provinzen administrativ von den Päpstlichen Staaten zu trennen und einem weltlichen Vikar mit loser diplomatischer, finanzieller und religiöser Bindung an den Papst zu unterstellen. In der Sitzung vom 8. April nannte Graf Camillo Benso Cavour die päpstliche Regierung »eine Schande für Europa«. Aber eine nicht geringe Anzahl von Teilnehmern des Kongresses besaß Anstand, protestierte gegen die Hineinziehung der Papstfrage in die Zusammenkünfte des Kongresses und nahm Rom gegenüber den Anschuldigungen in Schutz.

1858 kam es in Bologna zu einer Affäre von internationalem Ausmaß. 1852 hatte in Bologna ein katholisches Kindermädchen, das in den Diensten des jüdischen Ehepaars Momolo und Marianna Mortara stand, aus religiöser Überzeugung heraus und in Sorge um das Seelenheil eines ihr anvertrauten Kindes einen sakramentalen Akt gesetzt, der weitreichende Folgen haben sollte. Trotz jedes gesetzlichen Verbotes hatte die junge Frau dem Jungen der Mortaras heimlich die Taufe erteilt, da er schwer erkrankt und dem Sterben nahe war. Es handelte sich um eine Nottaufe, die in Todesgefahr gespendet wurde – *in articulo mortis*, wie es das Kirchenrecht formuliert. Das Kind überlebte jedoch glücklicherweise und wuchs bis kurz vor der Vollendung seines 6. Lebensjahres bei seiner Familie auf. Das Kindermädchen zeigte sich darüber unglücklich, dass der von ihr getaufte Junge im jüdischen Glauben erzogen wurde. Es erzählte einer Freundin, dass sie das Kind einige Jahre zuvor getauft hatte. Das Heilige Offizium, die Glaubensbehörde der katholischen Kirche, erfuhr von diesem Vorfall und ordnete daraufhin an, den jungen Edgar Mortara aus seiner Familie zu nehmen, um so eine christliche Erziehung zu ermöglichen. Päpstliche Gendarmen führten den Befehl aus, wenn auch mit einem gewissen Unbehagen. In der Nacht zum 25. Juni 1858 wurde das Kind zur Betreuung in ein kirchliches Institut nach Rom gebracht. Die Entscheidung und das Vorgehen des Heiligen Offiziums lösten weltweit Empörung aus.

Für den Juni des Jahres 1859 gibt es eine recht zutreffende Sicht auf die damalige Militärmacht des Papstes: »Die Organisation der Armee ist eine Mischung von französischem und österreichischem Muster. Das Heer besteht aus 4 Regimentern Infanterie davon 2 Schweizerregimenter, zusammen etwa 7.500 Mann, zwei Jägerbataillone mit 1.500 Mann (ohne gezogene Gewehre), 1 Sedentairbataillon von 1.000 Mann, 1 Regiment Dragoner zu 5 Schwadronen mit 760 Mann, ferner 1 Regiment Artillerie zu 5 Batterien mit 1.600 Mann; Genie und Generalstab (48 Offiziere); die Gendarmerie bildet 4 Legionen zu je 1.000 Mann und zählt 86 Offiziere, dazu kommen noch 4 Compagnien Veteranen mit 410 Mann, ein Invalidencorps zu 60 Mann, die Nobelgarde von 75 Mann, die 2 Compagnien Palatingarde mit 110 Mann und die Schweizergarde mit 146 Mann, 1 Cadettenkorps mit 35 Zöglingen und eine Diciplinarcompagnie von 60 Mann. Die zuletzt angeführten Abtheilungen gehören nicht zu den Streitbaren. Es ist das System der freien Anwerbung angenommen. Angeworben wird jeder unverheirathete, unbescholtene 18–36 Jahre alte Eingeborene oder seit 10 Jahren im Kirchenstaat ansässige Fremde; die Anwerbung geschieht auf 4, 6 oder 8 Jahre.«

Im Kampf um die Unabhängigkeit Italiens besiegten am 4. Juni 1859 französische und piemontinische Truppen in Magenta die Österreicher, die daraufhin Bologna, Ferrara und Ancona räumten. Ihr Abzug führte schon bald zu Erhebungen in der Romagna, Umbrien und den Marken. So begann man in Ravenna mit dem Niederreißen päpstlicher Wappen und dem Hissen nationaler Fahnen (vor allem der Tricolore), die zur Ausrufung vom Ende der weltlichen Herrschaft des Papstes und der Vertreibung des Apostolischen Delegaten (eine Charge, die die Agenden eines Gouverneurs wahrnahm) führten. In der Nacht vom 11. zum 12. Juni 1859 kam es zu einem bewaffneten Aufstand in Bologna; auch hier wurden die päpstlichen Wappen heruntergerissen und dem Kardinallegaten Giuseppe Milesi Pironi Ferretti deutlich gemacht, dass man am italienischen Unabhängigkeitskrieg teilnehmen werde. Dem Purpurträger blieb nichts anderes übrig, als unter Protest die Stadt zu verlassen. Die Unruhen dehnten sich schnell auf Forli, Ferrara, Imola, Faenza, Cesena, Rimini und Perugia in Umbrien aus; Fano, Senigallia, der Geburtsort des Papstes, und Ancona fielen nur vorübergehend ab. Dramatisch gestaltete sich die »Rückeroberung« Perugias.

Mit dieser Militäroperation war ein Schweizer Offizier in päpstlichen Diensten, Oberst Anton Schmid, beauftragt. Über sein Vorgehen berichtete er ausführlich nach Rom: »Am 20., Morgens um zwei Uhr, rückte ich mit meinem Regimente von Foligno aus, in Begleitung der päpstlichen Artillerie-Abtheilung, einem Pikett von ungefähr sechzig Gendarmen und dreißig Douariers, und näherte mich vorsichtig der Brücke von San Giovanni, die wenige Stunden vorher von den

Insurgenten verlassen worden war. Ich überschritt die Tiber und marschierte auf den Flecken los, der verlassen zu sein schien. Kaum aber waren die Gendarmen, die den Vortrab bildeten, zu demselben eingerückt, als ein Flintenschuß aus einem veschlossenen Hause fiel. Ohne mich indessen weiter um den Ort zu kümmern, rückte ich eine halbe Meile weiter auf der Hauptstraße vor, als ich Herrn Staatsrath Chevalier Lottanzi begegnete, der von der Regierung nach der Stadt beordert worden war, um dieselbe auf friedlichem Wege zur Unterwerfung zu bewegen. Er teilte mir mit, daß seine Bemühungen, die Aufständischen zu ihrer Pflicht zurückzuführen, fruchtlos geblieben seien, und sie hartnäckig darauf beständen, die Stadt gegen jeden Angriff zu vertheidigen.

So von den feindseligen Absichten der Insurgenten unterrichtet und wissend, daß sie auf Zuzug aus dem Toskanischen zählten, entschloß ich mich, mit dem Angriffe nicht zu zögern, obschon die Truppen vom Marsche ermüdet waren. Ich befahl den Leuten, das Gepäck abzulegen, bildete drei Kolonnen und rückte unter enthusiastischen Rufen der Soldaten gegen die Stadt vor. Die erste Kolonne ging, gefolgt von der Artillerie, auf der neuen Straße vor; die zweite folgte der alten Straße und die dritte, aus den beiden Voltigeurs-Kompagnien bestehend, nahm den Raum zwischen beiden ein, ging über die Felder, drang durch mehrere Gärten, wo sie auf versteckte Tirailleure stieß und warf diesselben nach einigen Flintenschüßen hinter die Verschanzungen zurück.

Um drei Uhr gelangten die drei Kolonnen, nachdem sie alle Schwierigkeiten überwunden hatten, vor der Facade Saint Pierre an, wohin dieselben beordert waren und nahmen trotz des heftigen Feuers die Feinde, die hinter den Mauern und Arkaden versteckt waren, ihre Stellung ein. Ich versuchte zuerst die Rebellen durch einige Kanonenschüsse einzuschüchtern, dann aber, als ich die Erfolglosigkeit dieses Versuches einsah, befahl ich meinen Truppen, die ich nur noch mit Mühen zurückhielt, anzugreifen. Es ist mir unmöglich, die Kampflust und den Muth unserer tapferen Soldaten zu beschreiben, wie sie, dem heiligen Vater zurufend, die hohen Stadtmauern und gegen die das Thor sperrenden

Barrikaden anstürmte. Wir hatten nur wenige Leitern, und die Beile der Sappeure brachen beim ersten Hiebe. So blieb den Soldaten nur übrig, die Mauern zu ersteigern, indem der eine auf den anderen kletterte.

In wenigen Minuten sank das Banner der Aufständischen, und die päpstliche Fahne flatterte empor. Die Insurgenten wichen nach dem St. Petersthore zurück, wo sie eine zweite Verteidigungslinie gebildet hatten. Hier entwickelte sich unter mörderischem Feuer ein heißer Kampf. Die Truppen, aufgebracht durch den hartnäckigen Widestand, kannten keine Zügel mehr; nachdem sie die Barrikaden niedergeworfen hatten, bemächtigten sie sich der Stellung und erstürmten die Häuser, aus denen man auf sie schoß. In diesem Augenblicke zog sich der Feind, von Schrecken ergriffen und die Unmöglichkeit jedes ferneren Widerstands einsehend, Hals über Kopf in das Innere der Stadt zurück, wo er noch einige vergebliche Versuche, sich zu halten, machte. Endlich, nach vierthalbstündlichen hitzigem Kampfe und unter strömendem Regen, bemächtigten sich die Truppen des Forts und pflanzten unter enthusastischem Jubelrufe die Fahne des heiligen Stuhles auf. Der Widerstand war gebrochen, die Insurgenten wie durch Zauber verschwunden, und Perugia befand sich vollständig in der Hand der Truppen.«

Schmid betonte den Mut aller seiner Untergebenen. Die eigenen Verluste seien zehn Tote und fünfunddreißig Verwundete gewesen; diejenigen des Feindes weit beträchtlicher: nicht unter fünfzig Tote, einhundert Verwundete und 120 Gefangene. Die Aufständischen seien befehligt gewesen »von einem, eigens zu diesem Zwecke aus Toskana heruntergekommenen Obersten Antonio Cerrotti, den Gafen Cesari und Giuseppe Danzetia von Perugia«. Der Schweizer Offizier berichtete, dass nun wieder Ordnung und Ruhe unter der Bevölkerung herrschten. Die umliegenden Dörfer und Herrschaften – so unter anderem Castello und Frate – hätten sich »friedlich dem Gouverment des Heiligen Stuhles unterworfen«.

Am 21. Juni erließ Schmid eine Proklamation: »Bewohner von Perugia! Eine Handvoll Revolutionäre, zu denen sich eine gewisse Anzahl Verführter gesellte, hat ein Attentat gegen die Souverainität des heiligen Stuhles gewagt. Von Seiner Heiligkeit Papst Pius IX. entsendet, um seine gesetzliche Regierung in eurer Mitte wieder herzustellen, hätte ich jede Collision zu vermeiden gewünscht. Diejenigen aber, die sich den Besitz der öffentlichen Gewalt angeeignet hatten, wollten die Verwegenheit bis zum Widerstand mit gewaffneter Hand treiben, in Folge dessen mußten meine Truppen eine ebenso gebieterischer als peinlicher Pflicht nachkommen. Jetzt ist es meine Aufgabe, die öffentliche Ordnung wieder herzustellen und zu beschützen, indem ich zu diesem Behufe von den mir angetrauten Gewalten Gebrauch mache, erkläre und befehle ich Folgendes:

1. Die gesetzliche Autorität der päpstlichen Regierung ist in ihrem ganzen Umfange wieder hergestellt.
2. Alle Acten der ursupatorischen provisorischen Regierung sind null und nichtig.
3. Eine Militärverwaltung ist eingesetzt, die bis auf weitere Verfügung zu bestehen hat.

Bürger Perugia's, achtet die Gesetze und ich bürge für die Disziplin meiner Truppen. Perugia, 21. Juni 1859.«

In einer zweiten Kundmachung ordnete Schmid die Auslieferung aller Waffen an und untersagte jede aufrührerische Kundgebung. Zuwiderhandlungen würden militärgerichtlich bestraft. Am 22. Juni sandte der Papst Oberst Schmid ein Glückwunschtelegramm und beförderte ihn zum Brigadegeneral. Am 8. Juli feierte der Erzbischof von Perugia, Gioacchino Pecci, der Pius IX. 1878 auf den Stuhl des heiligen Petrus nachfolgen sollte, in seiner Kathedrale die Totenmesse für die gefallenen päpstlichen Soldaten. Im August des Jahres verteilte General Schmid hohe päpstliche Orden und eine eigens geprägte Benemerenti-Medaille (»*Perusia expugnata*«) an seine Untergebenen.

Unmittelbar nach der Rückeroberung Perugias begann in Italien eine beispiellose Verleumdungskampagne gegen die Truppen des Papstes, die von kirchenfeindlichen Zeitungen des Auslands bereitwillig unterstützt wurde. Man sprach von den »*Stragi di Perugia*«, dem »Massaker von Perugia«. Das *Giornale di Roma* vom 21. Juni aber teilte zu den Anschuldigungen mit: »Nach glaubwürdigen der Staatsverwaltung zugekommenen Nachrichten sind wir in der Lage die Versicherung geben zu können, dass die verschiedenen im Dienste des heiligen Stuhles stehenden Truppen an den einzelnen Punkten der insurgierten Provinzen nach den Gesetzen der Treue und Ehre benommen haben. Wir werden weitere Details und vor Allem die Namen der wackeren Soldaten mitteilen, die sich ausgezeichnet haben; wir werden auch die Belohnungen melden, die ihnen gegeben worden sind.«

Deutschsprachige, der katholischen Kirche wohlgesonnene Blätter merkten an: »Briefe aus Rom schildern die Vorgänge in Perugia in einem günstigeren Lichte. Bevor der Oberst Schmid, der Kommandant der Schweizer, den Angriff befahl, machte er noch einen Versuch bei den Rebellen, aber der Offizier, den er als Parlamentär abgeschickt hatte, wurde verrätherischerweise mit Flintenchüssen empfangen. In dem Straßengefechte, welches hierauf erfolgte, wurden den Truppen etwa fünfzehn Mann getötdtet; von den Rebellen blieben ungefähr siebzig auf dem Platze. Gewaltsamkeiten gegen die Einwohner haben sich die päpstlichen Truppen keine zu Schulden kommen lassen; Alles, was in dieser Beziehung erzählt wurde, waren ›piemontesische Lügen‹. Unter den Briefschaften, welche die Mitglieder der provisorischen Regierung im Stiche gelassen hatten, befanden sich telegrafische Depeschen des Grafen Cavour, welche die Mitschuld dieses Ministers auf das Verwerflichste herausstellen.«

Der deutsche Kunsthändler und Mäzen Johann Matthias Commeter (1791–1869) schrieb aus Perugia nach Rom: »Hier war Alles wieder in das alte Gleis des alltäglichen Lebens zurückgekehrt, man schusterte, schneiderte und bettelte wieder – wie vorher. Die Todten waren beerdigt und die Verwundeten wurden ausgeflickt. Der Belagerungszustand wird jedoch im höchsten Grade nachsichtig behandelt, die Caffees bis spät Abends besucht. Die Beschreibungen in den bologn. und florent. Zeitungen begangenen Greuelthaten waren ungeheuer übertrieben. Louis Napoleon würde, wenn seine Lyoner Seidenweber sich gegen ihn auflehnen und ihre obere Stadt vertheidigen und auf das Militär schießen wollten, einen ganz andern Prozess mit ihnen begangen haben. Nachdem die Aufrührer und Bewohner dieser Vorstadt auf die einrückenden stürmenden Soldaten aus den Fenstern der Häuser schossen und mit Steinen warfen, fanden sie es im höchsten Grade ungehörig, daß die Soldaten in die Häuser drangen und auch schossen.«

Auch in der Hafenstadt Ancona war es zu einem Aufstand gegen die päpstliche Regierung gekommen. Deren Bewohner versuchten, den Delegaten des Papstes zu einem Eintreten »für die nationale Sache« zu zwingen. Sie gingen zu handgreiflichen Drohungen über, als er sich den Forderungen verweigerte. Die wenigen päpstlichen Artilleristen, die in der Stadt stationiert waren, zogen sich in die dortige Zitadelle zurück, während der Delegat des Papstes Ancona verließ – »Da erschien der päpstliche General Allegrini, welcher mit einer mobilen Colonne Umbrien durchzogen und die Ruhe in dieser Provinz vollkommen aufrecht erhalten hatte. Dieser General glaubte in dem milden, stets zur Versöhnung geneigten und allem Blutvergießen fremden Geiste seines erhabenen Souverains zu handeln (Worte des preussischen Consuls in Ancona), indem er, ohne die Entscheidung der Waffen zu suchen, sich mit seinen Truppen in die Citadelle begab und die Revolution in der Stadt austoben ließ. Dies geschah sehr bald, denn bei der Nachricht vom Anrücken des Generals Kalbermatten lieferten die Anconitaner freiwillig alle Waffen an den General Allegrini ab und fügten sich später ruhig in die Anordnungen Kalbermattens, der den Belagerungszustand erklärte«.

Bereits am 16. Juni hatte der Papst durch seinen Staatssekretär den beim Heiligen Stuhl akkreditierten Diplomaten die Verurteilung der Rebellionsversuche mitgeteilt. Am 17. Juni verhängte Pius IX. gegenüber den Anstiftern die Exkommunikation. In einer Enzyklika vom 18. und einer Allokution (feierliche Ansprache) vom 20. des Monats geißelte er dann erneut die Aufstands- und Annexionsbewegungen. In einer offiziellen Note vom 12. Juli an das diplomatische Korps protestierte Kardinalstaatssekretär Giacomo Antonelli gegen die offene Unterstützung der Rebellen durch die Regierung Viktor Emanuels. Im Herbst des Jahres war für die päpstliche Regierung eine permanente Agitation Piemonts in den Päpstlichen Staaten der Grund für ein drastisches Handeln: Kardinal Antonelli teilte am 1. Oktober dessen überall und unaufhörlich hetzenden Geschäftsträger Graf della Minerva mit, die Würde des Heiligen Stuhls und des Heiligen Vaters erlaube es nicht weiter, dass sich ein Vertreter des Königs bei ihm aufhalte.

II. KAPITEL

Hoffnungen und Niederlagen des Jahres 1860

(Spoleto, Perugia, Castelfidardo, Loreto, San Leo)

Am 19. Januar 1860 erschien die Enzyklika *Nullis certi verbis;* in ihr brandmarkte der Papst nochmals »die sakrilegischen Attentate auf die Souveränität der Römischen Kirche« und forderte von Piemont »die uneingeschränkte Rückgabe der Romagna«. Durch seinen Kardinalstaatssekretär ließ Pius IX. erklären, dass es im Konflikt mit Piemont nur eine Lösung geben könne und zwar »zurückzuerstatten, was genommen worden war« – »Pius X. hielt nicht so sehr an der weltlichen Souveränität um ihrer selbst willen fest, aber er sah in ihr die unerlässliche Garantie für seine geistliche Unabhängigkeit, und die empörte Reaktion der ultramontanen Presse ganz Europas bestätigte ihn in der Auffassung, dass es sich hier um eine Macht handle, für die er vor den Katholiken der ganzen Welt verantwortlich sei und über die er nicht nach eigenem Gutdünken verfügen könne« (Robert Aubert).

Eine neue Militärführung und ein neues Heer

Das päpstliche Heer bedurfte angesichts der Bedrohungen durch Freischärlerbanden und das Königreich Piemont einer Aufstockung und straffen Führung. Kardinalstaatssekretär Antonelli, der seit 1857 für das Kriegsministerium verantwortlich zeichnete, hatte für den Posten des neuen Oberbefehlshabers der päpstlichen Armee erfahrene österreichische Offiziere im Blick. Doch er sollte mit seinen Überlegungen nicht zum Zuge kommen. Der belgische Monsignore Francois Xavier de Merode (1812–1878), ein ehemaliger Offizier, der erst spät zum Geistlichen Stand gefunden hatte, gehörte als Wirklicher Geheimer Kammerherr zur engsten Umgebung des Papstes. De Merode konnte Pius IX. davon überzeugen, durch die verstärkte Anwerbung von katholischen Freiwilligen aus aller Welt eine schlagkräftige Armee aufzubauen – er wurde zum »*l'homme de mobilisation militaire du Saint-Siege*«. Der Monsignore erwirkte beim Papst die Berufung des französischen Generals Louis-Christophe-Léon Juchault Lamoricière zum militärischen Befehlshaber des neuen Heeres.

Lamoricière wurde am 5. September 1806 in Saint-Philbert-de-Grand-Lieu bei Nantes geboren. Aus einer Familie des legitimistischen Lagers kommend studierte er an der Polytechnischen Schule in Paris, besuchte die Artillerie-Schule in Metz und trat dann in die französische Armee ein. Er wurde nach Afrika versetzt und gelangte dort zu höchsten militärischen Ehren. Er zeichnete sich vor allen durch die Erstürmung von Constantine und in den Gefechten von Tagdempt und Mascara aus; ein Höhepunkt seines Wirkens war die Bezwingung von Abd-el-Kader (1847), des Emirs von Algerien, gewesen. Für eine kurze Zeitspanne übernahm er 1848 in der Zweiten Republik das Amt des Kriegsministers. Als unversöhnlicher Gegner Napoleons III. wurde er nach dessen Staatsstreich vom 2. Dezember 1851 verhaftet und ins Exil geschickt. Später wurde ihm die Erlaubnis erteilt, in die Heimat zurückzukehren. Er verweigerte jedoch den Treueeid auf den Kaiser.

Mit Datum vom 8. April 1860 stellte sich Lamoricière in einem Tagesbefehl den päpstlichen Truppen vor: »Soldaten! Seine Heiligkeit der Papst Pius IX. haben geruht, mir die Ehre des Kommandos über Euch anzuvertrauen, um seine mißachteten und bedrohten Rechte zu verteidigen. Ich habe keinen Augenblick gezaudert, meinen Degen wieder zu ergreifen. Mit Aufregung und Spannung horchen die Katholiken des ganzen Erdkreises auf die Klänge der Stimme, welche von der Höhe des Vatikans herab ihnen die Gefahren verkündet, in denen das Erbe Petri schwebt. Das Christentum ist nicht allein die Religion der ganzen Welt; es ist auch die Bedingung für das Fortleben der Civilisation selbst, deren Hüter das Papsttum ist. Die Revolution bedroht heute Europa wie ehemals der Islam, und heute, wie ehemals, ist die Sache des Papstes die der Civilisation und der Freiheit in der Welt. Soldaten, habt Vertrauen und glaubt, daß Gott unseren Mut unterstützen wird bei der hohen Sache, deren Verteidigung er unseren Waffen anvertraut hat. Rom, den 8. April 1860. Der General-Oberkommandant de la Moricière.«

Am 9. April notierte der in Rom lebende deutsche Historiker Ferdinand Gregorovius in seinem Tagebuch: »Lamoriciere hat sich ausbedungen, nur vom Papst abhängig zu sein, immer freien Zutritt zu haben, weder von den violetten noch von den purpurroten Monsignori will er sich dreinreden lassen. Er hat 100.000 Scudi zu seinen Ausgaben erhoben. Er will zehn Batterien und zwei Reiterregimenter schaffen. Man spricht davon, daß die Orléans unter ihm dienen werden – für jetzt sind ihm drei päpstliche Adjutanten beigegeben, darunter der Marchese Zappi. Es heißt, daß die Familie Larochefocould dem Papst eine Million zur Ausrüstung eines Regiments geschenkt habe«. Am 18. April vollendete Pius IX. den Wechsel in der Führung des päpstlichen Militärwesens, er übertrug Monsignore de Merode die Leitung des Kriegsministeriums.

Ein funktionstüchtiges, schlagkräftiges Heer, das den Gegebenheiten der Zeit trotzen musste, bedurfte einer beachtlichen Mannschaftsstärke. Neue Anwerbungsstrategien für die Armee des Papstes – hauptsächlich unter Katholiken im Ausland – waren bereits 1859 unternommen worden. Kaiser Franz Joseph von Österreich gestattete auf seinem Herrschaftsgebiet die Anwerbung päpstlicher Soldaten. Die Regierung in Rom hatte der Apostolischen Nuntiatur in Wien den päpstlichen Hauptmann Baron Engelbert von Brackel, einen Preußen, als Direktor des zentralen Werbebüros zugeteilt, unter dessen umsichtiger Kontrolle Männer, die der päpstliche Nuntius provisorisch ernannte, in Lemberg, Krakau, Brünn, Prag, Linz, Salzburg, Innsbruck, Graz, Laibach, Agram, Wien und Triest die Anwerbung leiteten.

»Der Haß gegen Piemont, welches dem von seinen Bewohnern specifisch verehrten Vaterlande so erfolgreich getrotzt hatte; die Verehrung für das Oberhaupt der Kirche, welche durch die Geistlichkeit stets wachgehalten wurde; locale Verhältnisse, welche durch Mißernten oder Arbeitseinstellungen herbeigeführt waren; endlich die eingetretene Reducirung der Armee und die Auslösung der Freiwilligen-Bataillone: alle diese Umstände führten eine große Masse von Leuten in die Werbedepots, wo ihre Tauglichkeit zum Militairdienst durch Aerzte geprüft und ihre Engargirung vollzogen wurde«, so der päpstliche Offizier Hugo Hoppe.

Für einen Eintritt in die päpstliche Armee durften nicht angenommen werden: alle, die noch im aktiven Militärdienst Österreichs oder in einem Reserveverhältnis standen; Männer im Alter von 17 bis 26 Jahren, die noch nicht zur Einstellung in die österreichische Armee gekommen waren (außer sie waren für diese als untauglich erklärt worden oder hatten sich »freigeloost«). Den österreichischen Polizeibehörden kam die Aufsicht über die Erfüllung dieser Bedingungen zu; sie hatten dann die entsprechenden Pässe für die Dauer des Engagements – vier Jahre – auszustellen.

In Irland hatten Graf Charles McDonnell, ein Österreicher irischer Abstammung, und Alexander Martin Sullivan, der Herausgeber der einflussreichen Zeitschrift *Nation,* Versammlungen unter dem Slogan »*£ 80.000 and an Irish Brigade*« abgehalten. Die Anwerbung von Iren für die päpstliche Armee war von der britischen Regierung durch den *Foreign Enlistment Act* untersagt, doch man war findig genug, das Verbot zu umgehen. »Religionseifer führte die Irländer schaarenweise in die durch das irische Comité, an deren Spitze der österreichische Feldzeugmeister Graf Rugent stand, geheim etablierten Werbedepots, wo sie der aufmerksamen englischen Polizei gegenüber als Arbeiter nach Deutschland, Österreich oder Italien engagirt wurden«, merkte Hugo Hoppe an. Das ganze Unterfangen war jedoch mit zahlreichen Schwierigkeiten verbunden.

Oft war nicht wenigen, zum größten Teil nach Ancona eingeschifften Iren, nicht vermittelt worden, was sie in der päpstlichen Armee erwartete. Ihnen militärische Führung zu geben und die nötige Disziplin beizubringen, wurde dadurch erschwert, dass nicht genügend irische Offiziere zur

Verfügung standen oder man zu außergewöhnlichen Maßnahmen greifen musste – so stellte man den erst 16jährigen (!) James d'Arcy in den Rang eines Leutnants. Angesichts der überwältigenden Übermacht der piemontesischen Truppen bemerkte der Historiker Charles A. Coulombe, dass ihn der Einzug der Iren in den Kirchenstaat an Tolkiens *Herr der Ringe* erinnere, wenn die letzten kleinen Scharen eintreffen, um Minas Tirith gegen die gewaltigen Kräfte Mordors zu verteidigen: »*The scene in Tolkien's ›Lord of the Rings‹, when the last small contingents arrive to defend embattled Minas Tirith against the forces of Mordor*«.

Die sich bildende, ebenfalls neue *Compagnie des Tirailleurs Franco-Belges* erhielt von Anfang an viel Bewunderung und Lob. Der päpstliche Hauptmann Friedrich Edler von Ritter empfand ihre Angehörigen als »durchweg intelligente und gewandte Leute aus allen Ständen, ja sogar aus den besten Familien Frankreichs und Belgiens. Französische, belgische, holländische Offiziere quittirten den Dienst und wurden in Rom für das Bataillon Tirailleur angestellt; französisches Reglement brachte bald feste Disciplin in diese Truppe; es wurde ohne Anstrengung ein Bataillon geschaffen, dass sich Lorbeeren erkämpfen sollte, obwohl es keine sogenannten alten Soldaten (*vieux troupiers*) hatte.«

Kardinalstaatsekretär Giacomo Antonelli sah mit zunehmendem Unbehagen auf die Einstellung der neuen Führung des Kriegsministeriums und das Verhalten der aus dem Ambiente Lamoricières kommenden Offiziere und Soldaten gegenüber dem offiziellen Frankreich. Im Juni 1860 vertraute Gregorovius seinem Tagebuch an: »Vor einigen Tagen riefen Unteroffiziere der päpstlichen Truppen im Cafe Nuovo, vom Weine erhitzt: ›Tod Napoleon! Viva Henri V!‹ Es waren Legitimisten. Sie ließen sich einen Kalbskopf geben, zerschnitten ihn in kleine Stücke, und bramarbasierten dabei, daß sie so den Kopf Napoleons zerstückeln wollten. Cathélineau, ein Greis, noch aus dem Vendée-Krieg, ist hier. Er hat dem Papst versprochen, ein Regiment Vendéer nach Rom zu bringen. Die Malteser Ritter wollen auch ein Regiment aufstellen. Welche Possen! Der Papst hat gesagt, man behandle ihn wie ein Kind, man verberge ihm den Zustand der Dinge. Man hatte ihm versichert, Garibaldi sei aufgerieben, und tags darauf meldete der Telegraph, er sei im Besitze Palermos.« Für den 15. Juni vermerkte Gregorovius: »Heute waren an San Luigi dei Francesi und am französischen Casino Zettel angeklebt, die ausriefen: *Morte a Napoleone, viva Pio Nono, viva Henri V!* Legitimisten machen hier viel Lärm. Lamoricière und Merode sind hier tief verhaßt; sie mögen sich auf Schlimmes gefaßt machen.«

Wer sich vorurteilsfrei mit der Situation der päpstlichen Armee im August des Jahres 1860 beschäftigt, kann sich einer überwiegend negativen Einschätzung der Militärmacht des Papstes nicht entziehen. Selbst päpstliche Offiziere gaben in allen Bereichen, die das Heer betrafen, kritische Anmerkungen von sich – Organisation, Strategien, Offiziere, Mannschaften und Material wurden bemängelt. »Die Offiziere waren nirgends komplett, auch zum Teil wenig kriegserfahren«, moniert Friedrich Edler von Richter, ein Hauptmann in päpstlichen Diensten. Dabei verfügte das Offizierskorps durchaus über fähige Mitglieder. So die Generäle Raphael Courten und Georges de Pimodan; als herausragender Soldat galt Oberst Hermann Kanzler (Linienregiment), und bei den Bersaglieri verfügten Oberst Baron Vogelsang, Oberst Heinrich Graf Coudenhove, Major Fuchmann und Major Ginzel über einen ausgezeichneten Ruf, ebenso bei den französisch-belgischen Schützen Major Louis de Becdelievre und unter den Iren Major Myles O'Reilly. Als Element für eine gut geschulte Truppe sah von Richter »verläßliche erfahrene Unteroffiziere, denen zugleich die nötige Zeit gegönnt war, sich das Vertrauen und die Achtung der Mannschaft zu erwirken. Bei dem großen Mangel an Offizieren mußten die tüchtigen Unteroffiziere zu solchen befördert werden, der Nachwuchs aber war schwach, die Heranbildung unzulänglich.«

Zur Truppe hieß es: »Die Manövrierfähigkeit war, mit Ausnahme der drei ersten Scharfschützen-Bataillone, denen noch in Zeiten Gelegenheit geboten war, sich in der Elementartaktik und kombinierten Feldmanövern unter den Augen des General *en Chef* zu üben, eine sehr geringe. Von den

Schweizern und Einheimischen konnte dies ohnedem nicht erwartet werden; Franco-Belgier und Irländer ersetzten diesen Mangel so viel als möglich durch Hingebung und Begeisterung.« Das Urteil für die früher so bewährten Schweizerregimenter war vernichtend. Von Richter braucht das Wort von der »plötzlichen Entartung«. Die Ergänzung der Schweizertruppen sei »aus schlechten Elementen gezogen, die kriegserfahrenen und tüchtigen Offiziere zum größten Teile fort, in unzulänglicher Zahl durch minder fähige ersetzt worden. Die Zeitumstände hatten die Disziplin gelokkert, die Zukunft war unsicher gestellt; und so fehlten die wichtigsten Bürgschaften für die Verläßlichkeit einer geworbenen Fremdentruppe, welche nicht für eine Idee begeistert, nur für Sold in den Kampf geht.«

Zur Ausrüstung lautete das Urteil: »Die Bewaffnung war eine sehr gemischte, im Ganzen mangelhaft, auch unzulänglich, die alten Truppen hatten nur altartige Gewehre. Die Scharfschützen-Bersaglieri wurden mit ausgemusterten französischen Nationalgarde-Gewehren beteilt; mehrere Compagnien des ersten, zweiten und dritten Bataillons erhielten einige Wochen vor Beginn des Kampfes gut gezogene Gewehre. Die Franco-Belgier waren besser versehen, die Irländer wieder mangelhaft. Letzteren fehlten auch Tornister und Patronentaschen. Feldequipage war nur teilweise bei den alten Truppen vorhanden, für die Neugeworbenen konnte sie nicht mehr geschafft werden, man mußte sich im Falle des Bedarfes mit Lokalfuhren behelfen. Die Offiziere waren nirgends komplett, auch zum Teil wenig kriegserfahren. Die ärztliche Hilfe nur zur Not ausreichend.«

Und Hugo Hoppe führt aus: »Alte, schlechtgehaltene glatte Percussionsgewehre waren in den Händen der Truppen. Freilich konnte bei dem Gange der Ausbildung, den die Truppe durchmachte, eine bessere Bewaffnung auch nichts helfen, indem nur die nothwendigen Paradenuniformen Gegenstand der eifrigsten Übung waren. Die Armee war nur zur Verherrlichung pomphafter Feierlichkeiten, zum Schutze gegen das Banditenwesen, allenfalls gegen empörte Ortschaften zu gebrauchen. Der Friedensstaat legte keinen

Werth auf die feldgemäße Ausbildung seiner Armee, da ein Krieg mit einem auswärtigen Staat nicht denkbar schien ... Nach der Bestimmung des Kirchenstaates als Friedensstaat waren seine inneren Communikationen nur nach den Friedensbedürfnissen, ohne alle Rücksicht auf militairische Combinationen und Zwecke ausgeführt. Die großen Straßen allein waren für Geschütz und schweres Fuhrwerk practicabel. Die kleinen Wege waren ohne alle sachverständige Ausführung gefahrendrohend angelegt und über alle Begriffe schlecht unterhalten.«

Für eine drohende militärische Auseinandersetzung hatte Lamoricière seine *Ordre de Bataille* aufgestellt:

I. Brigade
(General Anton Schmid):

- 2 Bataillone des 1. Fremdenregiments (Schweizer)
- 2 Bataillone des 2. Linienregiments (Einheimische)
- 1 Kompanie mobile Gendarmerie
- 1 Abteilung berittener Gendarmerie
- 1 Batterie der Artillerie

Hauptquartier: Foligno
Die Truppen waren nördlich bis nach Perugia hin aufgestellt.

II. Brigade
(General Pimodan):

- 1. und 2. Bataillon der Cacciatori/Jäger (Einheimische)
- 2. Bersaglieri-Bataillon (Österreicher)
- 1 Bataillon Karabinieri (Schweizer/Österreicher)
- Halbbataillon der Tiraglieri (Franzosen/Belgier)
- 2 Schwadronen Dragoner
- 1 Schwadron Cheveaux-legers (Österreichischer/ Deutsche)
- 2 Batterien der Artillerie

Hauptquartier: Terni

III. Brigade
(General Raphael de Courten):

- 1. und 3. Bersaglieri-Bataillon
- 2 Bataillone des 1. Linienregiments (Einheimische)
- 1 Schwadron Gendarmerie
- 2 Batterien der Artillerie

Hauptquartier: Macerata
Bei einer ernstlichen Bedrohung hatte die Brigade die Garnison Anconas zu vervollständigen.

Reserve:
(Oberst Cropt):

- 2 Bataillone des 1. Fremdenregiments (Schweizer)
- Die Guiden (Eskorte) Lamoricières zu Pferde (Franzosen/Belgier)
- 1 Batterie der Artillerie

Hauptquartier: Spoleto

Die nicht in der *Ordre de Bataille* eingereihten Truppen waren auf Ancona, die Zitadelle Pesaro, Perugia, Crocetto, Rocca di Viterbo, die Festung S. Leo, Palliano, Civita Castellana, Spoleto und Orvieto verteilt.

Stand der päpstlichen Streitkräfte gegen Ende August 1860

An einheimischen Truppen:

- 2 Bataillone Jäger (Cacciatori) 1.600 Mann
- 2 Linien-Regimenter zu je 2 Bataillonen 3.000 Mann
- Artillerie 600 Mann
- Mobile Gendarmerie 1.000 Mann
- Immobile Gendarmerie
  - Legion von Rom 2.300 Mann
  - Legion von Umbrien 1.300 Mann

- Legion der Marken 1.300 Mann

Insgesamt 11.100 Mann.

An fremden Truppen:

- 1 Bataillon Karabinieri (Schweizer) 750 Mann
- 4 Bataillone Bersaglieri (Österreicher/Deutsche), das 5. Bataillon in der Errichtung 4.000 Mann
- 2 Fremden-Regimenter (Schweizer) 2.800 Mann
- 1 Bataillon Tiraglieri (Franzosen und Belgier) 300 Mann
- 1 Bataillon Iren 500 Mann
- Artillerie 600 Mann
- Kavallerie 260 Mann

Insgesamt 9.210 Mann

Quelle:
Skizze des Feldzuges im Römischen im Monate September 1860, Österreichische Militärische Zeitung, 1860, 3. Band, 389.

Auch eine der Palastgarden des Papstes, die Palatingarde (*Guardia Palatina d'Onore*), die 1850 ins Leben gerufene Freiwilligenmiliz römischer Bürger, wurde zur Unterstützung der Armee herangezogen, und zwar als Begleitschutz bei Waffen- und Munitionstransporten. Am 22. Mai 1860 wurde ein entsprechendes Ansuchen von General Lamoricière gestellt: eine Abteilung von 28 Mann unter dem Befehl von Oberleutnant Nicola Antamoro eskortierte einen Konvoi der Artillerie nach Collescipoli, am 9. September des Jahres 1860 geleitete ein weitaus größeres Kontingent von Angehörigen der Palatingarde unter dem Kommando von Oberleutnant Tomaso Filippani Munitionstransporte nach Frosinone und Ponte Corvo.

Am 6. und 7. September hatten sich 3.000 Freischärler in Rimini und Cattolica versammelt und waren dort mit Waffen ausgerüstet worden; eine fast genau so große Bande war in der Umgebung von Arezzo zusammengekommen; ihre Bewegungen wurden von dem piemontesischen General Roselli und seinen Offizieren (u.a. Oberst Masi) geleitet. Am 8. September drang ein Teil dieser Freischärler von Cattolica aus in die päpstlichen Staaten ein, überrumpelte Urbino, und erzwang von der schwachen päpstlichen Besatzung den Rückzug auf Pesaro; einer zweiten Kolonne gelang es, Pergola einzunehmen. Am 9. September wurde Feltria besetzt, so dass mit Ausnahme der Festung S. Leo der ganze nördliche Teil der Marken bis auf die längs der Küste nach Ancona führende Heerstraße in Händen der Freischärler war. In Umbrien drangen die Freischärler ebenfalls am 8. September ein, mit dem Ziel der Ortschaften St. Angelo, Volo, Cogli und Città delle Pieve. General Schmid rückte mit einem Teil der Garnison von Perugia gegen die Freischärler vor, wurde jedoch durch die Nachricht von der Erhebung Perugias zum Rückzug gezwungen.

Am 9. September war die Nachricht von dem Einfall der Freischärler nach Ancona gelangt. Man entsandte von dort unverzüglich zwei Kompanien des 4. Bersaglieri-Bataillons (Hauptmann Rosenbaum) mit zwei Geschützen (Oberleutnant Franz) und einige Gendarmen um vier Uhr morgens in Richtung Senigaglia, um etwaige Aufstände in den Ortschaften niederzuschlagen. Das Unterfangen stand unter dem Kommando des Gendarmerie-Obersten Zambelli. Die Brigade des Generals de Courten war am 9. September von General Lamoricière von Macerata aus zum Aufbruch nach Urbino und Pesaro beordert worden. De Courten entsandte Oberst Kanzler mit dem 1. Bataillon Bersaglieri (Oberst Vogelsang), der 1. Kompanie des 3. Bataillons Bersaglieri (Hauptmann Graf Auersperg) und mehreren Kompanien Einheimischer und Schweizer voraus, während er selbst mit dem Reste der Brigade um vier Uhr nachmittags folgte. Am 10. glaubte de Courten noch, dass er es nur mit Freischärlern zu tun habe. Den folgenden Tag aber erkannten die päpstlichen Offiziere, dass ihnen nun reguläre Truppen der piemontesischen Armee gegenüberstanden.

Als die Freischaren in das päpstliche Territorium eindrangen, waren bereits Truppenkörper des Feindes an der Grenze aufgestellt. An der Küste des adriatischen Meeres zwischen Rimini und Cattolica stand das 4. Armeekorps unter dem Kommando von Generalleutnant Enrico Cialdini mit der 4. Armee-Division (Generalleutnant Pes di Villamarina), der 7. Armee-Division (Generalmajor Leotardi) und eine Reserveeinheit: 48 ¾ Bataillone, acht Schwadronen, sieben Kompanien, neun Batterien mit 21.600 Mann Infanterie, 900 Mann Kavallerie, 2.100 Mann Artillerie, 350 Mann Pioniere und 54 Geschütze. In der Toskana, an der Grenze bei Arezzo und Borgo San Sepolcro war das 5. Armeekorps präsent, kommandiert von Generalleutnant Enrico Morozzo della Rocca, mit der 1. Armee-Division unter General-Major Gerbaix de Sonnaz und einer Reserve: 23 ½ Bataillone, acht Schwadronen, drei Kompanien, fünf Batterien mit 10.500 Mann Infanterie, 900 Mann Kavallerie, 800 Mann Artillerie, 150 Mann Pioniertruppen und 32 Feldgeschützen. Das Oberkommando über die Armeekorps lag in den Händen von Kriegsminister Generalleutnant Manfredo Fanti, der sein Hauptquartier in Arezzo aufgeschlagen hatte.

Am Nachmittag des 10. Septembers erhielt Lamoricière ein Schreiben General Fantis, der ihm im Auftrage Viktor Emanuels mitteilte, dass die königlichen Truppen die Marken und Umbrien in folgenden Fällen besetzen würden:

1. Wenn die unter dem Befehl Lamoricières stehenden Truppen in einer Stadt dieser Provinzen Manifestationen im nationalen Sinne mit Gewalt unterdrücken würden.
2. Wenn Lamoricière eine Bewegung seiner Truppen nach einer dieser Städte anordnen würde.
3. Wenn er im Falle, dass eine derartige Kundgebung durch seine Truppen in einer Stadt unterdrückt worden wäre, seine Truppen nicht sogleich zurückziehen würde, um der Stadt volle Freiheit in der Erklärung ihrer Wünsche zu lassen.

Fanti verlangte eine augenblickliche Beantwortung seiner Bedingungen. Lamoricière erwiderte ihm, dass er das Schreiben schon nach Rom geschickt habe, und ihm die Antwort, auf die der Überbringer des Schreibens, ein Adjutant des feindlichen Generals, warten wollte, zusenden werde. Fanti aber ersuchte auf telegrafischem Weg Lamoricière, ihm seinen Adjutanten zurückzusenden, ohne die Antwort der päpstlichen Regierung abzuwarten.

In den Mittagsstunden des 11. September rückten die Truppen des Königs ohne formelle Kriegserklärung in die päpstlichen Staaten ein. Das 4. Armeekorps, in drei Kolonnen aufgeteilt, marschierte auf Pesaro, Fano und Urbino zu. Am Abend wurde nach einem heftigen Geschützkampf die Stadt und Festung Pesaro eingenommen. Die Eroberer Pesaros machten an die 1.200 Gefangene; fünf Geschütze, zahlreiche Pferde und das dort vorhandene Kriegsmaterial fielen ihnen in die Hände. Die Brigade Granatieri di Sardegna nahm indessen Città di Castello ein. Die 7. Armeedivision besetzte am 12. September Fano, während die 3. Division in Urbino eintraf, den Ort aber bereits von Aufständischen eingenommen vorfand und daher unverzüglich auf Fossombrone vorrückte.

Das 5. Armeekorps war auf dem Marsch auf Fratta. Am Morgen des 13. September traf dessen unter dem Befehl von General Sonnaz stehende Vorhut (die Brigade Granitieri di Sardegna, ein Bersaglieri-Bataillon, eine Feldbatterie und eine Kompanie von Pionieren) in Perugia ein. Sonnaz bemächtigte sich der Stadt nach einem hartnäckigen und blutigem Straßenkampf mit den Iren – »Den günstigen Ausgang des Gefechts hatte der Feind nur der Mitwirkung der Einwohner zu danken, welche auf die tapfer ausdauernden Söhne der grünen Insel aus den Fenstern feuerten, und so endlich deren Rückzug erzwangen« (Friedrich von Richter). Ein weiteres bewirkten eine sechszehnfündrige Batterie und eine Haubitz-Batterie durch die Beschießung der Festung. Noch in der Nacht kapitulierte General Schmid und ergab sich mit 1.700 Mann sowie zwei Feld- und vier Festungsgeschützen dem Feind. »Die Öffnung der Thore erscheint etwa zu rasch erfolgt«, kommentierte Richter. General Schmid beschwerte sich später über den Geist des 1. Bataillons des 2. Fremdenregiments (Schweizer).

Ein deutscher Kriegsteilnehmer in der päpstlichen Armee wird in einem Brief an die *Pfälzer Zeitung* die Iren lobend erwähnen, »die sich besonders gut geschlagen haben. Man hat viel über diese Irländer geschimpft, auch in deutschen Zeitungen. Wahr ist es, daß sie hier einmal mit Gewalt zur Ruhe gebracht werden mußten, allein es sind eigene Leute, und sie müssen deshalb auch eigens behandelt werden. Nun dies der Fall ist, bildet das Bataillon St. Patrick einen nicht zu verachtenden Theil unserer Armee. Von der ›schauderhaften Abgerissenheit‹ in der diese Irländer hier angekommen sein sollen, ist kein Wort wahr; es waren allerdings viele Arme darunter, aber der bei weitem größte Theil war sehr gut gekleidet.«

Am 11. September war Spoleto in den Verteidigungszustand gesetzt worden. Einen Tag danach trat Lamoricière den Zug nach Foligno an, reihte dort das 2. Bataillon des 2. Fremdenregiments in seine Truppen ein, das er von Perugia zu sich beordert hatte, rückte, nun vier Bataillone stark, am 13. nach Serravalle, erreichte am 14. Tolentino und kam am 15. in Macerata an. General Pimodan brach am 12. September mit 4 ½ Bataillonen und 300 Pferden von Terni auf und marschierte einen Tagesmarsch hinter Lamoricière. Beide Kolonnen verfügten gemeinsam über die Feuerkraft von sechszehn Feldgeschützen.

Am 16. September zog Generalmajor Filippo Brigone mit seiner Brigade gegen Spoleto. Militärkommandant der Stadt, die ungefähr 8.000 Einwohner aufwies, war der irische Major Myles O'Reilly. Die Besatzung stellten überwiegend Mitglieder des St. Patrick-Bataillons, dann aber auch Einheimische, Schweizer, Baiern, Österreicher und eine kleine, 23 Mann starke Abteilung der Franco-Belgier. Die Franco-Belgier waren von großer Bedeutung, nicht nur wegen ihres Kampfgeistes, sondern auch durch den Umstand, dass sie sich im Besitz von modernen *Miniè*-Gewehren befanden. Zudem waren sie wie ihre österreichischen Kameraden erfahrene Soldaten. Die Truppe war gezwungen, sich in die Zitadelle zurück zu ziehen, die nur mit zwei alten eisernen Geschützen und einem Geschütz, das für Salutschüsse anlässlich von Feierlichkeiten genutzt wurde, versehen war, während der Feind über gute und ausreichende Artillerie verfügte. Einen Sturmangriff konnten die Iren zunächst abwehren. Doch die piemontesischen Granaten nahmen das Fort ununterbrochen unter Beschuss und zerstörten die päpstlichen Geschütze. Spoleto musste kapitulieren.

Der Einmarsch der Piemontesen in das Herrschaftsgebiet des Papstes ließ den Befehlshaber der päpstlichen Armee nur zu einer Schlussfolgerung kommen. Für Lamoricière war das Einzige, was zu tun und möglich war, unverzüglich nach Ancona zu gelangen. Zu dieser Intention gibt der päpstliche Offizier Hubert Hoppe an: »Der General de la Moricière hatte nach dem Einrücken der piemontesischen Armee in den Provinzen des Kirchenstaates die Ungleichheit der Kräfte erkannt und deshalb beschlossen, das offene Feld zu verlassen, um sich mit allen noch in seinen Händen befindlichen Truppen nach Ancona zu werfen, was er hoffte, solange vertheidigen zu können, bis die europäischen Großmächte gegen die von Piemont begangene offenbare Verletzung des Völkerrechts interveniren würden.«

Doch die Hoffnung auf eine solche Intervention war illusorisch, weder Frankreich noch Österreich wären hierzu ernsthaft bereit gewesen. Der General hatte vom päpstlichen Kriegsminister ein Telegramm mit der Aussage erhalten, der französischen Gesandtschaft sei die Nachricht zugekommen, der Kaiser der Franzosen habe dem König von Sardinien geschrieben und ihm erklärt, er werde sich einem Angriff auf die päpstlichen Staaten mit Gewalt widersetzen – das sich dahinter verbergende Ränkespiel der Politik wurde ihm nicht bewusst.

Lamoricière war, wie berichtet, am 15. September in Macerata eingetroffen; dort erfuhr er, dass ihm der Weg nach Ancona – sowohl über Osimo als auch über Camurano – durch die Truppen des Feindes versperrt war. Er konnte nicht ahnen, dass ihm zu diesem Zeitpunkt erst eine leicht zu durchbrechende Vorhut gegenüber gestanden hätte; es zeigte sich aber auch, dass seine Männer von den anstrengenden Märschen ermüdet und von der Hitze zu sehr angegriffen waren, um noch am selben Tag nach Ancona aufzubrechen. Zudem stand Pimodan mit der größeren Hälfte des Korps einen vollen Tagesmarsch hinter ihm. Hinzu kam, dass er noch einen wichtigen Auftrag zu erfüllen hatte. Oberst Graf

Heinrich Coudenhove, ein Österreicher, war mit längst erwarteten und neuen, dringend benötigten Geldern von Rom in Serravalle eingetroffen. Es handelte sich um eine recht hohe Summe, die nicht nur für die momentane Verpflegung der Truppen, sondern vor allem zur Deckung weiterer Ausgaben in Ancona gedacht war. Die Zukunft der päpstlichen Hafenstadt hing von deren Erhalt ab, das Geld durfte somit unter keinen Umständen dem Feind in die Hände fallen.

Von Ancona aus war der kleine päpstliche Dampfer San Paolo nach Porto di Recanati entsandt worden, der die Gelder in dem Hafen abholen sollte. Das Kriegsministerium in Rom bat Lamoricière darum, sie nach dorthin sicher zu eskortieren. Daher entschloss sich der General, am 16. September nicht direkt nach Loreto zu marschieren, sondern sich zunächst nach Porto di Recanati zu begeben, um die Gelder sicher einzuschiffen. Bei Tagesanbruch zog Lamoricière nach Porto di Recanati. Die hier vorhandenen steilen Abhänge verzögerten den Marsch derart, dass er erst in den späten Nachmittagsstunden dort anlangte, die Gelder auf das Schiff bringen ließ, das sogleich nach Ancona fuhr, und er nach nur kurzer Rast gegen Loreto aufbrach, wo er am Abend seinen Einzug hielt. In Loreto trafen am 17. beunruhigende Nachrichten aus Ancona ein. General de Courten meldete das Sichten einer feindlichen Flotte, die nach Berichten seiner Informanten und nach Andeutungen piemontesischer Parteigänger in Ancona mit der Beschießung der Festung am 18. September beginnen werde.

Die Schlacht von Castelfidardo

Am 16. September hatten die Piemontesen Castelfidardo eingenommen – »einen ummauerten Flecken von 4.500 Einwohnern, 750 Fuß hoch auf dem letzten höheren Ausläufer gelegen, eine Meile westlich vom Meere, 1 ½ Stunde von Loreto entfernt, welches durch das Musonethal von Castelfidardo getrennt wird.«

Lamoricière kommt am Abend des 17. September zu dem Entschluss, am nächsten Morgen den Feind anzugreifen, um schnellstmöglich nach Ancona gelangen zu können. Die einzige Möglichkeit, die Hafenstadt und Festung zu erreichen, sieht er darin, den Weg über den Monte d'Ancona (Conero) zu nehmen. Diese Straße zweigt bei Porto Recanati ab, führt nach einer Furt des Musone etwas unterhalb der Einmündung des Aspio und geht von da über Umana, Sirolo, Massignano, Poggio und längs der Küste nach Ancona. Lamoricière trifft noch in der Nacht Vorkehrungen für das Gefecht und den Marsch.

Die Piemontesen haben ihre auf den Abhängen von Castelfidardo stehenden Truppen am Morgen des 18. Septembers verstärkt. Eine starke Abteilung befindet sich bei einem auf der halben Höhe gelegenen Gehöft (Meierei), und etwa zwei Bataillone halten ein zweites, weiter rückwärts gelegenes Gehöft sowie einen anstoßenden Wald besetzt. Artillerie bestreicht die Abhänge nach allen Seiten. Gegenüber der ersten Meierei ist eine für die Artillerie gangbare Furt durch den Musone, zu der ein gut erhaltener Weg führt, während jenseits derselben ein Landweg weiterführt, der sich bei Umana mit der Straße vereinigt. Das Ufer des Musone, obgleich hoch, hat erträgliche Böschungen; das Bett des Flusses, der nur drei bis vier Zoll Wasser aufweist, besteht aus Kieseln.

Da die Piemontesen mit gezogenen Geschützen versehen sind, dem Lamoricière nur glatte Rohre entgegenstellen kann, ferner die von ihnen besetzte vorgeschobene Position nur 3.000 Schritte von der Furt am Zusammenfluss des Aspio und Musone entfernt ist, den der Tross Lamoricières passieren muss, ist man genötigt, die beiden Meierhöfe zu nehmen und sich möglichst lange dort zu halten.

General Pimodan erhält den Befehl, gegen diese Position vorzurücken, die erste Meierei zu nehmen und Artillerie hinaufzuschaffen, um das andere Gehöft und das Wäldchen zu beschießen, worauf er dann auch diese angreifen soll. Für diese Operation stehen ihm zur Verfügung: die 4 ½ Bataillone seiner Brigade, acht Sechspfünder, vier Haubitzen, des Weiteren 250 Reiter. Die Kavallerie soll sich später in die rechte Flanke begeben, wo das Terrain offener ist. Lamoricière behält als Reserve vier Bataillone und einen Teil der berittenen Gendarmerie, während der andere Teil den Artilleriepark eskortiert.

Die Brigade Pimodan bricht um 8.30 Uhr auf. Sie passiert ungehindert die obere Furt, da der Feind die Ufer in deren unmittelbarem Bereich nicht besetzt hat. Ohne Verzögerung schreitet das Karabinieri-Bataillon (halb Schweizer, halb österreichische Freiwillige) unter dem Kommando von Major Jeannerat den letzten Höhenabhang gegen die Gehöfte hinauf. Den Karabinieri folgt das halbe Bataillon Franco-Belgier, angeführt von Major Becdelièvre.

Das 1. Bataillon Jäger (Einheimische) formiert sich hinter einem Damm zur Kolonne. Die Hinaufschaffung der Geschütze, abgesichert von Angehörigen des Karabinieri-Bataillons, die die in einem kleinen Wäldchen im Hinterhalt postierten feindlichen Bersaglieri in die Flucht schlagen, stößt aufgrund der Bodenverhältnisse und der schlechten Bespannung auf unüberwindliche Hindernisse. Unter zeitraubendem Aufwand und großen Mühen kann man nur zwei Geschütze ins Gefecht bringen; ein Geschütz stürzt über einen Abhang und bleibt liegen, die anderen fahren rechts ab und fallen später bis auf zwei dem Feind in die Hände. Das 2. Bersaglieri-Bataillon unter dem aus Österreich stammenden Major Fuchmann und das 2. Jäger-Bataillon, das sich aus Einheimischen zusammensetzt, verbleiben hinter den Gärten am rechten Ufer des Musone in Reserve. Die Kavallerie wird nach Übersetzung des Musone in die rechte Flanke dirigiert; dort bleibt sie unter der Deckung des Abhanges.

Die zweite Kolonne unter dem Kommando von Lamoricière bricht eine halbe Stunde später (9.00 Uhr) auf, nimmt zunächst die Richtung gegen die zweite Furt, unterhalb der Vereinigung des Aspio mit dem Musone, wird dann jedoch von Lamoricière mit einem Linksschwenk in die Richtung der Brigade Pimodan dirigiert. Der Tross und die Geschütze suchen die Höhen gegen Umana zu gewinnen – »sie wurden dann später sämtlich aufgerollt, genommen, oder versprengt«.

Pimodan beordert das Karabinieri-Bataillon zum Sturm auf das erste Gehöft, das dabei von dem Halb-Bataillon der

Franco-Belgier in der rechten Flanke unterstützt wird und den Feind zurückdrängen kann. Oberst Blumenstiel führt auf dem eroberten Plateau zwei Geschütze hinauf und beschießt von dort den Feind im zweiten Gehöft; aber dieser ist den Päpstlichen derart überlegen, dass ein dauerndes Standhalten nicht möglich ist. Pimodan formiert aus dem francobelgischen Bataillon und Abteilungen des Karabinieri- und ersten Jäger-Bataillons eine Angriffskolonne, die trotz heftigen Gewehrfeuers des Gegners entschlossen vorangeht.

Die Strecke, die sie bis zu ihrem Ziel zurückzulegen hat (600 bis 700 Schritte) ist für eine Sturmkolonne, die zudem noch aufwärts gehen muss, zu groß; als sie dann noch mit massivem Beschuss aus geschlossenen Abteilungen belegt wird, tritt sie den Rückzug an. Der Feind setzt ihnen nach, und will sich wieder in den Besitz des ersten Gehöfts setzen. Die Sturmkolonne macht aber bei dessen Annäherung plötzlich kehrt und wirft ihn mit dem Bajonett so entschieden zurück, dass er sich in seine frühere Stellung begibt. Die beiden päpstlichen Geschütze bemühen sich um die nötige Unterstützung.

Major Becdelièvre trifft Maßnahmen, um das erste Gehöft behaupten zu können. Erneute heftige Angriffe einer klar erkennbaren Übermacht werden von den Franco-Belgiern erwidert. Der Feind entschließt sich daher zu einer doppelten Flankenbewegung und man beschießt die hinter den Gebäuden aufgestellten Reserven; ein Offensivstoß der Franco-Belgier wirft ihn in den Wald zurück. Es sollte ihr letzter Erfolg sein. Lamoricière hat von seinem Standort sowohl den misslungenen Sturm auf das zweite Gehöft als auch die immer weiter in die Flanken seiner Stellung greifenden Bewegungen beobachtet und beordert daher die zwei Bataillone des 1. Fremden-Regiments in die Höhe der Reserve Pimodans, während diese in die Kampflinie rücken soll. Das zweite Bataillon des 2. Fremden-Regiments und des 2. Linien-Regiments (Einheimische) formieren sich hinter den Gärten.

General Pimodan zieht das 2. Bersaglieri-Bataillon (Major Fuchmann) in die erste Linie und geht nochmals zum

Sturm auf das dominierende Gehöft, ohne dessen Eroberung an keinen Erfolg gedacht werden kann, denn aus dieser vorteilhaften Stellung greift der Feind mit seinen zahlreichen gezogenen Geschützen und den Feuerlinien der gedeckten Bersaglieri alles vor sich an – »Mit hochgeschwungener Klinge eilte der tapfere General seiner Sturmcolonne voran, als ihn die tödliche Kugel traf, und mit ihm wurde ein großer Teil der Stürmenden teils todt, teils verwundet zu Boden gestreckt. Um dem Sturme mehr Nachdruck und Stütze zu geben, waren vom Lamoricière die beiden Fremden-Bataillone, Schweizer, zur Deploirung beordert worden, wurden aber, noch ehe diese vollendet, durch einbrechende Geschützkugeln in Unordnung gebracht, wendeten um und eilten davon«, so ein Augenzeugenbericht.«

Von dem Beispiel der Feigheit angesteckt werden das 2. Bataillon des Fremden-Regiments, das Bataillon des 2. Linien-Regiments und dann von der Brigade Pimodan das mit dem 2. Bersaglieri-Bataillon in die Gefechtslinie vorgezogene Bataillon Cacciatori. Den Bemühungen und Zurufen ihrer Kommandanten zum Trotz stürzen alle diese Einheiten in größter Unordnung die Abhänge hinunter und fliehen nach allen Richtungen. Selbst die Artilleristen der Geschütze Pimodans, die nicht zur Höhe gelangt sind und eingepfercht zwischen den Gärten standen, ergreift die Panik und lässt sie die Flucht antreten. Lamoricière sendet berittene Offiziere nach allen Richtungen, um zur möglichen Deckung der Fliehenden die Kavallerie vorzuschieben.

Die Fluchtbewegungen sind beschämend und erschreckend: »Die Freiwilligen zu Pferde hatten gleich im Beginn die erste Colonne, an die sie sich schließen sollten, aus dem Gesicht verloren und waren in einen Weingarten hinter einer Terraindeckung geblieben – man sah sie nicht mehr im Gefecht. Von den ebenfalls zurückgebliebenen päpstlichen Dragonern war eine Escadron auf den ersten Kanonenschuß geflohen, die zweite zeigte sich so erschüttert, daß sie nicht gebraucht werden konnte. Unerschütterlich, kalt und entschlossen fochten mittlerweile die Franco-Belgier und die österreichischen Freiwilligen, mit ihnen die Carabiniers in erster Linie, jeden Fußbreit der nun von allen Seiten andrängenden Übermacht streitig machend«.

Lamoricière nimmt den Fall Pimodans wahr und sieht seine Truppen – »mit Ausnahme der geringen Zahl Tapferer« – in voller Flucht. Er gibt den Tag verloren, erteilt Oberst Graf Coudenhove die Order, das Kommando zu übernehmen, das Gefecht nach Möglichkeit abzubrechen und den Rückzug nach Loreto anzutreten. Er selber trachtet jetzt nur noch danach, auf den Weg nach Ancona zu kommen. Bei diesem Ritt trifft der General auf den aus Preußen stammenden Oberleutnant Paul Uhde, der außergewöhnlichen Mut und Unternehmungsgeist beweisen soll. Uhde hat sich mit zwei Geschützen nach Porto Recanati aufgemacht, um sich von dort auf den Seeweg nach Ancona zu begeben. Als er in diesem Hafen keine Transportmöglichkeit vorfindet, zieht er weiter nach Citta Nuova. Unterwegs trifft er auf den Wagen Lamoricières; er wird nun aufgefordert, aus dem Wagen des Generals Kisten mit wichtigem Inhalt mitzunehmen. Er schifft sich in Civita Nuova mit seinen Leuten, den Geschützen und den Kisten auf einer Schaluppe ein und gelangt in abenteuerlichen Manövern an der feindlichen Flotte vorbei nach Ancona. Dort wird er für seine Tat zum Hauptmann befördert.

In der *Skizze des Feldzuges im Römischen im Monate September 1860* bemerkt deren Verfasser zu recht: »Was bei dem Gefechte von Castel Fidardo besonders auffällt, ist die geringe Anzahl der zur Action gekommenen Truppen. Von den 8 ½ Bataillons, die Lamoricière zu Gebote standen und seine ganzen Streitkräfte ausmachten, kamen nur 3 ½ Bataillons in's Gefecht; die übrigen fünf ergriffen die Flucht, bevor sie einen Schuss gethan. Von den Piemontesen waren gar nur die 2 Bataillons bei der oberen und das Detachement bei der unteren Meierei im Gefechte – wenigstens gibt Lamoricière die ihm gegenüber gestandenen Streitkräfte nicht stärker an und stimmt darin so ziemlich mit Fanti überein, der die Zahl der auf piemontesischer Seite in's Gefecht gekommenen Truppen auf 2.525 Mann angibt. Die Dispositionen Lamoricière's sind seinem Entschlusse vollkommen angepasst und wären, hätte er über bessere Truppen geboten, wahrscheinlich von günstigerem Erfolge begleitet gewesen.«

Und Friedrich Edler von Richter stellt fest: »Das Gefecht von Castel-Fidardo war der einzige offensive Schlag, zu welchem die päpstliche Armee unter Lamoriciéres eigener Führung, und zwar nothgedrungen, gelangte.«

Weitere Verluste

Zur späteren Situation Coudenhoves merkte von Richter an: »Oberst Coudenhove sah sich am 19. September früh zu Loreto an der Spitze von 4.000 Mann, ohne Geld, ohne Lebensmittel, von allen Seiten umstellt, die wenigen Tapferen dezimiert, die Flüchtlinge von gestern mit dem festen Entschluß in der Miene, beim ersten Schusse wieder davon zu laufen. Was noch an Kraftanstrengung möglich war, hatte der brave Major Fuchmann den Tag zuvor beim Rückzuge geleistet, welcher, selbst nach dem Geständnisse des Feindes, mit solcher kalten Ruhe und Ordnung vollzogen wurde, daß er diesem die Lust zur Verfolgung nahm. Das zweite Bataillon Bersaglieri leistete hierbei immer in nächster Linie am Gegner das Meiste. Aber die Kraft war erschöpft, die Munition verschossen. Es erübrigte daher durchaus nichts, als unter möglichst günstigen Bedingnissen zu kapitulieren. Dies geschah auch den 20. zu Loreto. Die Mannschaft streckte das Gewehr. Die Offiziere behielten ihre Waffen. Elf Geschütze, mehrere Munitionskarren, Pferde und Bagage fielen nebstdem dem Sieger in die Hände. Ungefähr 3.000 Mann, meist Indigeni [Einheimische], hatten sich gänzlich zerstreut, zum Teil in Bauernkleidern schon vom Schlachtfeld weg geflüchtet.«

Hugo Hoppe ergänzt: »Der Oberst Graf Coudenhove hatte einen großen Theil der Versprengten in Loretto gesammelt und sich dort zur Vertheidigung eingerichtet. Allerdings hatte er, die Übermacht des Feindes kennend, dies nur gethan, um eine günstige Capitulation zu erlangen, und General Cialdini, der die Entschlossenheit der großen

Mehrzahl der päpstlichen Streiter am Tage von Castelfidardo erkannt, bewilligte seinerseits den geschlagenen Truppen eine ehrenvolle Capitulation. Nach dem Abzuge aus Loreto mit klingendem Spiel legten sie die Waffen nieder, worauf sie als Kriegsgefangene nach Livorno geführt, von wo die Manschaft nach Alexandria geschickt, die Offiziere aber nach Genua eingeschifft wurden.«

Die »Einnahme« der Festung San Leo

Die Festung Rocca di San Leo in den Marken galt neben der Engelsburg in Rom als das berühmteste Gefängnis der Päpstlichen Staaten. In ihr hatten so berühmte Scharlatane wie Giuseppe Balsamo (1743–1795), besser bekannt unter dem angemaßten Titel eines Grafen Alessandro Cagliostro, eingesessen.

Dante Alighieri stellte in seiner *Göttlichen Komödie* fest: »San Leos Gipfel wird zu Fuß erstiegen«. Der Weg zu dem Hochsicherheitsgefängnis des Papstes war beschwerlich. »Unterdes waren wir an den Fuß des Berges gekommen / und sah'n die Felswand, und so steil ist sie, / dass rüst'ge Schenkel dort nur wenig frommen ... Wir erklommen innerhalb der Felsenwände, / bedrängt von beiden Seiten von der Wand, / und unser Weg erheischte Füß' und Hände ... Hoch war der Gipfel, der dem Auge entwich«, beschrieb der Dichter im 3. und 4. Gesang des »Fegefeuers« den Aufstieg nach San Leo.

Die päpstliche Festung, auf dem höchsten Punkt des Berges gelegen, schmiegt sich so eng an den Felsen, dass Menschenwerk und Natur beinahe unmöglich zu trennen sind. Bis zum Einsatz des Schießpulvers in Europa und der Verbreitung von Feuerwaffen hatte San Leo als unbezwingbar gegolten. Um den neuen Gegebenheiten gerecht zu werden, war im Jahre 1479 durch Federico III. von Montefeltro (1426–1482) an den aus Siena stammenden Militärarchitekten Francesco di Giorgio Martini der Auftrag ergangen, die Burg zu einer befestigten Zitadelle auszubauen. Den Bergfried schützte der berühmte Baumeister durch eine undurchdringliche Kurtine, die er im Westen mit zwei Wachtürmen verband und mit einem Kragsteinband ausstattete. In der Festung legte er drei große Plätze an, auf denen die Geschütze manövriert werden konnten. Machiavelli nannte San Leo in seiner *Kriegskunst* das »Modell einer militärischen Befestigungsanlage«. Für Kardinal Pietro Bembo (1470–1547) war sie »der schönste und größte Kriegsbau« Italiens, der »nur durch Verrat« einnehmbar erschien. Mehr als drei Jahrhunderte später sollte sich die Einschätzung des Purpurträgers bewahrheiten.

Während im September 1860 die Verteidigung vielerorts oft nur kurz gehalten wurde, bildete die Festung im Norden der Marken eine Ausnahme: »Nur das schwache St. Leo widerstand dem andrängenden Strome. Die Verteidigung dieses Forts, eigentlich nur eine Frohnfeste zur Aufbewahrung von Verbrechern, verdient ein besonderes Blatt in diesen Erinnerungen, wenngleich selbe auf die Gesamtereignisse selbstverständlich nicht den geringsten Einfluß üben konnte. Sie beweist jedoch deutlich genug, was diese neu geworbenen Truppen unter tüchtigen Führern, und mit militärischer Umsicht verwendet, zu leisten im Stande gewesen wären. Den 2. August bezog die zweite Compagnie des dritten Bataillons Bersaglieri unter Commando des Hauptmanns de Bourry die Garnison zu St. Leo. Die örtliche Lage ist derart exponiert, daß St. Leo gleich vom Beginn als verlorener Posten zu betrachten war. Die vorhandenen Geschütze waren auf das bescheidene Maß beschränkt, und diese im verwahrlosten Zustande. Die Verteidigungswerke waren verfallen. De Bourry ließ in aller Eile die nötigsten Ausbesserungen vornehmen und auf der Nordseite, dem schwächsten Punkte, eine Sternschanze anlegen. Die wohl in hinreichendem Maße, aber von schlechter Qualität vorgefundenen Lebensmittel wurden mittelst Requirierungen von auswärts umgewechselt, das Fehlende ersetzt, die Munition geregelt, kurz mit militärischer Umsicht die Mittel für längere und energische Verteidigung vorbereitet« (Hugo Hoppe).

Gegen Ende August zeigten sich sowohl unter den Einwohnern als auch in dem nahen Talamello und längs der ganzen Marecchia die Einflüsse der nahen Freischaren, und ließen eine baldige Erhebung voraussehen. Im September rückten die feindlichen Abteilungen gegen St. Leo vor, von dem aus täglich Streifpatrouillen nach allen Richtungen entsandt worden waren. Oberleutnant Baron König, ein Hannoveraner, der in der österreichischen Armee gedient hatte, war an diesem Tag mit seinen Männern zu weit vorgedrungen und dann abgeschnitten worden. Aber es gelang ihm, sich mit seinen Leuten durchzuschlagen und die Nachricht von dem Einschluss zu überbringen. Die Piemontesen begannen mit ihren Feldgeschützen das Feuer zu eröffnen, das von der Besatzung der Festung auf das heftigste erwidert wurde. Der Beschuss dauerte – von nur geringen Unterbrechungen abgesehen – bis zum 13. September fort, ohne jedoch die Verteidiger im Geringsten zu erschüttern.

Bisweilen heranrückende Sturmkolonnen wurden durch das Gewehrfeuer der Bersaglieri aus den Deckungen heraus zurückgewiesen, aber auch durch ein entschlossenes Vorgehen mit dem Bajonett. Selbst nächtliche Überrumplungsversuche scheiterten an der Wachsamkeit der Besatzung. »So hielt sich diese kleine Schar in einer schlechten Schanze gegen einen mehr als zwanzig Mal stärkeren Gegner bis zum 25. September, sie erlag weder im Kampf, noch ergab sie sich durch Kapitulation; sondern der Verrat, der in diesem Lande schon so vielfältig seine Rolle gespielt, lieferte auch hier das kleine Häuflein in des Feindes Hände. Hauptmann Gallas, Italiener und leider als Platzcommandant fungierend, hatte in irgendeiner Angelegenheit mit den Belagern zu verhandeln, und es fand sich ein Mittel, daß diese, zum großen Bedauern des Herrn Platzhauptmanns, mit ihm zugleich in die Feste eindrangen, als eben die ermüdete kleine Besatzung sich einer kurzen Ruhe hingab« (Hugo Hoppe).

III. KAPITEL

Der Fall Anconas und der Verlust Umbriens und der Marken

Gendarmerieoberst Zambelli hatte schon früh direkt den Weg nach Ancona eingeschlagen, um die Nachricht von dem Anrücken des Feindes auf die Hafenstadt seinen Vorgesetzten zu überbringen. General de Courten war am 13. September von Senigalia kommend um neun Uhr früh in Ancona eingetroffen, wo er nun auch verblieb. In der Nacht vom 12. auf den 13. gelang es Oberst Kanzler, auf äußerst beschwerlichen Wegen – wobei das Transportieren der Geschütze nur mit den größten Anstrengungen zu vollziehen war – die Höhen zu erreichen, die längs dem Meer die nach Ancona führende Straße beherrschen. Da sich die Straße bereits in den Händen der Feinde befand, war ein waghalsiges Agieren nötig. Doch noch in der Nacht vom 14. auf den 15. September, gegen Mitternacht, rückte Kanzler in Ancona ein. General Lamoricière kam nach der verlorenen Schlacht bei Castelfidardo nach Ancona.

Die Hafenstadt und Festung Ancona

»Ancona besteht in der Befestigung der Stadt durch eine an einzelnen Stellen mit kleinen vorspringenden Bastionen versehene crenelirte Mauer ohne Gräben oder andere Hindernißmittel. An diese Stadtbefestigung angeschlossen, jedoch von ihr unabhängig, sind die Befestigungen der die Stadt einschließenden Berge Campo Trincerato und Monte Cappucino, sowie Monte Merano. Zu ersterer Befestigung (Campo Trincerato) bildet das Castell ein Reduit. Als Hafenvertheidigung und zum Schutze des Zuganges zu dem Westthore, Porta Pia, befindet sich an der Westseite der Stadt ein bombenfestes Polygon, das Lazareth genannt, mitten im Wasser;

außerdem zu ersterem Zwecke an der Ost- und Nordseite eine von Porta Meana weggehende, durch eine Steinmauer gedeckte Geschützvertheidigung (sechs gedeckte Geschützstände), deren nördlicher Endpunkt der mit einer ausgedehnten Casemattirung versehene Leuchtturm ist, dann der Baluardo di San Agostino und eine einfache Batterie Santa Lucia (Anschlußbatterie an Porta Pia). Im Vorterrain liegen auf der Südseite der Stadtbefestigung: die Lunette St. Steffano vor der Courtine 8-9 des Campo Trincerato, und Monte Gardetto, ebenfalls eine Art Lunette, jedoch mit Vorglacis versehen. Der Ausbau dieser beiden ganz in Verfall gerathenen Werke war noch nicht beendigt, ebensowenig wie der der Anschlußmauer von Monte Gardetto nach Monte Cappucino. Die Redoute auf dem Vorwerke wurde vom Monte Pelago dominirt« – soweit eine Beschreibung des in Ancona stationierten päpstlichen Offiziers Hubert Hoppe.

Die Garnison von Ancona setzte sich zusammen aus dem 1. Linien-Regiment (zwei Kompanien), dem Depot und einer kleinen, mit Lamoricière in die Stadt gekommenen Abteilung des 1. Fremden-Regiments, dem 1., 3. und 4. Bersaglieri-Bataillon (Österreicher), dann sechs Kompanien des in der Errichtung begriffenen 5. Bataillons, vier Kompanien des irischen Bataillons, eine mobile Kompanie Gendarmerie, ein Detachement berittener Gendarmen, 45 Chevaux-legers (mit Lamoricière nach Ancona gekommen), 450 Artilleristen und einer Abteilung von Pionieren. Das Linien-Regiment und die drei Bersaglieri-Bataillone waren durch den Verlust der in Pesaro, Fano und San Leo gefangenen Kompanien, so wie durch das Gefecht bei Senigallia bedeutend geschwächt worden, so dass Lamoricière im Ganzen nur über 4.200 Mann Infanterie verfügte.

Zur Artillerie Anconas gibt Hugo Hoppe an: »Die Redoute auf dem Monte Pelago hatte nur eine Batterie leichter Feldartillerie; auf Monte Gardetto befanden sich 8 Geschütze (2 Stück Mörser. 2 Stück 24pfder, 4 Stück 8pfder); auf Monte Cappucino waren 9 Geschütze (1 Stück 54pfder, 2 Stück 32pfder, die erst während des Feuers aufgestellt wurden, 2 Stück 16pfder und 4 Stück 12pfder); auf Monte Merano standen 4 Stück 12pfder; in der gedeckten Batterie (Molo) 4 Stück 24pfder; im Leuchtthurm auf der Plattform desselben 1 Stück 54pfder, 2 Stück 16pfder, in den Casemattirungen 6 Stück 32pfder. Später erhielt Monte Gardetto noch 1 Stück 32pfder und 2 Haubitzen.«

Über die militärische Führung in der Stadt heißt es von Seiten des preußischen Offiziers: »Commandant der Sub-Division Ancona war der Oberst-Lieutenant de Gaddy, ein Mann, der bei aller persönlichen Liebenswürdigkeit einen gewissen Leichtsinn nicht nur zur Schau trug, sondern auch durch seine Handlungen oder vielmehr durch Unterlassungen manifestirte. Sein gewöhnlicher Aufenthalt war die deutsche Bierbrauerei, wo er Meldungen empfing und Befehle austheilte. Zugleich erster Kommandant von Ancona, hatte er an die Maßregeln zur Sicherung der Festung gegen einen Handstreich erst gar nicht gedacht, und diese Unterlassung entzog ihm beim Einrücken der Brigade de Courten auf die Reclamation deutscher Offiziere das Commando, welches de Courten selbst übernahm.«

General de Courten hat nun das Kommando über die innere Umfassung der Stadt, das Lazarett und die Redoute am Monte Scrima an sich gezogen; Kanzler, am 22. September zum Brigade-General befördert, befehligt die Außenwerke und die Redouten auf dem Monte Pelago und Monte Pulito. Das 1. und 3. Bersaglieri-Bataillon hat die Bewachung der Gardetto und der Redouten auf den beiden Monti übernommen. Im verschanzten Lager befinden sich ein Teil des 4. Bersaglieri-Bataillons und drei Kompanien Iren, in der Zitadelle eine Kompanie Iren und eine Kompanie des 4. Bersaglieri-Bataillons. Zwei Kompanien sind in der Lunette San Stefano stationiert.

Die Belagerung zu Land und Wasser

Am 18. September finden sich sieben unter dem Befehl von Vizeadmiral Carlo Pellion di Persano stehende Schiffe vor Ancona ein: die Schrauben-Fregatten *Maria Adelaide* (45 Geschütze), *Vittorio Emanuele* (45 Geschütze), *Carlo Alber-*

to, (45 Geschütze) sowie die Raddampfer *Costituzione* (zehn Geschütze), *Governolo* (zehn Geschütze) und *Monzambano* (vier, nach anderen Angaben zehn Geschütze). Kaum sind die Schiffe in Schussweite gelangt, eröffnet die Leuchtturmbatterie das Feuer gegen sie, dem sich die Batterien von Monte Murano, Ai Cappucini und Monte Gardetto mit ihren Geschützen anschließen – »da die Flotte die Fahne nicht hißte, wurde sie mit scharfen Schüssen begrüßt, erst beim dritten Schusse flatterte das savoische Kreuz am Admiralschiffe empor«, erinnerte sich ein päpstlicher Offizier. Die feindliche Flotte erwidert das Feuer; es gelingt ihr, mehrere Geschütze zu demontieren und den Festungswerken Schaden zuzufügen.

Der 19. und 20. September verlaufen eher ruhig. Der folgende Tag bringt dann einen provozierenden, das päpstliche Heer beleidigenden *Ordine del Giorno* Cialdinis: »Soldaten! Ich führe Euch gegen eine Bande fremder Abenteurer, welche das Verlangen nach Plünderung und Raub in unser Land gebracht hat. Schlagt und zerstreut unerbittlich diese miserablen Mörder, damit sie durch Eure Hand den Zorn eines Volkes fühlen, welches seine Unabhängigkeit will. Soldaten! Perugia will eine Rache und soll sie, wenn auch spät, haben.« Am 22. September folgen dem italienischen Geschwader noch die Transportdampfer *Dora, Tanaro, Conte Cavour* und die Brigg *Azzardosa,* die den Belagerungspark mit sich führt, der am 23. im Hafen von Umana unter großen Schwierigkeiten ans Land gebracht wird.

Am 24. September ist Ancona von den feindlichen Truppen eingeschlossen, und es beginnt der Angriff auf die päpstliche Hafenstadt vom Land her. In den frühen Nachmittagsstunden, gegen 3.00 Uhr, eröffnen die Piemontesen das Feuer – »und zwar aus einer Entfernung (4.000 Schritt), aus welcher eine Wirkung unglaublich schien; allein sie hatten gezogene Geschütze und reichten nicht nur bis zu unseren Vorposten, sondern fast bis zum Castel und zum Campo Trincerato. Die Geschütze dieser Werke versuchten das Feuer zu erwidern, überzeugten sich jedoch bald, daß sie hinsichtlich der Tragweite mit den gezogenen nicht concurriren konnten. Sehr bald avancirte die Batterie der Piemontesen von der Höhe nach einem auf der Mitte des Berge gelegenen Gehöft und suchte von hier aus eine größere Wirkung ihres Feuers zu erlangen, kam aber dadurch in die wirksame Schußweite der Festungsgeschütze, welche bald eines ihrer Geschütze demontirten. Der anbrechende Abend verminderte das Feuer, welches bald ganz aufhörte« (Hugo Hoppe).

Am 25. September unternehmen zwei Schiffe einen heftigen, vierstündigen Beschuss auf Monte Cappucini und Monte Gardetto, bis sie sich wieder zurückziehen. Von anderen Schiffen werden Monte Pelago und Monte Pulito unaufhörlich in Angriff genommen, doch deren Besatzung hält tapfer stand – »Die Fregatten feuerten aus Armstrong-Kanonen conische Geschosse in Flaschenform mit Pulver gefüllt. Es kamen aber, in Folge einer mangelhaften Füllung, wenige zur Explodirung«, so Friedrich von Richter. Den Angriff von der Seeseite nun zu Land unterstützend, rückt der Feind auf die Höhe des Dorfes Pietra della Croce vor, stellt dort eine Batterie auf und nimmt dann den Monte Pelago unter Beschuss. Deren päpstliche Besatzung unterlässt nichts, um mit schwachen Geschützen das Feuer zu erwidern. Es rächt sich nun aber, dass man für die Befestigung des Monte Pelago wenig getan hat. Die Redoute Scrima, die sogenannte »Radetzky-Schanze«, hat man nur schwach besetzt; in den Abendstunden muss sie zur Gänze geräumt werden. Die Piemontesen bringen sieben Geschütze dorthin und beschießen mit ihnen die Porta Pia und das Kastell. General della Rocca erringt noch weitere Erfolge für den Feind, unter anderen die Einnahme des Forts auf S. Maria delle Grazie.

Ein Ausfall päpstlicher Truppen

Hugo Hoppe berichtet von dem einzigen Ausfall, den man von Ancona aus wagte und der von General Lamoricière befohlen worden war: »In der Nacht vom 25. zum 26. September gegen 2 Uhr Morgens rückten zwei Schweizer-Compagnien, denen sich der General Kanzler anschloß, von der Stadt nach dem Monte Pelago. Hier bildete das dritte Bersaglieri-Bataillon nebst einer Batterie Artillerie die Besatzung der Redoute, welche außerdem noch verstärkt war durch 4 Geschütze italienischer Feld-Artillerie und eine halbe Compagnie vom 4. Bersaglieri-Bataillon. Von diesen Truppen waren: 2 Compagnien auf Vorposten, 4 Compagnien und 1 Batterie Artillerie in der Redoute,1 ½ Compagnie und 4 Geschütze auf Monte Pulito. Der General Kanzler machte den Commandanten des 3. Bersaglieri-Bataillons, Major Ginzel, mit der Absicht, die feindliche Batterie bei della Croce zu überfallen, bekannt, und diese schloß sich der Expedition gleichfalls an, um die etwa erforderlichen Unterstützungen dirigiren zu können.

Die Vorposten nahmen die beiden Schweizer-Compagnien auf und rückten geräuschlos rechts und links der Straße mit vor. Die feindlichen Vorposten werden entschlossen über den Haufen und in das Dorf hineingeworfen, alamiren aber durch fortwährendes Schießen die Reserven und Bedienungsmannschaften der Batterie. Schon rücken die Schweizertruppen in der Dorfgasse gegen diese vor, während die Bersaglieri die Infanterie vor sich hertreiben, als einige Kartäschlagen aus der feindlichen Batterie die Schweizer in Verwirrung und zur schleunigen Flucht bringen. Der General Kanzler, wohl einsehend, dass der Überfall der Batterie, der auf Überraschung berechnet, verfehlt sei, befahl dem Major Ginzel, das Gefecht abzubrechen und zur Sicherung des Rückzuges die geeigneten Maßregeln zu treffen, und dieser ließ durch eine Compagnie eine rückwärts gelegene Position besetzen und zog dann sämtliche Truppen aus dem Feuer. Dies konnte um so leichter bewerkstelligt werden, als die Piemontesen sich damit begnügten, den Angriff abgeschlagen zu haben, und an eine Verfolgung nicht dachten, weshalb auf Befehl des Generals Kanzler auch die alten Stellungen eingenommen und die beiden Compagnien Schweizer nach der Stadt zurückgeschickt wurden.«

Über den Ausfall urteilt Friedrich von Richter: »Das Gefecht bei Monte Pelago war weder seiner Natur nach großartig, noch von besonderem Gewicht für den Erfolg, denn bei der Schwäche der Besatzung, der Unzulänglichkeit der Geschütze und der Unvollkommenheit des Werkes selbst war über kurz oder lang der Verlust unwiderruflich zu erwarten; aber es gab doch wieder den Beweis der Kampftüchtigkeit der päpstlichen Truppen, von denen wenige Compagnien einer vollen, wohlgerüsteten, mit überlegenem Geschütz- und Gewehrfeuer angreifenden Brigade durch mehrer Stunden tapfer Stand hielten.«

»Der Morgen des 26. September«, berichtet Hugo Hoppe, »brachte uns in Folge dieses verunglückten Ausfalls schon frühzeitig eine starke Kanonade von allen bereits errichteten Batterien der Piemontesen, denen die Schiffsgeschütze secundirten. Es war dies die Einleitung zum Sturm, der an diesem Tag auf der ganzen Linie unternommen wurde«. Gegen 8.00 Uhr morgens ging die feindliche Infanterie in ihrer ganzen Linie gegen die Vorposten der Päpstlichen vor – »mit sechs Bataillonen ging der Feind die Redoute an; Tirailleurschwärmen voraus folgten die Colonnen. Unsere Infanterie feuerte gegen die Tirailleurs, unsere Artillerie schoß wacker mit Kartätschen gegen die Colonnen, allein so stark die Ausdauer der Unsrigen war, so gering war doch ihre Zahl. Zweimal wurde der Angriff zurückgewiesen, da begann es der Artillerie an Munition zu fehlen.« Am Abend versuchten die Piemontesen gegen die Porta Pia vorzudringen, »die Kartätschlagen von den beiden an dieses Thor stoßenden Batterien (Anschlußbatterie und Rippa) vereiteln den Versuch und schaffen uns Ruhe, d. h. keine weitere Belästigung während der Nacht« (Hugo Hoppe).

Verstärkte Angriffsbemühungen und heftiger Widerstand

Der 27. September beginnt sehr ruhig, ohne Kampfhandlungen. Doch dann beobachtet man von Ancona aus eine sehr große Anzahl von Barken, die zu den feindlichen Schiffen fahren; sie bringen, wie erst später bekannt wird, neue Munitionsvorräte. Auch der Munitionsvorrat der Truppen zu Land soll an diesem Tag beträchtlich ergänzt werden. Im Kastell, dem Hauptquartier Lamoricières, gibt man sich unter den französischen Offizieren der trügerischen Hoffnung hin, die Bewegungen zu Land und zu Wasser dienten einer von den Piemontesen befürchteten Intervention Frankreichs. Die italienischen, österreichischen und irischen Offiziere des päpstlichen Heeres vermögen über diese Annahme nur den Kopf zu schütteln.

In der Nacht auf den 28. September besetzt ein piemontesisches Bersaglieri-Bataillon, indem es das Meer durchwatet, in einem heftigen Kampf das Lazarett und setzt sich darin fest. In den frühen Morgenstunden richtet die Besatzung von Ancona ein heftiges Feuer aus den Batterien des verschanzten Lagers der Porta Pia und des Hafendammes auf die im Lazarett befindlichen Bersaglieri. Da der Besitz des Lazaretts für die Piemontesen von großer Wichtigkeit ist, weist Persano gegen 13.00 Uhr den Dampfer *Vittorio Emmanuele* an, sich nordwestlich der Leuchtturmbatterie aufzustellen und sie zu beschießen, während der *Governolo* und die *Costituzione* im Westen der Batterie zusammen mit ihm agieren sollen. Gegen 14.00 Uhr sind die ersten beiden Schiffe in ihrer Aufstellung, die *Costituzione* hält sich noch etwas nach außen. Sämtliche Hafenbatterien eröffnen bei der Annäherung der Schiffe das Feuer. Da der *Vittorio Emmanuele* wegen heftiger Winde seine Position ändern muss und dadurch aus der Schussweite kommt, wird die *Carlo Alberto* gegen den Molo vorgesendet. Das Schiff greift das Fort des Molo so heftig an, dass das erste Stockwerk der Batterie sofort zerstört ist. Die beiden anderen Schiffe fahren mit ihrer Beschießung fort.

Kommandant der Batterie des Leuchtturms ist der Artillerieoberleutnant Weißmantel, ein ehemaliger österreichischer Offizier – »Die Soldaten leisteten das Mögliche und es hagelt tüchtig Eisen gegen die Schiffe; doch nach zweistündigem Kampf waren die Scharten demontirt; die Granaten aus den Schiffsgeschützen drangen in die Kasematten und tödteten die Bedienungsmannschaften; die wenig übriggebliebene Leute wollten das Geschütz nicht mehr bedienen. Da übernahm der [Ober-]Lieutenant Weißmantel die Verrichtung der Kanoniere. In dem Augenblick, in dem er bemüht war, einem Geschütz die nöthige Höhenrichtung zu geben, in diesem Augenblicke schlägt eine feindliche Granate auf's Rohr, springt und – mit zerschmettertem Kopf ist der so brave Offizier eine Leiche« (Hugo Hoppe).

Friedrich von Richter berichtet: »Die Batterie feuerte fort. Da explodirte im Inneren derselben, wahrscheinlich durch eine eingebrochene Bombe entzündet, ein Handmunitions-Magazin, und verwundete einen großen Theil der noch übrigen Bedienungsmannschaft. Das Feuer hörte in Folge dessen auf, doch achtete der Feind nicht darauf, und sendete fort und fort seine Breitseiten. Möglich auch, daß im Pulverdampfe auf den feindlichen Schiffen gar nicht wahrgenommen wurde, daß die Batterie nicht mehr antwortete. Da, ungefähr zehn Minuten nach der ersten Explosion, folgte die zweite – das große Pulvermagazin und mit ihm Leuchtthurm, Schanze, Geschütze und Mannschaft flogen in die Luft. Ein schwirrender, durchdringender Knall, eine hohe Staub- und Rauchgarbe, ein niederströmender Regen von Erde, Stein, Eisen und Menschen – dann eine Todtenstille. Die Kette war ebenfalls gesprengt, und die feindlichen Schiffe dampften in den Hafen, indem sie sogleich ihr Feuer wieder gegen die innern Hafen-Batterien zerschmetternd wirken ließen. Da glaubte Lamoricière der Waffenehre genug gethan, ließ am Castell die weiße Fahne aufpflanzen und schickte in einem Boote einen Officier an Persano, um über die Capitulation sich zu verständigen.«

Schwierige Kapitulationsverhandlungen

Vizeadmiral Persano verweist den Offizier an General Fanti und lässt ihn daher an Bord des *Monzambano* bringen; zeitgleich gibt er seiner Flotte die Order, die Landungstruppen auszuschiffen. »Was mittlerweile im Wege der Verhandlungen geschah, ist bis nicht präcisirt. Die Angaben sind widersprechend«, merkt Friedrich von Richter an.

In der Skizze des Feldzuges wird der weitere Verlauf wie folgt geschildert: »Fanti, welcher um 5 ½ Uhr Nachmittags weisse Fahnen auf den Forts erscheinen sah, wartete mehrere Stunden vergebens auf Unterhandlungs-Anträge. Die

Artillerie- und Genietruppen der Belagerer hatten bereits am Pelago, Pulito und bei delle Grazie sowie bei der Vorstadt vor Porta Pia schwere Batterien errichtet und die letztere neben zwei 16pfündigen auch mit zwei vom Monzambano ausgeschifften 40pfündigen Schiffskanonen armirt. Fanti ordnete daher um 10 Uhr den Wiederbeginn des Feuers auf der ganzen Linie an, in der Absicht, dem Zaudern der Belagerten ein Ende zu machen und die Übergabe zu beschleunigen. Gleichzeitig sollten die Truppen des 4. Armeecorps nach Wegnahme der Pora Pia stürmend in die Stadt eindringen, während eine Colonne des 5. Armeecorps gegen die Stadtthore Calamo und Farina vordringend, sich derselben durch einen Handstreich bemächtigen sollten, um dann das Werk am Gardetto zu überfallen.

Gegen Mitternacht erschien ein päpstlicher Major bei Fanti und verlangte einen sechstägigen Waffenstillstand. Als dieses Begehren abgeschlagen wurde, gab der Parlamentär an, daß General Lamoricière gesonnen sei, auf Basis der Capitulation von Loreto zu unterhandeln. Fanti erklärte seine Zustimmung unter Hinzufügung einiger Zusatzartikel und schrieb in diesem Sinne an Lamoricière, indem er ihn verständigte, daß er das Feuer nicht eher einstellen würde, bis die Capitulation unterschrieben sei. Als die ernannten Bevollmächtigten der Garnison am 29. um 9 Uhr früh wieder bei Fanti eintrafen, hatten zwei Bersaglieri-Compagnien durch Ersteigen der Stadtmauen die Porta Pia besetzt und geöffnet, während es der Colonne des 5. Armeecorps gelungen war, sich der Porta Calamo zu bemächtigen. Erst um 12 ½ Mittags, als die päpstlichen Bevollmächtigten mit der unterzeichneten Capitulation eintrafen, wurde das Feuer eingestellt und am selben Tage Abends die Angriffsfronte von den piemontesischen Truppen besetzt.«

Die Ereignisse des 29. September lassen in den Aufzeichnungen der beiden päpstlichen Offiziere Friedrich Edler von Richter und Hugo Hoppe starke Emotionen aufkommen – vor allem an dem Verhalten der Generäle Fanti und Cialdini (aber auch an Lamoricière kommen unterschwellig Fragen auf). Richter erwähnt im Besonderen das unnötige Sterben päpstlicher Soldaten: »Die Bersaglieri, durch die weiße Fahne sicher gemacht, wurden bei Porta Pia, Campo Trincerato, Porta Calamo angegriffen und erschossen, da Gegenwehr ihnen verboten war. Gleichzeitig wurde die geängstigte Stadt mit Wurfgeschossen aller Art überschüttet. Es scheint, Fanti wollte sich und seinen Truppen das Schauspiel einer Nachhetze geben«. Fanti habe den Stand der Besatzung Anconas genau gekannt, um die Unzulänglichkeit der Geschütze gewusst und sei vom militärischen Standpunkt sicher gewesen, dass Ancona sich nicht halten könne, selbst wenn Lamoricière nicht auf sein Ultimatum eingegangen wäre: »Wozu also Feuer und Schwert gegen eine Stadt, die er im Innern mit sich verbündet kannte, wozu der Kampf mit einer Besatzung, über deren Haupt seit zwölf Stunden die weiße Fahne wehte ... Wir wenden uns mit wahrer Verachtung von diesem den Kriegsrock schändenden Henker ab, und überlassen ihn der gerechten Bandmarkung der Geschichte«.

Und Hugo Hoppe moniert: »Das kaltblütige und überlegte Hinmorden vieler Menschen, blos um des ehrgeizigen Strebens halber, der Überwinder Anconas genannt zu werden, ist ein Schandfleck, der dem Namen Cialdini ewig ankleben muß. Ein solches Verfahren hat auch selbst unter den Sardiniern nicht Billigung gefunden. Graf Persano zog während des Angriffs die Flottenmannschaft, welche die Batterie auf der Strada nuova armirt und besetzt hatte, zurück und lehnte auf diese Weise alle Gemeinschaft ab, und der General Fanti wollte, als de la Moricière ihm sagte: ›Meine Soldaten sind nicht getödtet, sie sind ermordet worden!‹ dagegen kein Wort der Entschuldigung finden.«

Am Morgen des 30. Septembers ziehen die päpstlichen Truppen – drei Generäle, 348 Offiziere und etwa 7.000 Mann – mit militärischen Ehren aus der Festung und legen bei Toretto die Waffen ab. Die Kapitulationsbedingungen sind gleichlautend mit denen von Loreto, nur dass sich noch die Klausel beigefügt findet, ein Jahr nicht gegen Piemont zu kämpfen. Trotz aller Vereinbarungen sehen sich Offiziere und Mannschaften Schikanen ausgesetzt. In den

Morgenstunden des 2. Oktober wird die Mannschaft über Bologna nach Alessandria in Marsch gesetzt; für die Offiziere legt ein kleiner Dampfer (der *Monzambano*) vor Toretto an und bringt sie nach Ancona, wo sie der Transportdampfer *Conte Cavour* übernimmt. Für die große Anzahl der gefangenen Offiziere ist der zur Verfügung stehende Raum nicht geeignet, viel zu beengt, und die Lebensmittel von äußerst schlechtem Zustand. In der Höhe von Brindini bleibt das Schiff volle zwölf Stunden auf einer Sandbank liegen.

Kritik und Spott kommt bei Hoppe zum Verhalten der Franzosen auf: »Lamoricière war seit dem Betreten des Transportdampfers mit seinem französischen Stabe nicht mehr sichtbar geworden (von diesen machten sich einige während des Aufsitzens des Kieles auf der Sandbank durch Anlegen sogenannter Rettungskränze lächerlich. Nachdem das Schiff wieder flott, verschwanden die Kränze – und ihre Träger). Man speiste selbst in abgesonderter Cabine.« Die weitere Fahrt geht an Messina, Elba, Korsika und Carbrera vorbei. Am Sonntag, den 7. Oktober, trifft man im Hafen von Genua ein. Auf ihre Ausschiffung haben die Gefangenen noch gut 24 Stunden zu warten. Die nicht-deutschen Offiziere werden von den anderen getrennt, die letzteren via Eisenbahn weiter nach Alessandria, Novara, Magenta und Mailand befördert.

Über den weiteren Transport berichtet Hoppe: »Durch das ganze piemontesische Gebiet ließ man die Gefangenen mit sehr geringer Ausnahme unbelästigt. Anders war es zu Mailand, noch mehr zu Bergamo, am ärgsten zu Brescia, wo der Pöbel zu allen Insulten schritt. Endlich wurde der deutsche Boden betreten, und deutsche Züge lächelten freundlich und gutmüthig den Hartbedrängten entgegen. Die Mannschaft war mittlerweile theils über Verona, theils über Triest in kleinern und größern Transporten in die Heimath gesendet, und in den Einbruchsstationen den betreffenden österreichischen Behörden zur Weiterförderung übergeben«, so Hoppe, »etwaige rückständige Gelder wurden von der päpstlichen Regierung gewissenhaft ausgezahlt, für die Verwundeten sorgte Monseigneur de Luca, der Nuntius Sr.

Heiligkeit, mit umfangreichster Mildherzigkeit. Belohnungen und Ordensauszeichnungen für besondere Verdienste wurden sowohl an Officiere aller Grade, als auch an Mannschaft freigebig gespendet, und sind deren noch viele im Zuge. Mehrere der Rückgekehrten haben sich bereits wieder dem Dienste des Heiligen Vaters gewidmet«.

In der ehemaligen päpstlichen Hafenstadt begann man indessen den Sieg zu feiern. König Viktor Emanuel ließ am 4. Oktober verlauten: »Soldaten der Marine! Ihr habt euch um mich und das Vaterland wohlverdient gemacht. Eure Taten unter den Mauern von Ancona sind des Erbes des Ruhmes von Pisa, Venedig und Genua würdig. Soldaten! Die Nation sieht mit Stolz auf euch, euer König dankt euch. Groß ist die Bestimmung der italienischen Marine!«

Nachbetrachtungen

Neben dem offiziellen Bericht des Befehlshabers der päpstlichen Armee an das Kriegsministerium in Rom – *Rapporto di S. E. il Generale de Lamoricière a S. E. il Ministro delle Arme* – liefern Berichte deutscher und österreichischer Offiziere in päpstlichen Diensten in der Regel solide Auskünfte über das kriegerische Geschehen im September des Jahres 1860. Im Wesentlichen folgen sie der Darstellung General Lamoricières, lassen aber eine detailliertere Sicht auf die Ereignisse zu und brauchen auf Empfindlichkeiten und übertriebene Etikette keine Rücksicht nehmen. Bisweilen aber sind sie von der Nationalität ihrer Verfasser (Österreicher/Deutscher) stark beeinflusst, und was die Kapitulation von Ancona betrifft, gelangen sie zu unterschiedlichen Interpretationen. Ihre Sicht auf die päpstliche Armee und ihr Resümee des Krieges ist jedoch von großem Wert und unerlässlich für das Verstehen der Ereignisse, die zur Niederlage der Streiter für die Sache des Papstes führten

Die *Skizze des Feldzuges im Römischen im Monate September 1860* (Österreichische Militärische Zeitung, XIII. und XIV, 3. Band, 1860) stellt fest: »Lamoricière hat seine zur Hälfte unverlässlichen Truppen im ganzen Lande zerstreut, versieht sich des Angriffes an der nördlichen Grenze gar nicht, baut angeblich auf ein Einschreiten der französischen Okkupations-Armee, wird daher durch den Einmarsch der sardinischen Armee vollkommen überrascht. Er konnte mit dem unter seinem Kommando gestandenen Teil in Umbrien bleiben und, auf Rom basiert, der Kolonne des 5. piemontesischen Armeekorps entgegenrücken und versuchen ihr einen Schlag zu versetzen. Gelang ihm dies auch nicht, so blieb ihm wohl der Rückzug auf das von den Franzosen besetzte Gebiet, und es wäre die päpstliche Armee nicht mit einem Schlage zertrümmert worden.

Um sich aber die nötige Freiheit des Handelns zu bewahren, zog er es vor, sich in Ancona mit seinen übrigen Truppen zu vereinigen, kam jedoch zu spät und fand bereits den Weg nach Ancona verlegt. Im Rücken durch das 5. Korps bedrängt und von Rom abgeschnitten, hätte ein Erfolg bei Castel Fidardo die spätere Katastrophe von Ancona wohl verzögern, aber nie verhindern können. Der unglückliche Ausgang des Gefechtes entschied nun um so schneller das Schicksal von Ancona, dessen Fall nur mehr eine Frage der Zeit war.«

1861 gab Friedrich Edler von Richter, »Hauptmann im Dienste Seiner Heiligkeit Pius' IX., Ritter des Pius-Ordens« in Mainz seine Geschichte *der österreichisch-slawischen und deutschen Freiwilligen und ihrer Kämpfe im Kirchenstaat im Jahre 1860* heraus. Richter ist sich sicher, dass »trotz der aufopfernden Hingebung so vieler braver Männer, trotz den willig dargebrachten Hülfen von Hohen und Niederen das Drama nicht anders enden konnte, als es eben endete ... Das Werk der geregelten Organisation der päpstlichen Armee war beim Beginn der Katastrophe nicht beendet, konnte es gar nicht sein, was auch dagegen gesagt werden will«. Einen deutlichen Seitenhieb auf die Franzosen kann er sich nicht versagen: »So finden wir Lamoricière fast nur mit Officieren der eigenen Nationalität umgeben, und es ist bekannt, daß der Franzose, in seiner angeborenen Eitelkeit, nicht nur es verschmäht, zur richtigen Auffassung anderer Nationen sich herabzulassen, sondern daß ihm absolut die Befähigung hierzu mangelt. Dieses Versagen hätte Lamoriciere statt eines Schmid, der ohne alle Rücksicht der militärischen Ehre Perugia dem Feinde übergab, statt eines de Gady, der auf das Erbärmlichste in Ancona commandirte, und durch sein Verlassen des Lazarethes ohne allen Grund wo nicht den schmachvollen Titel eines Verräthers, jedenfalls jenen eines erbärmlichen Feiglings verdient, wahrscheinlich andere Männer auf die berührten Posten gestellt.«

»Nicht minder befand sich das Verpflegswesen in gänzlichen unfähigen Händen«, urteilt Richter, man hätte wissen müssen, »daß römische Beamte zu solchem Geschäft, welches nur auf praktischer Erfahrung beruht, nicht genügend bewandert sein konnten«. Das Unvollendete der ganzen Organisierung des Heeres sei auch im Bewegungsmechanismus zu Tage getreten: »Man vermisst den nöthigen rothen Faden des Zusammenhanges.« Erwähnung findet in seinem Resümee auch das berühmt-berüchtigte Telegramm, das auf französische Hilfe hoffen ließ: »Darf aber ein Feldherr den Zusicherungen des Gegners unbedingt vertrauen? – Konnte ein Lamoricière, der unter den Ersten sich befand, welche der Wortbruch des kühnen Abentheurers aus seinem Vaterlande vertrieb; der seither Gelegenheit hatte, auf fremdem Boden mit ruhigem Blick der Kette zu folgen, welche Glied und Glied langsam aus der geschickten Hand des verschlossenen Künstlers gleitet, bis er in immer engeren Kreisen dem Ziele näher rückt; der es beobachten konnte, wie auf diesem Wege kein Hindernis zu groß, kein Mittel zu schlecht befunden wurde, um nicht ohne alle Scham erfasst zu werden, durfte ein Lamoricière einem Napoleon glauben? Es ist überdies eine allgemeine Kriegsregel, daß man immer den wenigsten Täuschungen unterliegt, wenn man dem Feinde das Schlimmste zumuthet.«

Er schließt: »Stellen wir nun unpartheiisch die Frage: Und wer hat sich denn eigentlich in dem kurzen Kampfe geschlagen? So erhalten wir folgende bündige und richtige Antwort: Die Irländer bei Perugia, Spoleto, Ancona, das heißt: überall wo sie waren. Die Franco-Belgier bei Castel-Fidardo äußerst tapfer, und auch sonst, wo sie in's Gefecht kamen. Die österreichischen Freiwilligen bei Fossombrone, St. Leo, St. Angelo, Castel-Fidardo, Monte Pelago, St. Stefano, Campo Trincerato, Porta Pia, in den Batterien Ancona's; und die letzten Opfer flogen mit dem Leuchtthurm sammt ihren tapferen Oberlieutenants Weißmantel (früherer österreichischer Officier) und Milotinowiczch in die Luft.«

Hugo Hoppe war als päpstlicher Offizier in Ancona präsent. Er schrieb seine Erinnerungen in *Der Kampf des General de la Moriciere für die weltliche Macht des Papstes* (Berlin 1862) nieder. In Treue zum Papst und seiner Sache stellt er schonungslos, ohne ein Blatt vor den Mund zu nehmen, die Schwierigkeiten und Mißstände im Militärwesen des Kirchenstaates dar. Er sieht manche Entscheidungen Lamoricières durchaus kritisch, versucht aber, ihm den nötigen Respekt zu erweisen und aufzuzeigen, was für eine Vielzahl von Hindernissen der General zu überwinden hatte: »Die Armee kriegsgeschickt zu machen, die Vertheidigungsmittel, so weit sie noch zu gebrauchen waren, in Stand zu setzen und neue zweckentsprechende zu schaffen, war von da ab das eifrigste Bemühen des berühmten Generals; allein welche Hemmungen stellten sich ihm entgegen. Zwar Oberbefehlshaber, konnte er doch die Schwierigkeiten des schleppenden Geschäftsganges nicht ganz beseitigen und sah nicht selten wegen seiner Anordnungen Eifersüchtelei in den Ministerien ... Man konnte bemerken, daß die Beamten [der Militärverwaltung] sich nicht sehr beeilten, dem General willfährig zu sein.«

Hoppe führt des Weiteren aus: »Graf Merode, ein eifriger Verehrer de la Moricières, reservirte sich Rechte, die den Oberbefehlshaber beschränkten und seine Maßnahmen oft schwächten. Das Recht der Offiziersernennungen und der Besetzung der Commandeurstellen war bis zum Monat August in den Händen des Kriegsministers, und erst nach vielfachen Protestationen in speciellen Fällen erhielt der General damals die Erlaubnis (*facoltà*) zur provisorischen Ernennung von Offizieren und Commandeuren.« Fähige und geeignete Offiziere waren jedoch ein unverzichtbares Muss für eine effiziente Führung der Truppe.

In Ancona habe ein Unglücksfall beispielhaft gezeigt, »wie nothwendig die Überwachung der Mannschaften durch tüchtige Offiziere ist«, so Hoppe: »Auf Bastion 9 des Campo Trincerato befand sich ein Unteroffizier, der sich rühmen konnte, bei Eckernförde das Linienschiff Christian VIII. in Brand geschossen zu haben und dafür vom Herzog von Coburg-Gotha zum Offizier ernannt worden zu sein. Er hatte trotz der Gnade des Herzogs seine Stellung quittiren müssen und war nun nach einem wechselvollen Leben, durch welches sein Hang zur Ausschweifung vollends Befestigung gefunden, als Soldat in die päpstliche Armee gekommen, wo er bei dem Mangel an geeigneten Leuten sehr bald Unteroffizier wurde. Dieser Mensch wollte die Gelegenheit nicht vorübergehen lassen, sich die Offiziers-Epauletten zu verdienen. Berauscht steuerte er in Abwesenheit des anderswo beschäftigten Offiziers mit Kartätschen, welche den Feind nicht erreichten, wohl aber in die vor der Bastion liegende Lunette S. Stefano einschlugen und daselbst unter anderen den Lieutenant Hrubry tödteten. Eine von der Lunette schleungst nach Campo Trincerato und dem Castell gesendete Meldung machte diesem Unwesen ein Ende.«

Der Papst nimmt Stellung und dankt seiner Armee

In einer feierlichen Ansprache, die unter dem Datum des 28. September 1860 veröffentlicht wurde, wandte sich der Papst in lateinischer Sprache an das Kardinalskollegium: »*Novos et ante hunc diem inauditos ausus a Subalpino Gubernio contra Nos, hanc Apostolicam Sedem, et Catholicam Ecclesiam admissos* ... Wir sind gezwungen, die neuen und bis zum heutigen Tage unerhörten, vom Königreich Sardinien gegen uns, diesen Apostolischen Stuhl und die katholische Kirche, verübten Dreistigkeiten erneut mit unglaublichem Leide und tiefer Trauer unseres Geistes zu beklagen und zu verurteilen.« Mit scharfen Worten geißelte der Papst den Überfall und die Aneignung der Legationen von Umbrien und der Marken als Bruch des Völkerrechts, des »universale gentium ius«.

Am 2. Oktober fand in der Basilika S. Maria in Trastevere unter großer Beteiligung der römischen Bevölkerung, der Armee und des päpstlichen Hofs ein feierlicher Trauergottesdienst für General Georges de Pimodan statt. Auf Wunsch des Papstes waren die gesamte *Nobile Anticamera Pontificia* (päpstliches Vorzimmer), das Korps der Nobelgarde und Abteilungen der übrigen Palastgarden anwesend. Vier päpstliche Generäle – Kalbermatten, Allegrini, Ruspoli und Braschi – hielten die Ehrenwache beim Leichnam des bei Castelfidardo gefallenen Marchese. Am Eingang des Gotteshauses war die Inschrift angebracht worden: *Georgio de Pimodan – viro nobilissimo – duci fortissimo – quem pro Sede Apostolica – magnae animae prodigum – catholicus orbis luget – Pius IX Pont. Max. – suo et romanae Ecclesiae nomine – solemne funus – tantae virtuti et pietati debitum – moerens persolvit.* Von S. Maria in Trastevere wurde der Verstorbene mit *maxima pompa* zur Nationalkirche der Franzosen, S. Luigi dei Francesi, überführt, dort aufgebahrt und dann auch beigesetzt.

Mit dem Apostolischen Breve *Arbiter ac moderator* vom 12. November 1860 stiftete der Papst für alle Teilnehmer am Krieg das Verdienstzeichen *PRO PETRI SEDE*. Die Medaille besteht aus einem auf dem Kopf stehenden lateinischen Kreuz (»Petruskreuz«) mit einem umlaufenden Ring. Auf der Vorderseite befindet sich die Inschrift *VICTORIA, QUAE VINCIT MUNDUM, FIDES NOSTRA* (»Der Sieg, der die Welt besiegt, ist unser Glaube«, 1. Johannesbrief 5,4), auf der Rückseite der Schriftzug *PRO PETRI SEDE, PIO IX P. M. A. XV* (»Für den Stuhl Petri, Pius IX., Pontifex Maximus, im 15. Jahr«). Die Auszeichnung hängt an einem roten Band, das an zwei Stellen von weißen Streifen mit gelben Rändern durchbrochen wird. Am Band wurden Spangen mit den Namen der Schlachten angebracht, an denen der Inhaber der Medaille teilgenommen hatte, so: *CASTELFIDARDO, ST. ANGELO, SPOLETO, PERUGIA, ANCONA, MONTE PELAGO*. Unteroffiziere und Mannschaften erhielten sie in versilbertem Weißmetall, Offiziere in Silber, besonders tapfere Offiziere und Kommandeure in Gold.

1860 bildete sich eine Kommission, um den im selben Jahr gefallenen päpstlichen Offizieren und Soldaten ein Denkmal zu setzen. Als Standort hierfür wurde aber erst 1866 die Capella Severina in der Lateranbasilika bestimmt. Die Enthüllung dieses Monumentes ließ bis zum 26. November 1904 auf sich warten. In der *Revue d'histoire ecclésiastique suisse* (Band 14, 1920) erfährt man über die Gedenkstätte: »Unter dem Giebel des Denkmals liest man die Inschrift: *FORTIBUS VIRIS QUI IVRA SEDIS APOSTOLICAE PROFUSO SANGUINE ASSERUERUNT. A. D. MDCCCLX.* Das mittlere große Relief mit dem Gefecht bei Castelfidardo trägt dic Unterschrift: *Victoria, quae vincit mundum, fides nostra.* Die nämlichen Worte stehen nebst dem Motto Pro Petri Sede schon auf der Gedenkmünze, welche Papst Pius IX. 1861 an seine wackeren Verteidiger austeilen ließ. Ein Gloria-Engel hält am Sockel ein Spruchband mit den Worten aus der päpstlichen Allokution vom 28. September 1860: *Gloriosam mortem obierunt.*«

IV. KAPITEL

Ein Neuanfang: die Jahre 1861–1866

Das weltliche Herrschaftsgebiet des Papstes war auf ein Fünftel seiner ursprünglichen Größe geschrumpft. Der Verlust Umbriens und der Marken musste für die päpstliche Armee Konsequenzen haben. Mut für einen Neubeginn gab der beispiellose Einsatz, den die *Tirailleurs Franco-Belges* bewiesen hatte.

Die Zuaven als Speerspitze einer neuen päpstlichen Armee

Als der Kommandant der *Tirailleurs*, Graf Louis-Aimé de Becdeliévre, für seine Truppe eine Uniform suchte, besann er sich auf den Berberstamm der *Zaouaoua* (*Zwawa*), der in Algerien unter General de Lamoricière so tapfer für Frankreich gefochten hatte. Gemeinsam mit dem Schneider der Truppe, Hippolyte de Moncuit, entwarf er eine Uniform, die sich an der Tracht des Kabylenvolkes orientierte. De Becdelievre legte dem Pontifex umgehend die Entwürfe vor. Die Monsignori des Päpstlichen Hofs erhoben heftigen Protest: den Soldaten des Oberhirten der Katholischen Kirche stände es nicht gut an, sich wie Muslime zu kleiden. Als Pius IX. von den Ängsten und Bedenken seiner Prälaten erfuhr, brach er in schallendes Gelächter aus. Er wies die Kritik als kleinlich zurück und gab bereitwillig seine Zustimmung. Den Monsignori drohte er scherzhaft, den Genuss des Mocca als muslimisches Getränk untersagen zu lassen.

Die Uniform war von grauer Farbe (grau-blau für die Offiziere). Sie bestand aus einer sehr kurzen, rot (bei Offizieren schwarz) gesäumten Jacke, die an den unteren Rändern abgerundet war. Die kragenlose Jacke war nur am Hals geschlossen, sonst vorne offen, so dass man das mit Knöpfen geschlossene Leibchen sehen konnte. Dazu kamen weite Pumphosen, weiße Gamaschen und schwarze Stiefel. Die Uniform blieb bei allen Verrichtungen die Gleiche; einzig die Kopfbedeckung wechselte: Innerhalb der Kaserne diente als *piccola tenuta* ein roter Fez mit blauer Quaste. Zum normalen Dienst, für den die *tenuta ordinaria* vorgeschrieben war, trug man ein grau-blaues *kepí* mit Streifen, einer roten Borte (schwarz für die Offiziere) und einer Verzierung in Form eines Posthorns. Bei Paraden fand als *tenuta di gala* ein schwarzer Pelzkolpak (für die Offiziere aus echtem Atrachan, für die Unteroffiziere und Mannschaften aus einem Atrachan-Imitat) Verwendung; er war verziert mit den päpstlichen Insignien (Tiara und gekreuzten Schlüssel), einem Pompon und einem schmalen weißen Federbusch.

Schon bald gehörte die exotisch anmutende Uniform des Korps zum gewohnten Bild auf den Straßen der Ewigen Stadt. Es verging nur wenig Zeit, und von den *Tirailleurs* wurde immer öfter als »Zuaven« gesprochen. Am 1. Januar 1861 erhielt das Korps dann auch offiziell die Bezeichnung »*Battaglione degli Zuavi Pontifici*« (Bataillon der Päpstlichen Zuaven). Am 9. Januar fand in der römischen Lateranbasilika die feierliche Vereidigung des Korps statt. Kommandant wurde Louis-Aimé de Becdelièvre. Da es zwischen ihm und de Merode zu Unstimmigkeiten kam, wurde im März des Jahres an seiner Stelle ein Schweizer Offizier, Joseph Eugen Allet (1814–1878), zum Befehlshaber der Zuaven berufen.

»Papa Allet«, wie er von seinen Soldaten genannt wurde, bemühte sich als erstes um reguläre Kasernen in der Stadt Rom. Bisher waren die Zuaven größtenteils in Klöstern untergebracht worden. Sie erhielten nun eine alte, seit langer Zeit nicht mehr genutzte Kaserne in der Nähe des Laterans; als Hauptquartier wurde Allet ein Gebäude in der Via dell'Olmata, unweit der Basilika S. Maria Maggiore, zugewiesen. Später entstanden noch Kasernen im Borgo (*Serristori*), in Trastevere, beim Quirinal (*San Silvestro*), bei den Katakomben (*San Sisto*) und auf dem Gebiet des Castro Pretorio (*Macao*).

Für einen Eintritt bei den Zuaven galten die gleichen Bedingungen wie für die anderen Einheiten der päpstlichen Armee. Von überall her fanden Katholiken den Weg zu den Zuaven. Sie kamen aus allen sozialen Schichten: Königliche Prinzen aus dem Hause Bourbon-Anjou dienten bei ihnen ebenso wie Ärzte und Juristen aus Frankreich oder Handwerker und Bauern aus Belgien und den Niederlanden – als einfache Soldaten, ohne irgendwelche besonderen Standesprivilegien.

Das *Salzburger Kirchenblatt* druckte den Brief eines Zuaven ab, in dem es hieß: »Unser Regiment ist aus den verschiedensten Elementen zusammengesetzt; die Belgier und die Holländer sind die zahlreichsten; dann kommen wir Franzosen; wir bilden leider nicht mehr die Mehrheit wie früher. Deutsche gibt es unter uns in geringer Zahl; einige Engländer, ein Neger aus Neuseeland, der kurz nach seiner Taufe hierher kam, und ein indischer Prinz, der noch einfacher Soldat ist, und also, wie die übrigen, mit Soldatenkost vorlieb nimmt. Alle Nationen der Erde haben, wie ich glaube, Vertreter in der Armee Pius' IX. Ich bin jetzt Sergeant geworden. Lache nicht darüber, denn wisse, daß die Tressen eines Sergeanten unter den päpstlichen Zuaven von den Großen der Erde beneidet werden. Als Collegen habe ich einen Herrn von Montesquieu, einen Grafen von Alcantara, Vetter des spanischen Königs; dann kommen die Barone von Turk, dessen Vater Senator in Belgien ist, von Faille, ...«

Wo es Staaten erlaubten oder duldeten (in Frankreich und Belgien sowie zeitweise in den Habsburger Landen), gab es *depositi di reclutamento*, Rekrutierungsbüros, die von Agenten des Kriegsministeriums geleitet wurden oder in der Verantwortung von päpstlichen Konsuln standen. *Depositi di reclutamento* befanden sich unter anderem in Marseille, Nantes, Brüssel und Feldkirch. In den Niederlanden war es die Stadt Oudenbosch (Brabant), die in den Jahren 1864 bis 1870 zum *Verzamelcentrum* für die Katholiken wurde, die man von hieraus zum Rekrutierungsbüro nach Brüssel weiterleitete. Um die päpstliche Kasse nicht zu belasten, waren überall in Europa und Übersee von engagierten Katholiken Komitees gegründet worden, die für die Reisekosten und den Sold aufkamen.

Die Septemberkonvention des Jahres 1864

Das italienische Parlament in Turin hatte am 27. März 1861 den Beschluss gefasst, dass Rom die Hauptstadt Italiens werden müsse – und zwar in einem bürokratischen Verwaltungsakt: »Die Kammer, nachdem sie die Erklärung des Ministeriums angehört hat, sowie im Vertrauen darauf, dass die Würde, die Ehre und die Unabhängigkeit des Pontifex und die vollständige Freiheit der Kirche gesichert sind, dass im Einklang mit Frankreich das Prinzip der Nichtintervention gelte, und das Rom, die durch die Meinung der Nation akklamierte Hauptstadt, Italien angeschlossen werde, geht zur Tagesordnung über.«

Dem Einigungsprozess standen zahlreiche politische Unwägbarkeiten, Ränkespiele und Abenteuertum gegenüber. Bereits im September 1860 hatte Garibaldi an König Viktor Emanuel II. geschrieben, dass er auf die Hauptstadt Italiens (Rom) mit der ganzen Schnelligkeit zumarschieren werde, die ihm die Umstände erlauben würden. Im Sommer 1862 sammelte Garibaldi an die 1.300 Freiwillige, die er mit dem ihm eigenen Pathos »*o Roma o morte* – Rom oder den Tod« schwören ließ und setzte mit ihnen nach Süditalien über, mit dem Ziel, nach Norden zu ziehen und die Ewige Stadt einzunehmen. In Aspromonte kam es am 29. August zur Schlacht zwischen den Freischaren und der italienischen Armee, die den Sieg davontrug.

»Die Schlacht am Aspromonte zeigt die extreme Konsequenz jenes Zwiespalt zwischen Legitimität und Revolution, den die italienische Regierung auszugleichen hatte. Doch sie konnte den Druck, unter dem sie stand, weitergeben, indem sie sich als Ordnungsmacht empfahl, die am Ende auch für Rom die bessere Lösung hätte. Schwankend und undeutlich blieb die Haltung Napoleons III., des Schiedsrichters in der römischen Angelegenheit. Er hielt an der Okkupation der Ewigen Stadt fest, teils aus Furcht vor den französischen

Katholiken, auf die er seine Herrschaft zunehmend stützte; teils weil der französische Fuß auf der italienischen Erde das neu geeinte Land in seiner Abhängigkeit hielt. Gleichzeitig jedoch war ihm die Intransigenz der Römischen Kurie lästig und peinlich, und mehr als einmal hatte er sie zu Reformen in ihrem Staat gedrängt, was diese beharrlich zurückwies«, charakterisiert Gustav Seibt die damalige Lage.

Die »Römische Frage« schien unlösbar und um das Patt der Interessen und Prinzipien erträglich zu machen, fanden sich Frankreich und Italien am 15. September 1864 zur sogenannten »Septemberkonvention« zusammen, die sie ohne Wissen des Papstes eingingen.

In ihr wurde vereinbart:

»1. Italien verpflichtet sich, das gegenwärtige Gebiet des Papstes nicht anzugreifen und, selbst mit Gewalt, jeden von außen auf dasselbe versuchten Angriff zu verhindern.
2. Frankreich wird seine Truppen allmählich, nach Maßnahme der Reorganisation der päpstlichen Truppen, zurückziehen. Die Räumung soll in zwei Jahren vollzogen sein.
3. Die italienische Regierung verzichtet auf jede Reklamation gegen die Bildung einer päpstlichen Armee, in einer zur Aufrechterhaltung der Autorität des Heiligen Vaters, der Ruhe im Innern und an den Grenzen genügenden Zahl, aus katholischen Freiwilligen, unter der Voraussetzung, daß diese Macht nicht in ein Angriffsmittel gegen die italienische Regierung ausarte.
4. Italien erklärt sich bereit, in ein Übereinkommen zu treten, nachdem es einen verhältnismäßigen Teil der Schuld der früheren Kirchenstaaten übernimmt.
5. Die gegenwärtige Übereinkunft wird nach Verlauf von 14 Tagen ratifiziert sein.«

Um die Gemüter aufgebrachter französischer Katholiken zu beruhigen, gestattete Napoleon III. mit einem kaiserlichen Dekret vom 30. Januar 1865 die Aufstellung eines Freiwilligenkontingents, der sogenannten »Antibes-Legion«. Jene

Franzosen, die diesem Freiwilligenkorps beitraten, behielten ihre Staatsbürgerschaft bei und wurden in französischen Matrikelbüchern erfasst. Durch einen Ministerialerlass vom 8. September 1866 erhielt das Korps als offizielle Bezeichnung *Legione Romana* (»Römische Legion«).

Die Ernennung eines neuen Kriegsministers

Unter dem Datum vom 22. Oktober 1865 notierte Ferdinand Gregorovius in seinen Römischen Tagebüchern: »Vorgestern schickte der Papst Merode die Entlassung als Kriegsminister. Die Stadt ist voll von diesem Ereignis; alles jubelt. Mit Merode ist die jesuitisch-legitimistische Fraktion unterlegen und die nationale Partei unter Antonelli wieder am Ruder. Es kostete große Anstrengung, jenen Fanatiker zu stürzen. Man stellte dem Papst vor, daß durch die Unbesonnenheit Merodes auch die Maritima und Campagna verloren gehen würde, wie Umbrien und die Marken. Dies wirkte.«

An Stelle von Monsignore de Merode war nun einer der fähigsten Offiziere des päpstlichen Heeres, der aus dem Badischen stammende Brigadegeneral Hermann Kanzler (1822–1888), zum Pro-Kriegsminister ernannt worden. Kanzler zeichnete sich durch Tapferkeit und strategische Klugheit aus. Für taktische Operationen besaß er die nötige Sachlichkeit; im Gegensatz zu De Merode galt er als ein *uomo di sangue freddo*. Der britische Gesandte im Kirchenstaat, Odo Russel, sah in ihm »*an experienced soldier of a calm and conciliatory character*«. Der neue Minister reorganisierte in kürzester Zeit das päpstliche Heer und schuf eine kleine, aber schlagkräftige Armee.

Hermann Kanzler wurde am 28. März 1822 in Weingarten bei Bruchsal geboren. Nach Gymnasialstudien in Mannheim besuchte er die Karlsruher Militärakademie. Seine soldatische Laufbahn endete abrupt, als er wegen einer Lappalie zu einem Duell aufgefordert wurde, das er als überzeugter Katholik nicht eingehen konnte. Er schied aus dem Dienst des Großherzogtums Baden aus. Kanzler widmete sich dem Studium der Sprachen und unternahm zahlreiche

Auslandsreisen. Eine dieser Reisen führte ihn nach Bologna, wo er am 1. September 1845 als einfacher Kadett in die päpstliche Armee eintrat. In kürzester Zeit zum Offizier befördert, bewies er bei heiklen Einsätzen außerordentlichen Mut und beeindruckende strategische Fähigkeiten.

In der Ewigen Stadt kam es 1848 zur Revolution und zur Ausrufung der »Römischen Republik«. Hermann Kanzler, inzwischen zum Hauptmann ernannt, gehörte zu den Offizieren, die Pius IX. ins Exil nach Gaeta (Königreich Neapel) folgten. Kanzler blieb dort nicht untätig; inkognito reiste er in die Provinzen der Päpstlichen Staaten, um unter Lebensgefahr die Lage für eine Rückeroberung des päpstlichen Territoriums auszukundschaften. Nach der Rückkehr des Papstes im Jahr 1850 begann für Hermann Kanzler eine glänzende Karriere: Er wurde zum Ordonnanzoffizier im Päpstlichen Generalstab bestellt; wenig später erfolgte die Beförderung zum Oberst. Im September 1860 führte Kanzler, am 22. des Monats in den Rang eines Brigadegenerals erhoben, seine Einheiten unerschrocken, aber strategisch klug, ohne unnötig Blut zu vergießen. Nach der Rückkehr aus italienischer Gefangenschaft (Genua) übernahm er verstärkt Verantwortung in der päpstlichen Armee.

In den letzten Monaten des Jahres 1865 begann General Kanzler mit dem intensiven Studium der Pläne für eine grundlegende Neuorganisation des Heeres. Das Vorhaben wurde vom 20. November bis zum 11. Dezember im Ministerrat diskutiert und am 16. Dezember vom Papst approbiert, publiziert und trat am 1. Januar 1866 als *Riorganamento dell'Armata Pontificia* in Kraft. Die Päpstliche Gendarmerie wurde als paramilitärische Einheit des Kirchenstaates gesondert neuorganisiert, die entsprechende Verfügung vom Papst am 10. März approbiert und am 1. April in Kraft gesetzt.

Gemäß der beiden Dokumente bestand das Militär des Kirchenstaates aus:

- dem Kriegsministerium (*Ministero delle Armi*),
- den Generälen und dem Generalstab,
- dem Stab des Festungsplatzes,

- der Gendarmerie, einer Legion, unterteilt in drei Divisionen (Rom, Frosinone, Viterbo), mit zehn fest stationierten Kompanien (davon drei in Rom und je eine in der Comarca, Tivoli, Velletri, Frosinone, Viterbo, Ronciglione und Civitavecchia) sowie zwei mobilen, einer Depotschwadron und -kompanie, im ganzen 2.250 Mann und 278 Pferde,
- einem Bataillon Sedentari ,
- einem Artilleriekorps,
- einem Pionierkorps,
- einem Jäger-Bataillon,
- dem Zuaven-Bataillon,
- dem Bataillon der *Carabinieri Esteri,*
- dem Regiment der Linien-Infanterie,
- den Päpstlichen Dragonern,
- den Militärgefängnissen,
- verschiedenen Diensten.

Im Kampf gegen das Brigantentum

Der Kampf gegen das *Brigantaggio* (Räuberunwesen) war und blieb eine der wichtigsten Aufgaben der päpstlichen Armee, vornehmlich jedoch der Gendarmerie. Ein Major des Korps, Graf Leopoldo Lauri schlug dem Kriegsminister und dem Polizeidirektor Roms die Bildung einer effizienten Hilfstruppe vor. Lauri ging in die Hauptbriganten-Nester der Provinz Frosinone, in die sogenannte *Ciocceria*. Die Gegend wurden so genannt nach der Fußbekleidung der Einwohner. Diese trugen nämlich keine Schuhe, sondern Stücke Leder (*ciocce*) unter den Füßen, die mit einem Riemen an den Fuß gebunden wurden. Die Riemen wurden dann kreuzweise um Schienbein und Wade gewickelt und unter den Knien befestigt. Lauri versammelte die arbeitslosen Leute um sich und versprach ihnen: »Ich gebe euch Kleidung und Waffen, täglich satt zu essen und noch etwas Geld, wenn ihr brav seid und mir folgt, um den Briganten zu Leibe zu gehen. Was ihr bisher getrieben habt, will ich nicht wissen. Solltet ihr vom rechten Weg abgeirrt sein, nun so habt ihr die beste Gelegenheit, das wieder gut zu machen.«

In kurzer Zeit hatte Lauri mehrere Hundert Mann zusammen. Man nannte sie *Squadriglieri*, was man etwa mit »fliegende Truppen« übersetzen könnte. Als Uniform erhielten sie eine Tracht, die sie von der Landbevölkerung nur wenig unterschied: kurze, graublaue Hose, Jacke von derselben Farbe, eine rote Weste und an den Füßen die *ciocce*. Über der roten Leibbinde trugen sie einen Patronengürtel, an dem auch das Seitengewehr befestigt war. Als Waffe führten sie eine Hinterladebüchse mit sich. Wer eine eigene Büchse besaß, auf die er eingeschossen war, durfte diese behalten. Nachdem ihnen einiger Drill beigebracht worden war, wurden sie in Trupps von sechs bis zwanzig Mann den im Lande verteilten Gendarmerieposten überwiesen – »Die *Squadriglieri* kannten jeden Schleichweg und jede Höhle des Gebirges. Sie waren die sichersten, zuverlässigsten Führer. Da sie von den Briganten keine Gnade zu erwarten hatten, vielmehr auf ›das Fürchterlichste‹ gefaßt auch sein mußten, wenn sie diesen lebend in die Hände fielen, so kannten sie auch ihrerseits keine Schonung: es gab wenig Gefangene« (Klemens August Eickholt).

Im Jahre 1865 standen 100 *Squadriglieri* in den Diensten der Päpstlichen Gendarmerie; 1866 waren es in den Provinzen Frosinone und Velletri bereits 250 Mann, verteilt auf zehn Posten. Ihre Befehle empfingen sie von den Unteroffizieren und Offizieren der Gendarmerie. Die Bewaffnung entsprach überwiegend derjenigen der Gendarmen; zumeist waren sie mit einem doppelläufigen Gewehr (System *Lechaucheux*) ausgestattet, später dann auch mit Rückladern vom Typ *alla tabbacchiera* (Modell 1867). Ihr täglicher Sold betrug 1,50 Lire.

Der »Schöpfer« der *Squadriglieri*-Truppe, Major Graf Leopoldo Lauri, konnte seine Vorgesetzten in der Bekämpfung des Banditentums auch von der Notwendigkeit der Zusammenarbeit mit den gegnerischen italienischen Truppen überzeugen; so findet sich sein Namenszug unter einer entsprechenden Vereinbarung, einer *Convenzione Militare fra i due Comandanti le Truppe Regolari Italiane e Pontificie alla comune frontiera* vom 24. Februar 1867.

Ein verhängnisvolles Intermezzo – die »Surratt-Affäre«

Kirchengeschichte ist zwar nie langweilig, doch manchmal wird sie in Geschehnisse von beträchtlicher politischer Brisanz hineingezogen, in Vorfälle, die das Potential haben, zu einem bestsellerverdächtigen Thriller verarbeitet zu werden oder als Hollywood-Blockbuster die Leinwand zu erobern.

In der Geschichte der Vereinigten Staaten nimmt das Jahr 1865 einen besonderen Platz ein. Anfang April nähert sich der Sezessionskrieg seinem Ende; nur noch wenige Truppenteile der Konföderierten verweigern die Kapitulation. Abraham Lincoln steht als Sieger in dem seit 1861 geführten Bürgerkrieg fest. Dennoch muss man mehr als je zuvor um das Leben des Präsidenten fürchten. Anhänger der Konföderation sehen in der Ermordung Lincolns die letzte Möglichkeit, das Blatt noch einmal zu wenden.

Es ist der Karfreitag des Jahres 1865, der für den Präsidenten zum Schicksalstag werden soll. Am Abend des 14. April sucht Abraham Lincoln das Ford Theater in Washington auf, um sich dort die Komödie *Our American Cousin* anzuschauen. John Wilkes Booth, einem bekannten und gefeierten Schauspieler, gelingt es, unbemerkt in die Loge des Präsidenten einzudringen und Lincoln niederzuschießen; am folgenden Tag erliegt der Präsident seinen Verletzungen. Booth kann fliehen, wird aber wenige Tage nach dem Attentat gestellt und bei einem Schusswechsel getötet. Die mutmaßlichen Komplizen des Attentäters, unter ihnen die Katholikin Mary Surratt, werden verhaftet, von einem Militärgericht zum Tode verurteilt und im Juli des Jahres hingerichtet.

Mary Surratt ist die erste Frau, an der durch eine amerikanische Bundesinstanz die Todesstrafe vollzogen wird. Die Witwe hatte seit dem Herbst 1864 in Washington eine Pension geführt, in der auch John Wilkes Booth logierte. Mary Surratt und ihre Kinder sympathisierten mit der Konföderation. Ihre Verhaftung beruht jedoch auf einer fragwürdigen Beweislage; Material, das sie entlastet, wurde im

Prozess unterschlagen. Nach der Verkündigung des Urteils werden Gnadengesuche nicht rechtzeitig weitergeleitet oder sogar unterschlagen. In den Verdacht, an der Ermordung Lincolns beteiligt gewesen zu sein, gerät auch ihr Sohn, der mit Booth gut bekannt war. John Harrison Surratt hatte sich ursprünglich für den Priesterberuf entschieden, dann aber 1862 das Theologiestudium abgebrochen und in Surrattsville die dortige Poststelle übernommen. In dieser Zeit arbeitete er auch als Kurier für die Konföderierten.

Ein Fahndungsplakat setzt auf John Harrison Surratt eine hohe Belohnung aus. Unterstützt von Freunden, unter ihnen Ex-Agenten der Südstaaten und katholische Priester, flieht er über Kanada, Irland und England nach Italien. Gegen Ende des Jahres 1865 trifft Surratt in Civitavecchia, der Hafenstadt des Kirchenstaates, ein. Den päpstlichen Zollbeamten legt er Dokumente vor, die ihn als »John Watson« ausweisen, einen amerikanischen Staatsbürger, geboren 1844 in Royal-Ferry und von Beruf Hausbesitzer. Surratt/Watson führt eine Reihe von Briefen mit sich, die an den Rektor des Englischen Kollegs, Dr. Frederick Neve, gerichtet sind.

Im Dezember 1865 tritt Surratt mit einer Empfehlung Dr. Neves in die päpstliche Armee ein. »John Watson« wird unter der Matrikelnummer 1857 bei den Zuaven aufgenommen. Surratt hat sich für sechs Monate verpflichtet; nach deren Ablauf verlängert er um ein weiteres halbes Jahr. Henri Beaumont de Sainte Marie, ein kanadischer Zuave, erkennt in »Watson« einen Bekannten aus den Vereinigten Staaten wieder: John Surratt. Er informiert sofort den amerikanischen Gesandten in Rom, General Rufus King. King zeigt sich über diese Information durchaus nicht erfreut, er versucht abzuwiegeln. Der Gesandte weiß um deren Brisanz. Die Beziehungen zwischen dem Heiligen Stuhl und seiner Nation gestalten sich äußerst diffizil, sie sind eine zerbrechliche Konstruktion, die keine der beiden Seiten unnötig gefährden will. Doch De Sainte Marie lässt nicht locker; er drängt – ob aus Gründen der Belohnung oder aus anderen Motiven heraus – den Diplomaten zum Handeln. Und so muss King William H. Seward, den

Staatssekretär im amerikanischen Außenministerium, um weitere Instruktionen bitten.

Seward fordert den amerikanischen Gesandten auf, bei Kardinalstaatssekretär Giacomo Antonelli um eine Audienz anzusuchen. Auch Kardinal Antonelli und der Papst sind an guten Beziehungen zu Nordamerika interessiert; sie lassen sich von General King die Akten vorlegen. Obwohl die USA mit den Päpstlichen Staaten kein gegenseitiges Auslieferungsabkommen haben, stimmt der Papst zu, dem Gesandten Surratt/Watson zu übergeben. Pius IX. verlangt jedoch die Zusicherung eines fairen Prozesses vor einem Zivilgericht. Rufus King gibt dem Pontifex sein Ehrenwort.

General Kanzler wird nun angewiesen zu handeln. Kanzler erteilt Oberst Joseph Eugéne Allet, dem Kommandanten der päpstlichen Zuaven, die Order, Watson in Arrest zu nehmen und in das römische Militärgefängnis zu überführen. Am folgenden Morgen trifft im Kriegsministerium ein Eiltelegramm ein: Surratt ist geflohen. Kanzler ahnt, was geschehen ist. Bei den Zuavenoffizieren, die aus dem legitimistischen Lager Frankreichs kommen oder diesem nahe stehen, hält sich die Sympathie für einen Mann wie Abraham Lincoln in Grenzen. Zudem ist »Watson« beliebt, seine Kameraden schätzen ihn.

Der Pro-Kriegsminister setzt eine Untersuchungskommission ein, die jedoch nichts Erhellendes zu Tage bringt. Das Regiment »mauert«. Erst von einem Informanten der päpstlichen Polizei erfährt General Kanzler, es sei der belgische Leutnant Victor Mousty gewesen, der die Flucht ermöglicht habe. Als die Sache an die Öffentlichkeit zu dringen droht, wird Mousty zu dreißig Tagen Arrest in der Engelsburg verurteilt. Bei Zigarren, Wein und Kartenspiel sitzt er seine »Haft« ab und verlässt dann die Ewige Stadt, geht nach Belgien zurück – und avanciert zum Chef des Rekrutierungsbüros der päpstlichen Armee in Brüssel. Später wird Victor Mousty (1836–1876) in seiner Heimat eine bedeutende Rolle im katholischen Verlags- und Pressewesen spielen.

Surratt kann den Kirchenstaat unbehelligt verlassen – und noch immer trägt er die Uniform eines Zuaven. Erst beim Grenzübergang zum Königreich beider Sizilien wechselt er seine Kleidung. Mit dem Dampfer *Tripoli* verlässt er Neapel. Sein Ziel ist Alexandria in Ägypten. Bei einem Zwischenstopp in Malta wird Surratt erkannt. Doch bevor er vom dortigen amerikanischen Konsul verhaftet werden kann, läuft die *Tripoli* aus. Und das Glück bleibt Surratt weiterhin hold. Das Telegrafenkabel zwischen Malta und Alexandria ist gebrochen. Der Konsul sieht sich gezwungen, das Telegramm an seinen Kollegen in Alexandria über Konstantinopel zu schicken. Dann aber reißt die Glückssträhne ab. 24 Stunden vor der Ankunft der *Tripoli* trifft das Telegramm ein und Surratt kann verhaftet werden.

Im Dezember 1866 ankert die US-Korvette *Swatara* vor Civitavecchia. Sie soll Surratt nach Amerika bringen, zuvor aber Henri de Sainte Marie, der von seinem Dienst bei den Zuaven freigestellt worden ist, an Bord nehmen. General King übergibt dem Kapitän De Sainte Marie, der sich gar nicht glücklich schätzt, auf demselben Schiff zu sein wie Surratt. Bei einem Zwischenstopp der *Swatara* in Frankreich verlässt der Kanadier überhastet die Korvette. Er teilt Rufus King in einem Brief mit, er werde sich an Bord eines französischen Dampfers nach New York begeben. In den Staaten angekommen, wird er überrascht feststellen, dass er weder als Held gefeiert wird, noch die volle Höhe der Belohnung erhält. Er stirbt dort eines mysteriösen Todes, dessen nähere Umstände nie geklärt werden. In seinem Nachlass findet sich ein Brief mit einem interessanten Detail: De Sainte Marie und Surratt haben eine gemeinsame Bekannte, eine der schillerndsten Gestalten des amerikanischen Bürgerkriegs, Sarah Slater, eine amerikanische »Mata Hari«.

Am 10. Juni 1867 wird vor einem Zivilgericht ein Verfahren gegen John Surratt eingeleitet – General King hat somit seine Zusicherung an den Papst eingehalten. Die Geschworenen des Prozesses können sich letztendlich nicht auf ein Urteil einigen, und die Klage wird abgewiesen. Eine zweite Verhandlung scheitert an prozessrechtlichen Fragen; drei Monate später beschließt man die Niederschlagung des Verfahrens. Von Seiten der Regierung wird überraschenderweise kein Einspruch eingelegt. John Harrison Surratt betrachtet sich als rehabilitiert. 1916 verstirbt er im Alter von 72 Jahren. Für die Historiker stellt die Affäre »Surratt/ Watson« auch heute noch eine Herausforderung dar. Nach fast 150 Jahren ist die Anzahl der offenen Fragen nicht geringer geworden, sondern eher gewachsen.

Vor allem beeinflusst sie das Verhältnis der Vereinigten Staaten von Amerika zum Papst und dem Kirchenstaat. Sie lässt die Vorbehalte der vom protestantischen Glauben dominierten USA gegenüber der katholischen Kirche und ihrem obersten Repräsentanten nicht geringer werden – und trägt vermutlich mit dazu bei, dass Anwerbungen amerikanischer Staatsbürger für die päpstliche Armee verunmöglicht werden.

Der »Vollzug« der Septemberkonvention

Das Geschehen im Dezember 1866 fand in Ferdinand Gregorovius einen aufmerksamen Beobachter: »Der Abzug der Regimenter ging seit dem 7. December in der Stille vor sich. Man hörte sie bei Tagesgrauen durch die Stadt ziehen. Sie ließen zum Lebewohl die kriegerischen Klänge ihres Marsches Partant pur la Syrie erschallen, welche Rom aus dem Schlummer weckten. Dies war ihr einziger Abschiedsgruß. So anspruchsvoll sie einst nach Rom gekommen waren, so anspruchslos und unbemerkt schieden sie. Römische Wachen bezogen alle Tore, das Capitol und die Hauptwache auf dem Platz Colonna. Die Physiognomie der Stadt wurde ganz verändert. Die Römer, seit siebzehn Jahren an den Anblick jener prächtigen Regimenter Frankreichs gewöhnt, staunten die päpstlichen Bleisoldaten verwundert an, die an deren Stelle getreten waren. Jetzt wurde Rom grabesstill. Man fühlte das Ablösen eines geschichtlichen Zustandes, und wie das Papsttum in tiefer Einsamkeit auf einer öden Scene zurückblieb.«

Am 11. Dezember, um 8.00 Uhr des Morgens, übergaben die Franzosen auch ihren letzten Posten, die Engelsburg: »Ein Zuavenlieutenant rückte mit einer halben Companie an das Gitter des Castells, dahinter die französischen Wachen unter Gewehr standen. Man parlamentirte. Ein päpstlicher General erschien. Die französische Fahne wurde niedergelassen, die päpstliche aufgezogen. Man präsentirte das Gewehr; die Franzosen zogen ab, die Zuaven ein. Das Banner der Kirche flatterte wieder auf dem Grabmale Hadrians, neben dem bronzenen Erzengel Michael.«

Für Ferdinand Gregorovius ließ der Abzug der Franzosen »eine fühlbare Lücke« zurück; er kommentierte: »Siebzehn lange Jahre machten diese französischen Soldaten nicht zu Bürgern, doch zu Bewohnern Roms, und ihre glänzend kriegerische Erscheinung war ein auffälliger Zug in dem täglichen Leben der Stadt gewesen. Der Haß, mit dem das Volk sie anfangs empfangen hatte, war in der Gewohnheit untergegangen, wozu ihr musterhaftes benehmen nicht wenig beigetragen. Von allen Occupationen eines Landes durch fremde Truppen war diese französische Roms die erträglichste. Sie hatte auch keine Eroberung sondern nur den Schutz des Papsttums ausgedrückt. Sie kostete dem Lande nichts, sie bereicherte es. Jährlich brachten die Franzosen 12 Millionen Francs in Rom in Umlauf.«

Am 14. Dezember 1866 schifften sich die letzten französischen Truppen in Civitavecchia ein. Das geheime römische Nationalkomitee verkündete in dem ihm eigenen Pathos: »Römer! Endlich hat der letzte französische Soldat Rom, der letzte Fremdling Italien verlassen. Von den Alpen bis zum Meer entfaltet kein fremdes Banner mehr auf italischer Erde Gewaltherrschaft oder ungerechte Protection. Dies Schauspiel ist schmerzlich für unsere eingeschüchterten Unterdrücker, tröstlich für uns selbst, die wir nach achtzehn Jahren die Stirne wieder erheben, und Rom als Herrin ihrer eigenen Geschicke sehen. Dieser große Tag sei der Erinnerung und dem Herzen jedes Römers tief eingedrückt, welcher die Liebe zu seinem bisher entwürdigten Vaterlande fühlt. Dieser Tag eröffnet eine ganze neue Ära, die nämlich, welche neben dem vom verhaßten Despotismus gereinigten und freien Priestertum der Religion auch Rom selbst frei und blühend sehen wird.«

Das Nationalkomitee brüstete sich: »Uns, ihr Römer, gehört das große Werk. Eine späte Gerechtigkeit legt das Geschick des Landes wieder in unsre Hände zurück, denen es so lange entzogen war. Die Stunde ist feierlich und entscheidend. Die ganze Welt, bewegt und nach verschiedenen Richtungen hingedrängt, blickt auf Rom. Wir, stark durch die Gewalt eines unveräußerlichen Rechts, entschlossen es auszuüben ohne im geringsten die Rechte der geistlichen Gewalt zu verletzen, wollen für das große Ereignis Herz und Kopf, und wenn es notthut den Arm bereit halten. Keine eiteln Reden, keine unverständigen Bewegungen, oder vereinzelten und unzeitigen Handlungen! Aus unsern Reihen bleibe ein jeder, der für dieses ernste Bedürfnis letzter und schwerer Entschlüsse keinen andern Tribut darzubringen weiß. Das Vaterland ist reich an Mut und bürgerlicher Tugend; der entscheidende Augenblick wird dies zeigen. Es bedarf keiner nichtigen und regellosen Kundgebungen. Denn sie wären es eben, was unsre Feinde am sehnlichsten wünschen, jene die auf Verwirrungen rechnen, von neuer fremder Invasion träumen, und zahlreich und voll Arglist uns umgeben, ausspähen und uns nachstellen.«

Ferdinand Gregorovius schrieb in seinen Tagebüchern nieder: »Die italienische Partei in der Stadt hatte sich in dem römischen National-Comité organisirt, und dies empfing seine Richtung von der florentiner Regierung, als deren Organ es galt. Seine Grundsätze waren: die Versöhnung mit dem der weltlichen Gewalt entkleideten Papsttum; die Annexion Roms an Italien durch Volksabstimmung, die Erkärung Roms zur Hauptstadt unter der savoyischen Dynastie. Es drang auf Erhaltung der Ruhe, und auf passiven Widerstand.«

»Ihm stellte sich jedoch«, so Gregorovius, »seit dem Ende 1866 die mazzinistische Partei entgegen, und diese wollte den Umsturz des Papsttums und die Aufrichtung der Republik in Rom, nach welcher, wie die Radicalen träumten, die allgemeine sociale Umwälzung Europas oder der Menschheit erfolgen würde. Beide Parteien begannen einander feindlich zu bekämpfen, und auch dieser Zwiespalt war eine Ursache mehr für die Fortdauer eines ruhigen Zustandes in der Stadt. Wegen der beruhigenden Absicht des National-Comités gaben die Mazzinisten diesem den Spottnamen *la malva*. Beide Parteien ließen Flugblätter und ihre heimlichen Zeitungen drucken, die nationale die *Roma dei Romani*, die mazzinistische die *Sveglia* (den ›Wecker‹). Das geheime Leben und Treiben dieser unterirdischen Regierungen Roms, der revolutionären *Roma subterranea*, entzog sich dem Blicke der Polizei, welche ihre Häupter, ihre Locale und geheimen Pressen nicht entdeckte. Vielleicht wurden jene Zeitungen nicht einmal in Rom selbst, sondern draußen gedruckt.«

Zur allgemeinen Lage im Kirchenstaat konstatierte Gregorovius: »Die Erwartung, daß dem Abzuge der Franzosen die Erhebung wenn nicht Roms, so doch der Landstädte und namentlich Viterbo's folgen werde, erwirklichte sich nicht; denn nirgends wurde die Ruhe gestört.«

V. KAPITEL

Das Patrimonium Petri in Bedrängnis

Der Spätsommer und der Frühherbst 1867 brachten für Pius IX. und den Kirchenstaat schwere Zeiten mit sich. Eine Seuche raffte viele Menschen in Latium dahin, brutale Attentate in der Ewigen Stadt und der massive Einfall der Freischärlerbanden bedrohten die Existenz des weltlichen Herrschaftsgebietes des Papstes.

Im Einsatz gegen die Cholera

Der August des Jahres 1867 stellte an die päpstliche Armee – vor allem an die Zuaven, die mittlerweile ein Regiment zu vier Bataillonen vorwiesen – Anforderungen ganz besonderer Art: In Albano war die Cholera ausgebrochen.

Das Regensburger Monatsblatt berichtete am 17. August 1867: »Die Cholera, welche in letzterer Zeit in Rom abgenommen, ist plötzlich und zwar mit unerhörter Heftigkeit in Albano, einer kleinen Stadt, auf den Höhen, fünfzehn Meilen von der Hauptstadt gelegen, ausgebrochen. Viele römische und ausländische Familien, welche sich an diesen gefunden und lustigen Orte gegen die anderwärts wüthende Krankheit für geschützt hielten, hatten sich daselbst niedergelassen. Der König Franz und die Königin Maria Theresia [von Neapel] befanden sich gleichfalls zum Landaufenthalt in Albano. Vorigen Dienstag, 6. August, ergaben sich die ersten Cholerafälle. Tagsdarauf zählte man bereits hundert Erkrankte, wovon einige, wie vom Blitz getroffen, auf der Strasse und in den Kirchen verschieden. Es fanden herzzerreißende Scenen statt. Die Trostlosigkeit und Verwirrung erreichte den höchsten Grad, da es bei dem so unvorhergesehenen Hereinbrechen des furchtbaren Übels in Albano an Allem gebrach. Es gab weder Arzneien, noch Spitäler daselbst, und nicht mehr als zwei Ärzte«.

Bis auf die Geistlichkeit, die Ordensschwestern und die dort stationierten päpstlichen Gendarmen hatte die Bevölkerung fluchtartig die Stadt verlassen. Kardinal Ludovico Altieri, der Bischof von Albano, weilte beim Ausbruch der Seuche in Rom. Er kehrte unverzüglich in seine Diözese zurück. »Die päpstlichen Behörden haben große Anstrengungen gemacht«, hob das deutsche Blatt lobend hervor. Ärzte, Personal und Medikamente wurden unverzüglich nach Albano entsandt. »Ein Detachement Zuaven, welches von Velletri zurückkehrte und sich auf dem Durchmarsche in Albano befand, hat verlangt daselbst zu bleiben, um Beistand zu leisten« – die Abteilung der Zuaven stand unter dem Kommando des belgischen Adeligen Zénon de Résimont.

Dem Purpurträger und den Zuaven bot sich in der Stadt ein Bild des Grauens. Auf dem Marktplatz und vor den Türen der Häuser lagen verwesende Leichen. Durch die Straßen zog ein unerträglicher Geruch. Die wenigen in Albano verbliebenen Männer und Frauen waren mit der Betreuung der Kranken überfordert. So wurden die Soldaten des Papstes zu Krankenpflegern und Totengräbern. Der selbstlose Einsatz der Zuaven forderte hohe Opfer in den eigenen Reihen. Auch Kardinal Ludovico Altieri erkrankte an der Cholera; noch auf seinem Totenbett fand er lobende Worte für die Zuaven; er nannte sie die »*angeli consoltori*« (Trösterengel) seiner Diözese. Auf dem *Cimitero Storico Comunale,* dem historischen Gemeindefriedhof Albano, wurden niederländische Zuaven beigesetzt und ihrer mit einer Gedenktafel gedacht.

Verwundeten oder erkrankten päpstlichen Soldaten versuchte man im römischen Militärhospital von Santo Spirito in Sassia die bestmögliche Versorgung angedeihen zu lassen. So schrieb der deutsche Scharfschütze J. M. Müller in seine Heimat: »Im Spital war eine sehr schöne Ordnung. Sobald man im Spital anlangte, wurde man in ein Zimmer geführt, dort erhielt jeder ein reines Hemd, Unterhosen, Socken, eine weiße Kappe und Schlupfschuhe oder Pantoffeln. Diese Kleider mußte man sofort anziehen, und die andern abgeben. Hierauf wurde man in den Krankensaal geführt. Dieser, sehr groß, mit mehreren hundert Betten angefüllt, welche alle eine Nummer hatten, hatte in der Mitte auch einen Altar, wo alle Sonn- und Feiertage die heilige Messe gelesen wurde ... Die Speisen waren nahrhaft und sehr kräftig und sehr guter Wein vorhanden. Es bekam jeder, was für seinen Zustand erträglich war.«

Müller hob eigens hervor, dass die Ärzte jeden Kranken zweimal aufsuchten und das Hospital zwei große Säle für Fieberkranke aufweisen konnte, »aber dann auch noch Räumlichkeiten für andere Krankheiten«.

»o Roma o morte«

Zu den Ereignissen im Herbst des Jahres 1867 notierte Ferdinand Gregorovius: »Der Einfall der Freischaaren in den Kirchenstaat, welcher etwas mehr als fünf Wochen dauerte, wird einst eine merkwürdige dramatische Episode der Geschichte der Stadt Rom und des Papsttums bilden. In der Geschichte Italiens wird er ein peinliches Blatt sein, nicht ehrenvoll für die damalige Regierung des Landes, deren Macchiavellismus und tiefe Ohnmacht er zugleich vor den Augen der Welt bloßgelegt hat.« Um die staatliche Einheit der appeninischen Halbinsel zu vollenden, war man in Italien übereingekommen, diese Aufgabe Giuseppe Garibaldi »anzuvertrauen« – auf diplomatischem Parkett leugnete das sayoische Königreich auf das heftigste jegliche Verwicklung in den Plan. Garibaldi gab großmäulig die Parole *»o Roma o Morte!* – Rom oder den Tod!« aus und forderte seine *»camicie rosse«* (Rothemden, so genannt wegen ihres Erkennungszeichens, der roten Blusen) zum Handeln auf.

Für den Spätsommer 1867 bezifferte Ferdinand Gregorovius die Nominalstärke des päpstlichen Heeres auf 12.981 Mann; »infolge der Cholera gab es aber viele Kranke, Rekonvaleszenten, Urlauber, sodaß nach Abzug des Personals für Verwaltung und dergleichen die Zahl der für das Feld verwendbaren Leute kaum 8.000 Mann betrug.« Zu den Soldaten des Papstes fand Gregorovius überraschende Worte: »Mögen sich unter ihnen auch einige unlautere Elemente befunden haben, das päpstliche Heer in seiner Gesamtheit war eine wohldisziplinierte, mutige, für ihren Kriegsherrn und seine Sache glühend enthusiasmierte Truppe. Für den Geist der Ordnung und Sittlichkeit, der unter ihr herrschte, war es von Bedeutung, daß die religiöse Idee die Triebfeder ihres Kriegsdienstes war, daß soviele Söhne vornehmer und besserer Familien die päpstlichen Waffen trugen und daß für trefflich geeignete Feldgeistliche ausreichend gesorgt war. Die Kämpfe gegen die Briganten hatten im Laufe des Jahres die Soldaten an das Feldleben gewöhnt, ihre Umsicht geschärft, ihre Ausdauer gestählt, der glückliche Ausgang der ersten Scharmützel erhöhte ihren Mut. ›Eviva Pio Nono‹ war ihr Feldgeschrei.«

Das Lager, das sich als Schlachtruf »o Roma o morte« erwählt hatte, so Gregorovius, »umfaßte zu einem großen Teile – manche schätzten ihn auf ein Viertel – beurlaubte Offiziere und Soldaten der italienischen Armee, ein weiteres Viertel waren Ausländer, Franzosen, Deutsche, Amerikaner, der Abschaum aller Länder, welchen die Revolution auf die unglückliche Insel geworfen. Die übrigen waren, von einem Bruchteile abgesehen, welcher bessere Elemente darstellte, aus ganz Italien zusammengerafftes Gesindel, darunter halbnackte, in Lumpen gehüllte Gestalten, denen sogar das obligate Rothemd und die Schuhe an den Füßen fehlten. Galgengesichter, die man blos anzusehen brauchte, um zu erkennen, daß es Menschen waren, die, Gott und der Welt zerfallen, vor keiner Unthat zurückschreckten. Letztere waren dazu bestimmt, die Insurgenten des Kirchenstaates zu spielen«.

Der Einfall der Freischaren in den Kirchenstaat

Am 29. September trafen in der Ewigen Stadt die ersten Nachrichten ein, dass die Invasion der Freischärler begonnen habe. In der Nacht vom 28. Auf den 29. September hatten ungefähr vierzig Garibaldiner die Ortschaft Grotte di San Stefano in der Provinz Viterbo überfallen. Sie entwaffneten die wenigen Gendarmen, rissen die päpstlichen Wappen von den öffentlichen Gebäuden herunter und hissten die italienische Trikolore. Es folgten weitere Okkupationen von Dörfern und Gemeinden in Grenznähe, so von Canino, Carbognano und Carparola.

Am 30. September gelang es Zuaven und Gendarmen, die Freischärler aus den meisten Orten ohne Blutvergießen zu vertreiben. Mit dem Datum des 1. Oktobers jedoch gestalteten sich die Dinge ernster. Von der Toskana her drangen neun verschiedene Räuberbanden in die Provinz Viterbo ein. Mehr als 250 Rothemden versuchten Aquapedente einzunehmen, das nur von wenigen päpstlichen Gendarmen beschützt wurde. Den Gendarmen gelang es, die Angreifer drei Stunden lang in Schach zu halten, bis die Zuaven Hilfe brachten. Die Rothemden flohen zunächst nach San Lorenzo. Hier setzten ihnen die Zuaven nach und trieben sie über die Grenze zurück. Sechzig Gefangene wurden nach Rom gebracht und in der Engelsburg festgesetzt.

Am 5. Oktober kam es zu kleineren Gefechten in Ischia, Valentano und Moriconi. In Ischia kämpften Zuaven gegen die Eindringlinge; in Valentano und Moriconi Zuaven und Gendarmen. Bei allen Kämpfen ging der Sieg noch mit Leichtigkeit an die päpstlichen Truppen. Auf Seiten der Freischärler waren zahlreiche Tote und Verwundete zu verzeichnen; die Gefangenen wurden unverzüglich nach Rom überstellt. Weitaus schwieriger und blutiger gestaltete sich am gleichen Tag der mehrstündige Kampf um Bagnorea.

Ein *»vivo combattimento«* in Bagnorea

Die Stadt oberhalb von Viterbo war schon am Vortag von einem kleinen Trupp päpstlicher Soldaten für eine Rekognition vorgesehen worden. Man fand den Ort von einer so überlegenen Zahl Garibaldiner besetzt, dass man sich entschied, nach einem kurzen Gefecht zurückzuweichen und in Montefiascone die Verstärkung abzuwarten. Als diese am Morgen des 5. Oktober eintraf, ging man zum Angriff über. Die Freischaren hatten feste Stellungen innerhalb des Klosters San Francesco bezogen und zwei vor der Stadt gelegenen Anhöhen eingenommen. Zuaven und Linieninfanteristen setzten im Sturmschritt über alle Verhaue und Hindernisse hinweg; einem Teil der Garibaldiner wurde im Mann-gegen-Mann-Kampf unter Einsatz der Bajonette der Kampf gemacht, den anderen Teil warfen die Päpstlichen von den Anhöhen hinab auf die beiden Straßen, die in das Innere der Stadt führten. Die Straßen selber waren überall durch Barrikaden versperrt. Die päpstlichen Grenadiere griffen nun ein, räumten sie beiseite.

Die Freischärler zogen sich in die Stadt zurück, schlossen die Tore, besetzten die ersten Häuser und schossen aus den Fenstern und von den Dächern. Oberst Achille Azzanesi ließ Geschütze (Zwölfpfünder) vorfahren und ihre Wirkung tun. Nach kurzer Zeit zeigte sich eine weiße Fahne und die Tore der Stadt wurden geöffnet. Ein Teil der Freischärler versuchte noch über die Grenze zu fliehen; Päpstliche Dragoner setzten ihnen jedoch nach und erbeuteten die garibaldinische Kriegskasse mit 60.000 Franken. Von 500 Freischärlern waren siebzig getötet oder schwer verwundet worden, 110 gerieten in Gefangenschaft; von den Päpstlichen waren nur fünf Soldaten und ein Offizier verwundet worden. Am Abend stimmte man in der Kirche des Ortes das feierliche *Te Deum* an. Der Bürgermeister der Ortschaft wurde später vom Papst mit einem hohen Orden ausgezeichnet; er war den Freischärlern entgegengetreten und hatte für den Fall, dass die päpstlichen Wappen von den Mauern gerissen würden mit dem Widerstand der Bevölkerung gedroht: »Rührt mir die Wappen des Heiligen Vaters nicht an, sonst machen wir euch mit den Sensen den Garaus«.

»*Ufficiali, Sottoufficiali, Soldati!* … Offiziere, Unteroffiziere, Soldaten! Nach einem lebhaften Gefecht von drei Stunden habt Ihr Bagnorea von den Garibaldinern befreit, die es mehrere Tage besetzt hielten. Im Augenblick des Geschehens war Euer Ruf *Viva Pio IX*, und mit dem gleichen Ruf der Freude empfing euch die getreue Bevölkerung von Bagnorea. Der Heilige Vater, unser verehrter Souverän, drückt seine Genugtuung über Euer brillantes Vorgehen aus und segnet Eure Anführer und die ganze Truppe. Offiziere, Unteroffiziere, Soldaten! Ich bin mit Euch zufrieden und glücklich Euch zu kommandieren«, konstatierte mit einem Schreiben vom 7. November General Raphael de Courten den päpstlichen Soldaten.

Am 6. Oktober kam es noch zu kleineren Scharmützeln; so in der Nähe von Montelibretti, bei dem Garibaldis Sohn Menotti nur mit Mühe zu Pferde entkommen konnte. Die päpstlichen Soldaten, die am Nachmittag des Tages nach Capravola und Soviano entsandt worden waren, fanden den Feind nicht mehr vor. In Monte Carpignano wurde eine Abteilung der Freischärler von den Zuaven über die Grenze gejagt. Am 11. Oktober waren die Rothemden in die Stadt Subiaco eingefallen. Den Oberhirten der Diözese und den Magistrat der Stadt hatte man unter Bewachung gestellt, das Schloss aber vergebens zur Übergabe aufgefordert. Das Erscheinen weniger Zuaven genügte, um die Garibaldiner aus Subiaco zu verjagen.

Ein blutiges Treffen in Montelibretti

Am 13. Oktober, in den frühen Nachmittagsstunden, marschierte eine neunzig Mann starke Abteilung der Zuaven, angeführt von Oberleutnant Arthur Guillemin und Leutnant Urban de Quelen, von Monterotondo aus nach Montelibretti. Das Dorf lag an der Eisenbahnstrecke Rom-Spoleto auf einer steilen Anhöhe und war, einem mittelalterlichen Kastell ähnlich, mit Ringmauern, Wällen, Brücken und Toren befestigt. Die Zuaven wollten in der Ortschaft ihr Nachtquartier nehmen – ohne zu ahnen, dass sich in ihr schon eine große Überzahl von Garibaldinern befand.

Gegen 5.30 Uhr kamen die Zuaven an der steinernen Brücke an, die den zweihundert Meter von dem Tor entfernten sehr breiten und tiefen Graben überbrückte. Ein Augenzeuge berichtete: »Auf einmal knattert und kracht es; ein Trupp Rothemden suchte den Übergang streitig zu machen. Guillemin kommandierte sofort: ›Gewehr zur Attaque rechts!‹ und in Schnelligkeit ward die Stellung erstürmt; zehn Garibaldianer wurden gefangen, die anderen gaben Fersengeld. Damit war aber die Affaire noch keineswegs zu Ende. Über dem Graben lag der 205 Meter lange Abhang, welchen man ersteigen mußte, um zum Thore von Monte Libretti zu gelangen«.

Der Augenzeuge berichtet weiter: »Wir waren nicht wenig überrascht, als wir hier abermals von einem wohlgenährten Gewehrfeuer begrüßt wurden. An die dreihundert Rothhemden lagen in gedeckter Stellung hier in den Weingärten, welche längs der Straße hinziehen. Oberlieutenant Guillemin ließ links und recht ausschwenken und wie die Teufel stürzten sich unsere Zuaven mit gefälltem Bajonnette auf die Freischärler, um mit ihnen gleichzeitig in den Straßen des Dorfes anzukommen. Da aber blitzte und krachte es aus allen Fenstern, man konnte nicht voran, wir mußten wieder auf das Thor zurück. Major Freseni setzte uns zu Pferd mit seinem Adjutanten und dem Gros der Rothhemden nach und schrie unaufhörlich Avanti! Avanti! seinen Degen schwingend. Vor dem Thorbogen entstand nun ein wütendes Handgemenge; drei bis vier Stunden in die Nacht hinein dauerte der gräßliche Kampf, bei dem uns viele Hunderte gegenüberstanden.«

Oberleutnant Guillemin fiel, von einer Kugel in die Brust getroffen: »Da steigerte sich der Muth der Unsrigen zur Raserei. Ich nahm den Garibaldianer-Major auf's Korn; mein Schuß traf sein Roß, mit dem er in den Staub rollte. Mein Sergeant De la Behassiére setzte ihm die Büchse ans Ohr, er empfing dafür eine Kugel in den Arm und eine zweite riß ihm das Käppi weg. Er stülpte sich dafür das grün-rothe Käppi des Majors auf. Mein Kamerad Nouynés aus Marseille brüllte wie rasend, hieb und stach mit seinem Hauptbajonnet in die dichteste Menge und als er endlich aus einer Wunde am Kopfe blutete, in jedem Arme eine Kugel stecken hatte und zwei Finger der rechten Hand ihm weggeschossen waren, frug er, ob er sich etwas ausruhen dürfe. Colinridge, ein junger Engländer und Zuaven-Corporal, vertheidigte sich, an eine Mauer gelehnt, längere Zeit gegen zehn Garibaldianer, die er alle niederstreckte; endlich wurde er durch eine Kugel tödtlich verwundet.«

Der Schrecken der Garibaldiner war an diesem Abend der Holländer Pieter Jong, eine riesenhafte Erscheinung (»*Een Boom van een kerel, so groot, dat man in heel Rome geen uniform kon vinden dat hem paste*«): »Mit bloßem Kopfe, in zerfetzter Uniform, arbeitete er mit seinem Gewehrkolben wie mit einer Keule. Vierzehn Rothhemden schlug er den Schädel ein. Ohne eine Wunde zu haben und nur von Müdigkeit erschöpft, sank er endlich zusammen, und nun stürzten sich seine Feinde auf ihn und kühlten ihren Muth mit Dolch und Bajonnet«. Und auch ein deutscher Unteroffizier, der Sergeant Joseph Bach aus Bayern, erwarb sich in diesem Kamf ungeheure Verdienste – er »sah aus, wie im Blute gebadet, obgleich er selbst nicht die geringste Schramme hatte«. Leutnant De Quelen, der nach Guillemins Tod das Kommando übernommen hatte, kämpfte mit verzweifelter Hartnäckigkeit und fiel als einer der Letzten.

Nach dem Tod der Offiziere übernahm Sergeant Joseph Bach das Kommando. »Er erspäht alsbald ein günstig gelegenes Haus hart an der Straße, die den einzigen Weg zwischen den Bergen bietet, wirft sich sofort mit sechzehn Zuaven hinein, verbarrikadiert sich hier und deckt so den Rückzug seiner Leute mit einer Bravour, daß die Feinde es nicht wagen, nachzurücken, denn wer immer dem Hause nahe kam, fiel von den sicheren Schüssen getroffen. So blieb der brave Baier die ganze Nacht bis vier Uhr Morgens mit den Seinen und die Feinde wagten keinen ernstlichen Sturm. Er erwartete, daß ihn am Morgen seine Kameraden heraushauen würden, doch war dies nicht nöthig, die rothen Helden hatten sich noch in der Nacht über die Grenze zurückgezogen und dreißig Mann Todte vor dem Hause zurückgelassen. Bach ging dann mit den Verwundeten, den zehn gefangenen Rothhemden und den übrigen Leuten nach Monte Maggiore zurück. Tags darauf konnte er an seine Eltern in der baierischen Rheinpfalz telegraphieren: ›Sepperl wohl und gesund; auf dem Schlachtfeld Offizier geworden‹«.

Kämpfe in Nerola

Am Morgen des 18. Oktober, gegen 4.00 Uhr, brach Zuaven-Oberstleutnant De Charette von Monterotondo aus in zwei getrennten Abteilungen nach Montelibretti auf, das erneut zum Ziel der Freischaren geworden war. Die eine Kolonne marschierte auf der Landstraße, die andere Kolonne, bei der sich die Artillerie befand, hielt sich seitwärts auf den Höhenzügen.

»Wir hatten«, notierte ein päpstlicher Offizier, »heillose Strapazen zu bestehen, um die Kanonen durch das Gebirge zu schleppen und mußten zuletzt drei davon nach Monte Rotondo mit einer Compagnie zurücksenden. Als wir nun etwa tausend Mann stark auf Monte Libretti losrückten, räumten die Freischärler den Platz eiligst. Man sagte uns, es seien etwa dreitausend Rothhemden in der Gegend, welche sich in Nerola, einem sehr festen Neste, vereinigen sollten. Es mochte halb elf Uhr sein, als beide Colonnen vor Nerola ankamen. Dieses Dorf liegt auf einer Anhöhe und wird von einem althertümlichen Fort der Colonna Sciarra vertheidigt.«

Die Antibes-Legion und die Schweizer Scharfschützen unter dem Kommando von Major Sirlot bleiben am rechten Flügel. Die Zuaven am linken Flügel unter dem Befehl von De Troussures umgehen den Bergkegel, um gleichzeitig mit dem rechten Flügel den Angriff zu beginnen: »Im Centrum stand mit einigen Compagnien der Zuaven-Oberstlieutenant De Charette. Eine Abtheilung Scharfschützen war zur Arrieregarde detaschtiert, um die Straße von Montorio Romano im Auge zu behalten, von wo aus die Garibaldianer in den Rücken kommen konnten. Um elf Uhr eröffnete die Zwölf-Pfünder Feldbatterie unter der Leitung des Offiziers De Quatrebarbes, ehemaligen Generalstabschef des Generals Lamoricière, ihr Feuer gegen den südöstlichen Thurms des Forts, welcher halb über die Garabaldianer zusammenstürzte. Das war das Zeichen zum Angriff. Das Feuer wurde eingestellt und auf der ganzen Linie ›Sturm‹ geblasen. Unter dem begeisterten Ruf ›Evviva Pio Nono!‹ setzten sich die Sturmcolonnen in Bewegung. Auch der linke Flügel war nun tätig geworden und die steilen Feldwege hinaufgeklettert. Das nördliche Tor der Ortschaft wurde eingerannt und die Garibaldiner, die sich in den nächst gelegenen Häusern festgesetzt hatten, vertrieben.«

Auf der südlichen Seite hat die Legion alle vorgeschobenen Posten mit dem Bajonett erstürmt. Als sich Hauptmann Thomalet mit seinen Männern dem dortigen Tor nähert, wird es geöffnet und der Anführer der Freischärler verlangt zu kapitulieren. »Briganten haben kein Recht zu kapitulieren«, antwortet ihm der Hauptmann, »ergebt euch auf Gnade und Ungnade«. Man ergibt sich. Hierauf befiehlt Thomalet, das Feuer einzustellen. Nerola ist erstürmt. Die Päpstlichen machen 160 Gefangene, darunter den Kommandanten der Freischaren, den Conte Balentini, und drei seiner »Offiziere«. Ebenso werden mehrere Kisten Munition, Pferde und 300 Gewehre requiriert. Zwölf päpstliche Soldaten sind tot oder schwer verwundet.

Ein Augenzeuge gibt an: »Als wir das Fort besetzt hatten, zeigte sich die Hauptbande unter Menotti Garibaldi abermals; zwar nur auf 1000 Schritte Entfernung, doch jenseits der Grenze, weshalb wir nichts machen durften. Dem Oberstlieutenant De Charette wurde das Pferd unter dem Leibe erschossen; es wurde von unseren Soldaten verspeist. Vor unserem Abzug zerstörten wir das Fort, zerschlugen die gewonnen Waffen und warfen sie nebst der Munition in eine Cisterne, denn wir konnten diese Dinge nicht mitnehmen. Wir kamen Nachts neun Uhr nach Monte Rotondo zurück, wo uns die Bevölkerung mit Jubel empfing.«

Der 17jährige englische Zuave Julian Watts-Russel schrieb in die Heimat, wie er die Erstürmung Nerolas erlebt hatte: »Mein lieber Papa, unser Unternehmen wurde wegen seiner Tapferkeit gelobt; zahlreiche Kugeln sausten um uns herum; dank Unserer Lieben Frau (Our blessed Lady) wurden wir von ihnen nicht getroffen. Wir drangen in so manches Haus ein und schossen die Garibaldiner aus den Fenstern hinweg. Anderthalb Stunden später hingen weiße Fahnen aus den Fenstern. Unsere Kanone brachte die Fahne des Feindes zu Fall, die päpstliche wurde von jederman unter dem Ruf ›Viva Pio Nono‹ gehisst. Es war furchterregend großartig. Wir schliefen in Nerola in einem Raum mit einem toten Soldaten der Antibes-Legion; wir alle beteten das De Profundis für ihn. Am nächsten Morgen marschierten wir von Nerola nach Monte Rotondo – in einem Marsch von 16 Stunden.«

Watts-Russel erwähnt in seinem Brief die Kuriosität, dass man in Nerola das Pferd von De Charette verzehrte: »Es schmeckte sehr gut; während des langen Marsches gab es dann den ganzen Tag nichts mehr zu essen.«

Die blutigen Gefechte von Bagnorea, Montelibretti und Nerola blieben nicht ohne Eindruck. Sogar die Feinde der weltlichen Herrschaft konnten den Soldaten Pius IX. ihre Bewunderung nicht versagen. »Die Päpstlichen schlagen sich gut«, musste sogar Ferdinand Gregorovius, der entschiedene Gegner des Papsttums, eingestehen.

Pius IX. und ein Apostolisches Rundschreiben

Von Tag zu Tag wuchs die Gefahr für den Kirchenstaat; bald befanden sich weit über 15.000 bewaffnete Anhänger Giuseppe Garibaldis im Herrschaftsgebiet des Papstes. 30.000 Mann der italienischen Armee »schützten« im September und Oktober 1867 die Grenzen des Patrimonium Petri. Und dennoch drangen Tag für Tag die Banden Garibaldis in den Kirchenstaat ein. Ein zeitgenössischer Beobachter bemerkte: »Die Vorposten waren sich so nahe, daß kein Vogel unbemerkt vorbeifliegen konnte«. Ausländische Geschäftsträger am italienischen Hofe mussten tief schlucken, als man ihnen erklärte, die an der päpstlichen Grenze stehenden Truppen seien durch den beschwerlichen Grenzdienst abgemattet und könnten unmöglich verhindern, dass einzelne Individuen ihre Wachsamkeit täuschten. Der Bischof von Orleans, Monseigneur Felix Dupanloup, bemerkte: »Wir haben dort in Italien eine aparte Regierung, eine ganze aparte Sprache, aparte Lügen«. In diesen Tagen erließ der Papst ein Apostolisches Rundschreiben, das die dramatische Lage im Kirchenstaat mit drastischen Worten beschrieb: »*Levate, Venerabiles Fratres, in circuitu oculos vestros, et videbitis, ac una Nobiscum vehementer dolebitis abominationes pessimas, quibus nunc misera Italia praesertim funestatur* … Erhebet, ehrwürdige Brüder, Eure Augen ringsumher, und Ihr werdet die fluchwürdigen Frevel sehen und mit Uns beklagen, von welchen zumal das unselige Italien jetzt heimgesucht ist. Wohl verehren Wir in Demut die unerforschlichen Gerichte Gottes, dem es gefiel, daß Wir in diesen grauervollen Zeiten leben sollen, in denen durch das Werk einiger Menschen und zumal derer, welche die Leiter der öffentlichen Dinge in dem unglückseligen Italien sind, die ehrwürdigen Gebote Gottes und die Gesetze der heiligen Kirche ganz und gar verachtet werden, und die Gottlosigkeit ungestraft ihr Haupt hoch erhebt und triumphiert.«

Der Papst verwies auf zahlreiche Banden (*phalanges*), »welche in Gottlosigkeit wandelnd unter dem Banner Satans dienen, auf dessen Stirne geschrieben steht ›Lüge‹, und die mit dem Namen der Rebellion genannt ihren Mund in den Himmel legen und Gott lästern, alles Heilige besudeln und verachten, alle göttlichen und menschen Rechte mit Füßen treten. Von diesem Geschlecht der Verlorenen sind Wir, ehrwürdige Brüder, in der Gegenwart umringt. Ja, diese Menschen wollen, ganz von teuflischem Geist beseelt, das Banner der Lüge in dieser Unserer eigenen erlauchten Stadt aufpflanzen, an dem Stuhle Petri, dem Centrum der katholischen Wahrheit und Einheit. Die Lenker der subalpinen Regierung aber, welche Menschen solcher Art zurückhalten sollten, erröten nicht, sie auf jede Weise zu fördern, ihnen Waffen und alles Nötige darzureichen und den Zugang zu dieser Stadt zu erleichtern.«

Terror in Rom

Bereits Anfang Oktober hatte das verbotene römische Nationalkomitee einen pathetischen Aufruf an die Bewohner der Ewigen Stadt erlassen: »Römer, die Provinzen sind schon im Aufstande, und in kurzem wird die Insurrektion allgemein sein«. Ganz gezielt wurden vor allem die Zuaven verleumdet: »Das Blut der Brüder, welches der päpstliche Zuave eben in den Provinzen vergießt, sei der Funke unsere Geister zu entflammen«. Die Presse des Königreiches Italien berichtete beinahe täglich von »den heldenhaften Aufständen eines geknechteten und blutig unterdrückten Volkes«. Ferdinand Gregorovius, ein unverdächtiger Beobachter, bezeugte jedoch,

»daß alle jene pomphaften Berichte der Garibaldischen Zeitungen schamlos erlogen waren. Denn nirgends in den Provinzen fand eine Erhebung auch nur eines einzelnen Ortes statt«. Es kam in Rom zu einer Reihe von Ausschreitungen und Anschlägen. Aus Hinterhalten wurden Petarden und sogenannte Orsini-Bomben auf öffentliche Plätze geworfen oder gegen Kleriker und Angehörige des päpstlichen Militärs geschleudert.

Kardinalstaatssekretär Giacomo Antonelli zeigte den ausländischen Gesandten einige dieser frühen Vorläufer unserer heutigen Handgranaten. Odo Russel, der Gesandte Großbritanniens beim Heiligen Stuhl, beschrieb diese heimtückischen Mordinstrumente (*»weapons of conspiracy«*) als von der Größe etwa einer Orange und rundherum mit Auslösern versehen (*»they are the size of a large orange and so covered with copper caps as to blow up wherever they fall«*). Nur wenige Römer beteiligten sich an den revolutionären Umtrieben; die Verschwörer waren fast ausnahmslos fremde Staatsbürger. Sie waren mit falschen Pässen nach Rom gekommen und illegal eingereist. Bei der Erledigung ihrer kriminellen Taten legten sie viel Phantasie an den Tag; sie agierten in Verkleidungen, in gestohlenen Soutanen und in den Uniformen der Zuaven.

Die Geschehnisse in der Ewigen Stadt tangierten auch die Päpstliche Schweizergarde. Mit Datum vom 17. Oktober 1867 befahl der Kommandant des Korps, Oberst Alfred von Sonnenberg, ein halbes Geschwader im Quartier in ständiger Alarmbereitschaft zu halten. Die Wachen traten nicht mehr mit ihrer traditionellen Bewaffnung, der Hellebarde, an, sondern mit scharf geladenem Gewehr. In den Vatikanischen Gärten hielten sich ständig, Tag und Nacht, zehn Mann der Schweizergarde auf. Im letzten Moment gelang es Gardisten, einem als Priester verkleideten Mazzini-Anhänger den Zutritt zum Vatikan zu verwehren. Der Kommandant der Garde berichtete in seinem Tagebuch von einer Schießerei im Borgo, bei der zwei Gardisten nur knapp dem Kugelhagel entgingen.

Die Agenten des Polizeidirektors von Rom – Monsignore Lorenzo Ilarione Randi – hatten ihren Vorgesetzten schon

Tage zuvor darüber informiert, dass der 22. Oktober von den in Rom anwesenden Verschwörern als »Tag der Erhebung« geplant war. Auch der Text eines beschlagnahmten Flugblattes wies darauf hin: »Römer, zu den Waffen! Zu den Waffen! Für unsere Freiheit, die Einheit des italienischen Vaterlandes und die Ehre des Römernamens. Unser Schlachtruf sei: Tod dem weltlichen Papsttum! ... Unsere Brüder haben seit vielen Tagen das Banner des heiligen Aufstandes erhoben und röten mit ihrem Blut die Via Sacra die nach Rom führt. Dulden wir nicht länger, daß sie alleine stehen, antworten wir ihrem Heldenruf mit der Sturmglocke des Capitols. Zu den Waffen! Wer eine Flinte tragen kann, eile herbei! Jedes Haus sei eine Burg, jedes Eisen eine Waffe. Die Greise, die Frauen, die Kinder mögen Barrikaden aufwerfen, die Jünglinge werden sie verteidigen«. Randi informierte Kardinalstaatssekretär Giacomo Antonelli und General Hermann Kanzler. Er selber hatte seine Männer zu den neuralgischen Punkten der Stadt geschickt, um eventuelle Aktivitäten auszuspionieren.

Am frühen Abend des Tages, gegen 19.00 Uhr, explodierte auf der Piazza Colonna, nahe dem päpstlichen Militärkasino, eine Bombe. Sie war das Signal für eine Reihe von Aktionen: die Engelsburg, das Gasometer beim Circus Maximus und die Quartiere der Zuaven sollten in die Luft gesprengt, die Gefängnisse erstürmt, das Kapitol erobert und die Porta San Paolo für die heranrückenden Garibaldiner geöffnet werden. Von den geplanten Bombenattentaten gelang nur eines. Um 19.10 Uhr wurde die Unterkunft der Zuaven im Borgo, die Kaserne Serristori (sie befand sich ungefähr auf der Höhe der heutigen Via Pancrazio Pfeiffer), durch eine Explosion beinahe völlig zerstört.

Die Minierung und Sprengung der Caserma Serristori

In seinem Roman *Silvio* schildert dessen Autor eine typische Szene des dortigen Soldatenlebens, wie sie sich nach einem Nachmittagsappell abspielte: »In bunten Gruppen saßen und standen die Zouaven, die dort ihr Quartier hatten. Die verschiedensten Typen waren vertreten. Dort auf einer Bank saßen rittlings zwei feurige Italiener, welche die Ärmel ihrer Jacke aufgestreift und bereits lebhaft in jenem Volksspiele begriffen waren, wobei der eine rasch eine gewiße Anzahl Finger ausgestreckt und der andere die Zahl zu rathen hat. Bequem lebte dabei ein Landsmann des großen Cid und sah mit souveräner Verachtung dem kindischen Spiele zu, während er die eine Hand in die Falten seiner rothen Schärpe gesteckt und mit der andern nachlässig eine Papiercigarrete hielt, mit deren Anzünden er wartete, bis ein dienstgefälliger Camerad mit Feuer in seine Nähe kam.

Von einer anderen sehr zahlreichen Gruppe, die sich auf die zum Hofe zu dem Gebäude führenden Treppen gelagert hatte, scholl lautes Lachen und heiteres Geplauder. Dazwischen tönten die süßen Weisen der Provence. Es waren leichte, lebendige Südfranzosen, die sich da zusammen gefunden hatten. Ernstere Bewohner der Bretagne und Normandie gingen Arm in Arm auf und an und unterhielten sich von dem bevorstehenden Feldzuge gegen die Rothhemden, der in der Kaserne bereits ein öffentliches Geheimnis war. Eine dichte Gruppe hatte sich im Schatten einer Mauer versammelt. In ihrer Mitte lag auf einem Holzbocke ein Faß mit Bier, das ein der Sache kundiger Brauer aus Bayern eben anzustecken im Begriffe war. Da standen die Landsleute von der Isar und dem Rhein.«

Am 22. Oktober brachten der 1844 in Rom geborene Maurerlehrling Gaetano Tognetti und der 1835 in Moresco (Provinz Fermo) geborene Revolutionär Giuseppe Monti unter der Serristori-Kaserne zwei Fässer mit Schießpulver an und zündeten sie. Um 19.10 Uhr wurde die Unterkunft der Zuaven im Borgo durch die Explosion beinahe völlig zerstört. Am 23. Oktober vermerkte Ferdinand Gregorovius in seinem Tagebuch: »Ich komme soeben vom dem Ort, wo die Mine gesprungen ist. Sie hat die Kaserne des Palastes Serristori am Borgo zerstört, worin Zuaven als Wache lagen, mehr als 20 Menschen sind im Schutt begraben, meistens zum Musikkorps gehörig und Waisenkinder von Rom, auch einige in Arrest gelegene Soldaten befanden sich darunter. Die Pompieri hatten den Schutt weggeräumt. Volk stand dabei, zwei junge Zuaven gingen als Schildwachen auf und ab mit flammenden Blicken und solcher Zornesmiene, daß man ihnen ansah, sie hätten gern ihr Gewehr dem ersten besten dieser Gaffer in den Leib gestoßen. Die vordere Wand des Palastes ist eingestürzt, man sieht in die leeren Stockwerke, wo noch an den Nägeln Kleidungsstücke der Zuaven hängen.«

Die Zuaven, denen der Anschlag gegolten hatte, waren kurz zuvor aus dem Quartier abgezogen worden; fünfundzwanzig, zumeist italienische Regimentsmusiker und mehrere Zivilisten – unter ihnen im Nachbarhaus befindliche Waisenkinder – fanden jedoch durch den Anschlag den Tod. Besonders tragisch war das Schicksal der Familie Ferri: Der Vater, Francesco Ferri, konnte nur noch tot aus den Trümmern geborgen werden. Seine sechsjährige Tochter Rosa starb in den Armen eines päpstlichen Gendarmen; die Mutter fand sich unter den Schwerverletzten.

Auch die Engelsburg mit der Leostadt sollte in die Luft gesprengt werden. Im Pulverlager Nr. 5 des Castel Sant' Angelo, das mehr als sechzehn Tonnen Pulver barg, hatten die Verschwörer schon Minen gelegt. Die Agenten der römischen Polizei waren jedoch nicht untätig geblieben; bei einer Observation war man der Bestechung einiger Artilleristen auf die Spur gekommen. Durch rechtzeitige Verhaftungen konnte eine Katastrophe ungeahnten Ausmaßes verhindert werden. Ebenso war der geplante Anschlag auf das Gasometer der Stadt Rom verraten worden. Noch bevor sich die Attentäter an ihr Werk machen konnten, wurden sie von den Gendarmen arretiert.

An die 300 Revolutionäre stürmten gegen 20.00 Uhr mit lautem Geschrei zum Kapitol. Die dort postierten Scharfschützen der *Carabinieri Esteri* zielten aber so sicher und gut, dass die Freischärler schnell die Flucht ergriffen, verzweifelt ihre Waffen wegwarfen und sich nicht einmal mehr die Zeit nahmen, ihre Toten und Verwundeten mitzunehmen. Um Mitternacht war die Lage in Rom wieder ruhig. Der Beginn des »Volksaufstandes« war gescheitert.

»Die Bürgerschaft bewegt sich nirgends«, kommentierte Ferdinand Gregorovius.

Das Gefecht bei der Villa Glori

Für die Nacht vom 21. Auf den 22. Oktober notierte Ferdinand Gregorovius: »Man begann die Tore zu verbarrikadiren, Schanzen vor denen aufzuwerfen, welche geöffnet blieben, die andern, welche gesperrt wurden, mit Erde von innen zu verschütten. Im Mittelalter nannte man dieselbe Maßregel fabbricare le porte. Ganz geschlossen wurden die Porta Maggiore, die Salara, die von S. Lorenzo, S. Paul, S. Pancrazio, S. Sebastian. Man machte auch beide Drahtbrücken, den Ponte Rotto und die neue Brücke an der Lungara durch Ausheben der Bohlen unwegbar. Die drei Aniobrücken, die salarische, nomentanische, und Ponte Mamolo auf dem Wege nach Tivoli wurden miniert. Man brachte in den Mauern, selbst auf dem Pincio, Schießscharten an, und begann Kanonen aufzupflanzen. Man legte eine Batterie bei Eingangspunkt der Eisenbahn in die Stadt an. Man füllte die Gräben der Engelsburg mit Wasser.«

Am 23. Oktober kam es zu einem blutigen Kampf vor den Toren Roms. Die Brüder Cairoli – der eine ein Deputierter des Parlaments, der andere ein Hauptmann der Artillerie im italienischen Heer – hatten einen seltsamen Trupp von Freischaren zusammengebracht »aus Patrioten, Männern von Bildung und kühnem Mut, meist begüterten Landbesitzern, Ingenieuren, Studenten, Militärs« (Gregorovius). Diese Gruppe war mit Booten auf dem Tiber unterwegs gewesen und wollte bei der Ripetta an Land gehen. Das Erscheinen eines Schiffes der päpstlichen Marine, der *Santa Teresa,* verhinderte dies jedoch, so dass die siebzig Freischärler nur bis zur außerhalb der Stadtmauern gelegenen Villa Glori auf den Höhen bei Acqua Acetosa gelangten. Eine Abteilung der *Carabinieri Esteri* unter dem Befehl von Hauptmann Meyer, unterstützt von Gendarmen und Dragonern zu Pferde, versuchte der Eindringlinge habhaft zu werden. In einem heftigen Kampf kam es auf beiden Seiten zu vielen Verwundeten. 22 Garibaldiner starben, die restlichen wurden gefangen genommen oder in die Flucht geschlagen (Siehe Zeitdokumente).

Die Cairoli-Brüder wurden von der italienischen Presse umgehend zu Helden hochstilisiert; Hauptmann Julius Meyer und seine Männer jedoch aufs schlimmste verunglimpft. »Gewisse Blätter machten einen großen Lärm über dieses Treffen bei den Monte Parioli und erhoben die Tapferkeit der Cairoli-Bande in den Himmel. Aber die Billigkeit würde erfordern, daß man wenigstens das gleiche Lob den von Hauptmann Meyer angeführten Schützen spendete, die, obwohl fast um die Hälfte schwächer an Zahl, die Freiwilligen zersprengt haben«, protestierte General Kanzler gegen die Anschuldigungen (Julius Meyer wurde 1868 zum Major und Bataillonskommandanten befördert. Leo XIII. hatte 1878 erwogen, Meyer zum Kommandanten der Päpstlichen Schweizergarde zu ernennen; doch es überwog die Furcht, dadurch den italienischen Ministerpräsidenten Benito Cairoli vor den Kopf zu stoßen. So schrieb der damalige Gardekommandant Louis de Courten: »*J'ai s avec plaisir ici que l'on avait le aussi pensé à toi pour commandement de la garde et que si tu n'a pas été le préferé, c'est que tu étais trop bien connu du minstre Cairoli avec lequel ont (!) ne voulait pas s'exposer à des difficultés«).*

Attentate in der Ewigen Stadt

General Giovanni Battista Zappi, der Stadtkommandant von Rom, erließ nun für die Ewige Stadt besondere Vorsichtsmaßnahmen. Im Alarmfalle – fünf Kanonenschüsse, abgefeuert von der Engelsburg – hatte man sich in die Häuser zu begeben; Geschäfte, Lokale, Haustüren und Fenster waren sofort zu schließen. Jede Versammlung von mehr als vier Personen wurde strengstens untersagt.

In den frühen Abendstunden des 24. Oktobers fand Kardinalstaatssekretär Giacomo Antonelli die beunruhigenden Berichte der römischen Polizei und die Einschätzungen des Militärs über die Lage in den Provinzen auf seinem Schreibtisch vor. Gegen 23.00 Uhr wandte er sich in einem

Telegramm an Monsignore Flavio Chigi, den Apostolischen Nuntius in Paris: »*Parlate, agite e rispondete al piú presto possibile* – Redet, handelt und antwortet so schnell wie möglich«. Chigi konnte sich als ehemaliger Soldat – er war vor seinem Eintritt in den Geistlichen Stand Offizier der Päpstlichen Nobelgarde gewesen – ein Bild von der Lage machen. In der Frühe des folgenden Morgens wurde Monsignore Chigi bei allen wichtigen Persönlichkeiten des *Second Empire* vorstellig und drängte energisch auf eine schnelle und schlagkräftige Hilfe für den bedrängten Kirchenstaat. Am folgenden Tag verhängte man über Rom den Belagerungszustand. Die Ablieferung von Waffen wurde befohlen und ein permanentes Kriegsgericht eingesetzt.

Am 25. Oktober kommt es zu einem dramatischen Ereignis in der Ewigen Stadt, im Stadtviertel Trastevere, in der Wollspinnerei Ajani (Via Lungara 92). Die Agenten der päpstlichen Polizei haben in Erfahrung gebracht, dass von hier aus ein Angriff auf das Gefängnis San Michele geplant ist – mit dem Ziel, die dort Inhaftierten zu befreien. Kurz nach 12.00 Uhr mittags werden sechs Gendarmen und zwanzig Zuaven zu dem Haus geschickt. Einer der Verschwörer, Antonio Arquati, lässt von einem Fenster aus Orsini-Bomben auf die Päpstlichen fallen. Sie verletzen den Gendarmeriebrigadier Cesare Testa und einige der Zuaven. Dann wird aus allen Fenstern des Hauses auf die Ordnungshüter geschossen. Die Erstürmung des Verschwörer-Nestes erscheint unerlässlich.

Die Revolutionäre leisten ungewohnt heftigen Widerstand. »*Corragio fratelli; la vittoria è nostra* – Nur Mut, Brüder, der Sieg ist unser!«, feuert die einzige Frau unter den Verschwörern, Giuditta Tavani-Arquati, ihre Kumpane an. Kaltblütig und gewissenlos hält die Schwangere ihr jüngstes Kind als Schutzschild an die Brust gedrückt und streckt mit dem Revolver Gendarmen und Zuaven nieder. Unter Einsatz der Bajonette machen die päpstlichen Soldaten dem Spuk dann schließlich ein Ende. Sechzehn Aufrührer müssen die Tat der Verschwörer mit dem Leben bezahlen; fünf Päpstliche werden schwer verwundet, einige von ihnen sterben in den nächsten Tagen. Mehr als 650 Gewehre, unzählige Orsini-Bomben und eine große Menge von Schießpulver werden gefunden (nach dem Ende des Kirchenstaates im Jahre 1870 feiert man Giuditta Tavani-Arquati als »Heldin«; noch heute existiert in Rom eine *Associazione democratica ›Giuditta Tavani Arquati‹*).

Am Nachmittag desselben Tages kommt es noch zu einem weiteren Zwischenfall: Aus der *Trattoria Romana*, einem Gasthaus, das zwischen der Via San Crisogno und der Via della Luce liegt, wird ein tödlicher Schuss auf einen Zuaven abgegeben, zwei unbeteiligte Passanten erleiden schwere Verletzungen. Ferdinand Gregorovius notiert am Abend dieses Tages in seinem Tagebuch: »9.00 Uhr – ich höre Petarden knallen. Der Himmel ist hell und klar, unten liegt das große Rom wie ein Fieberkranker – es sind Zuckungen der Geschichte. Dort liegt finster der Vatikan; das Verderben pocht an seine Pforten. Was mag der Papst tun? – er betet –, er soll ruhig und gefaßt sein. Es ist der Todeskampf der weltlichen Kirche. Ihre Haltung in dieser Stunde ist achtungsgebietend. Wieder Petardenschüsse«.

Mit Handzetteln meldet sich am 27. Oktober 1867 die *giunta romana d'insurezzione* zu Wort und offenbart für alle nun klar erkennbar ihren verbrecherischen und menschenverachtenden Charakter: »Ein Teil der Kaserne Serristori stürzte unterwühlt von eurer kunstfertigen Hand, und sie deckt unter ihren Trümmern viele Feinde. In allen Kämpfen, in denen man tätig wurde, wich der Feind vor Euren Schlägen. Überall haben Eure Orsini-Bomben Schrecken in den feindlichen Reihen verbreitet ... In Monti hat das Blut der Zuaven die Straßen gerötet; auf der Ripetta, im Clementinum, auf dem Platze Sforza Cesarini und auf vielen anderen Punkten fielen Offiziere und Soldaten von Eurer Hand ... Der Papst-König kann das Blutbad segnen und dem Herrn Dank sagen ... Römer! Es war notwendig, dem Belagerungsstande eine blutige Antwort zu geben, und Ihr gabt sie; es war notwendig, zwischen uns und dem Papst eine aus Leichen gebildete Schranke aufzurichten«.

VI. KAPITEL

Die Schlacht von Mentana

Überall in den Provinzen der Ewigen Stadt lagerten die Freischärlerbanden, verbreiteten Schrecken unter der Bevölkerung und wurden eine ständig wachsende Bedrohung für den Papst und Rom. Dann betrat Giuseppe Garibaldi in höchsteigener Person die Bühne der Ereignisse.

Giuseppe Garibaldis Erscheinen im Kirchenstaat

Ferdinand Gregorovius schrieb über den Anführer der Freischaren: »Garibaldi, der modernste Mensch seinem Zukunftsideale nach, ist zugleich unter den Italienern der Gegenwart derjenige, der mit seiner Gestalt noch im tiefsten im Mittelalter befangen ist. Er steht außer dem Staat, wie ein Condottiere des Mittelalters.« Er wolle »die Idole der absoluten Gewalt, der weltlichen sowohl als der geistlichen Tyrannei umstürzen, aber an ihrer Stelle ein anderes Idol aufrichten, dessen Despotismus vielleicht nicht geringer sein dürfte. Er selbst treibt die Jugend seines Landes tausendfach in Elend und Tod, sie als Material für seine Pläne verbrauchend, ganz so rücksichtslos wie ein Tyrann des alten Systems«.

Bei Passo Correse hatte Garibaldi die Grenze überschritten und war nach Monterotondo gezogen. Am 25. Oktober wurde das kleine Städtchen von ungefähr 5.000 Garibaldinern angegriffen. Die Festung nordöstlich der Ewigen Stadt besaß, obwohl sie als strategischer Schlüssel zu Rom galt, nur eine kleine päpstliche Besatzung: zwei Kompanien der *Legione Romana*, eine Kompanie von *Carabinieri Esteri*, fünfzig Dragoner und eine Artillerieabteilung mit zwei Geschützen – im Ganzen befanden sich etwas über dreihundert Mann in dem Ort. Warum man diesen wichtigen Posten nicht stärker besetzt hatte, ist bis heute nicht geklärt. Es fehlte sogar an ausreichender Munition; die meisten Kanonenkugeln waren zu groß für das Kaliber der zwei Geschütze. Der kommandierende Artillerie-Offizier Bernard de Quartresbarbes war gezwungen, die Kugeln erst mühsam abdrehen zu lassen. Aber allen diesen Schwierigkeiten zum Trotz gelang es den Scharfschützen und den Legionären, die heranstürmenden Freischaren in sieben Attacken zu dezimieren.

Doch die Übermacht war zu groß. 27 Stunden leisteten die Soldaten des Papstes einen bewundernswerten Widerstand; sie verschossen jede Patrone, bis sie endlich kapitulieren mussten. Bevor sie die weiße Fahne aufzogen, vernagelten sie ihre beiden Kanonen, vernichteten ihre Gewehre, töteten die Pferde und zerbrachen die Wagen. Hätten die päpstlichen Soldaten nicht so lange Widerstand geleistet, hätte Garibaldi einen Vorsprung erhalten, der für Rom zu einer ernsthaften Bedrohung geworden wäre.

Die Einnahme Monterotondos bescherte den Bewohnern der Stadt schwere Tage. Die Freischärler erhoben umgehend Kontributionen und raubten aus den Häusern, was nicht niet- und nagelfest war. In den Kirchen wurden Kruzifixe und Heiligenbilder verstümmelt, die Altäre zertrümmert, Tabernakel verwüstet und mit den Hostien unvorstellbare Sakrilege begangen. Besonders die Kathedrale des Städtchens litt unter dem Mob. Einer der Rothemden bestieg die Kanzel, ergriff ein Kruzifix, und forderte die lachenden Zuhörer auf, dem »Gott Garibaldi« anzurufen. Manche machten sich aus dem Brokat der priesterlichen Gewänder Offiziersabzeichen; aus dem Stoff roter Messgewänder wurden Halstücher gefertigt. Die Freischärler machten aus dem Dom das, »was einst die verwilderten Scharen des Connetable von Bourbon aus Sankt Peter gemacht hatten« (Ferdinand Gregorovius).

Als Garibaldi von der Domkirche in Monterotondo dann persönlich »Besitz« ergriff, kam es zu einer für den Freischärlerführer charakteristischen Szene: Hoch zu Ross zog Garibaldi ein. Als er durch das Hauptportal in den Dom hineinritt, wurden gerade die gefangenen päpstlichen Soldaten in das Gotteshaus gebracht. Als diese ihr Haupt entblößten, glaubte Garibaldi, sie täten dies aus Respekt vor ihm, und gab ihnen daraufhin ein Zeichen, sich wieder zu bedecken. Sein Nachtlager nahm Garibaldi in einem Beichtstuhl ein. Als die Ausschreitungen in Monterotondo immer schlimmer wurden und es sogar zu Vergewaltigungen von Frauen kam, war selbst für Garibaldi das Maß voll. Er ließ zur Abschreckung acht seiner Männer standrechtlich erschießen.

»Der 28. und 29. October waren für die Römer äußerst peinliche Tage, an die sie noch lange denken werden. Die Actionspartei hatte sachkundige Mineurs engagirt, um zu bestimmter Stunde am 30. October sämmtliche Kasernen und einen Teil der Festungmauen Rom's in die Luft zu sprengen; während der dabei entstehenden Verwirrung sollten sich in den bestgelegenen Straßen Barrikaden erheben und alle Revolutionäre sich zu deren Vertheidigung bewaffnet versammeln. Und während so der Kampf im Inneren wüthete, sollte Garibaldi von außen stürmen. Der Plan war klug, aber es entdeckte ihn die Polizei und dann brachte man auch nicht die richtige Mannschaft zu einem Aufstand in Rom zusammen; was sich bereit erklärte, war ein eingeschmuggeltes Gesindel, höchstens 200 bis 300 Menschen« (Andreas Niedermeyer).

In Rom selber begann man in diesen Tagen trotz der Besetzung Monterotondos und der Gefahren aus dem Umland ein wenig aufzuatmen. Kaiser Napoleon III. hatte beschlossen, mit einem Truppenkontingent dem bedrängten Kirchenstaat zur Hilfe zu kommen. Am 28. Oktober wurde die französische Expeditionsflotte vor Civitavecchia gesichtet: das Admiralsschiff, sechs Panzerfregatten, fünf Fregatten, drei Korvetten, fünf Erkundungsschiffe, sechs Transportschiffe und zwei Schleppdampfer. Heftige Sturmböen und hoher Wellengang verzögerten jedoch das Einlaufen in den päpstlichen Hafen. Die Schiffe konnten erst einen Tag später anlegen. Von der papsttreuen Bevölkerung umjubelt und mit Hochrufen bedacht, zogen die ersten Bataillone der Franzosen am 30. Oktober in Rom ein.

An den Straßen und auf den Plätzen fand sich folgende Proklamation angeheftet: »Römer! Der Kaiser der Franzosen sendet aufs neue ein Expeditionskorps nach Rom, den

Heiligen Vater und den päpstlichen Thron gegen die Angriffe revolutionärer Banden zu schützen. Ihr kennt uns seit langem. Wie immer kommen wir auch jetzt, eine moralische Mission uneigennützig zu erfüllen. Wir werden euch helfen, das Vertrauen in die Sicherheit herzustellen, unsere Soldaten werden fortfahren, eure Personen, eure Gebräuche, eure Gesetze zu achten. Die Vergangenheit ist dafür Bürge. Civitavecchia, 29. Oktober 1867. Der General en chef des französischen Expeditionskorps. De Failly.«

In einem »Tagesbefehl« vom 1. November bleibt sich Garibaldi in seinem übersteigerten Selbstbewusstsein treu und erweist sich wiederum als eine nur schwer berechenbare Figur in den italienischen Ränkespielen. Er fordert, die fremden Soldknechte, welche die Tyrannei aufrecht halten, aus Rom zu verjagen und fügt an: »Wenn jedoch schamlose Handlungen, Fortsetzungen der feigen Convention vom 15. September 1864, den Jesuitismus und eine schmutzige Conforterie so weit treiben sollten, um uns zu zwingen, unsere Waffen aus Gehorsam gegen den 2. December 1852 niederzulegen, dann will ich die Welt daran erinnern, daß ich hier allein römischer General, mit Vollmacht der einzigen gesetzmäßigen Regierung der römischen Republik, durch allgemeine Abstimmung erwählt, das Recht habe, mich auf diesem Boden meiner Jurisdiction in Waffen zu behaupten. Und daß, wenn diese Freiwilligen, die Kämpfer der italienischen Freiheit und Einheit, Rom zur Hauptstadt Italiens fordern, treu dem Votum des Parlaments und der Nation, sie die Waffen nur dann niederlegen werden, wenn das Vaterland vollendet, die Freiheit des Gewissens und des Cultus auf den Ruinen des Nekromantismus aufgeführt und die Söldner der Tyrannen draußen sind«.

General Hermann Kanzler war klar, dass man die Bedrohung des Kirchenstaates durch die Freischaren nur abwenden konnte, wenn man sich Garibaldi, der Identifikationsfigur des Risorgimentos, stellte. Für den 1. November, dem Fest Allerheiligen, waren die Beichtväter der päpstlichen Armee instruiert worden, den Soldaten den Empfang der heiligen Sakramente zu ermöglichen. Am Nachmittag des folgenden Tages ging die Order aus, man möge sich vorbereiten, am nächsten Tag gegen den Feind zu marschieren. Noch bis nach Mitternacht wurde in den Kapellen der Kasernen die Beichte gehört. Der Zugang zum Bußsakrament war gewaltig, die Beichtväter der verschiedenen Regimenter mussten zahlreiche Welt- und Ordenspriester zu ihrer Unterstützung anfordern.

Auf dem Weg zur Entscheidung

Am 3. November, um drei Uhr morgens, bei strömendem Regen, marschieren die ersten päpstlichen Regimenter durch die Porta Pia. Unter der Führung von Kanzler ziehen nun 2.700 Dragoner, Gendarmen, *Carabinieri Esteri*, Antibeslegionäre, Artilleristen, Zuaven und Angehörige des Pionierkorps über die Via Nomentana; ihnen folgt im Abstand von einer Stunde das 2.000 Mann starke französische Expeditionskorps unter dem Kommando von General De Polhès, begleitet von einer Abteilung der Päpstlichen Dragoner. 300 Zuaven unter Major De Troussures erhalten von General Kanzler den Befehl, sich dem Feind von einer ganz anderen Seite zu nähern und ihn zu täuschen; die drei Kompanien ziehen auf der Via Salaria den Freischaren entgegen. Den Soldaten folgen Beichtväter, Ärzte (vor allem Chirurgen), Krankenschwestern (größtenteils Ordensfrauen vom Hospital zum Heiligen Geist) und Vertraute des Papstes (unter ihnen Dr. Frederic Ozanam aus Paris).

Marschformation der päpstlichen und französischen Truppen

Auf der Salaria:
- 3 Kompanien Zuaven (Major de Troussures)

Auf der Nomentana:
Vorhut
(unter dem Kommando von Major Lambilly):
- 1 Zug Dragoner (Oberleutnant La Rochette)
- 3 Kompanien Zuaven (Major Lambilly)
- 2 Artilleriegeschütze (Oberleutnant Cheynet)

- General Kanzler und sein Stab
- General Raphael de Courten
- Das Regiment der Zuaven (Oberst Allet),
- die *Carabinieri esteri* (Oberstleutnant Jeannerat),
- die *Legione Romana* / Antibeslegion (Oberst d'Argy),
- 4 Artilleriegeschütze (Hauptmann Poloni),
- 3 Züge Dragoner (Hauptmann Cremona),
- 1 Kompanie *Zappatori* des Pionierkorps (Hauptmann Fabbri),
- der Wagentransport (*Careggio*),
- 50 Gendarmen.

Im Abstand von einer Stunde das französische Expeditionskorps

General de Polhés

- 1 Zug Jäger zu Pferd (Oberleutnant Vederspach-Tor),
- das 2. Bataillon Jäger zu Fuß,
- das 1. Bataillon des 1. Infanterieregiments (Oberst Fremont),
- das 1. Bataillon des 29. Infanterieregiments (Oberstleutnant Saussier),
- das 1. und 2. Bataillon des 59. Infanterieregiments (Oberst Berger),
- eine halbe Batterie des 12. Artillerie-Regiments, 4 Geschütze,
- eine Abteilung Pioniere
- eine Ambulanz
- und am Schluss der Marschformation 1 Zug päpstliche Dragoner (Leutnant Belli)

Gegen Mittag treffen die päpstlichen und französischen Truppen bei dem Dorf Concezione zusammen. Hier wird beschlossen, die Ortschaft Mentana zu nehmen, bei der man vermutet, dass Garibaldi an dieser Stelle die Hauptmassen seiner Freischaren konzentriert hat. Mentana liegt eine halbe Stunde von Monterotondo entfernt, auf den Weg nach Tivoli. Der Ort zählt an die 700 Einwohner; die ungefähr hundert Häuser liegen größtenteils zur Rechten und Linken der Via Nomentana. Die Einnahme Mentanas erscheint unbedingt notwendig, einerseits, um den Garibaldinern den Rückzug in die Abruzzen und die Vereinigung mit den in Tivoli stehenden Banden sowie den weiter südlich bei Velletri und Frosinone vermuteten Freischaren zu verhindern, und andererseits, um einem eventuellen Angriff dieser Banden auf Rom vorzubeugen.

Der 3. November 1867

Das Terrain, das sich nun den päpstlichen Truppen und dem französischen Expeditionskorps zeigt, beschreibt ein zeitgenössischer Bericht: »Die Gegend rings umher war ein schluchtenreiches Hügelland, vielfach übersät mit Ruinen aus altrömischer und mittelalterlicher Zeit. Alle diese Ruinen boten bedeckungsreiche Stellungen für kleinere Schaaren, während größere sich bequem hinter den Anhöhen halten konnten, bis sie in Aktion waren. Dazu kam noch, dass die Gipfel vielfach mit Steineichen besetzt waren, und an den Wald schlossen sich bis in die Niederungen hinab Weingärten. Diese Weingärten sind in der Regel statt der Zäune mit Mauern umgeben, so daß fast jeder einzelne Garten leicht vertheidigt werden konnte. Mentana selbst liegt auf einem Bergrücken und ist mit einer Mauer umgeben. Es hat einen hohen Thurm, der über das ganze Land hinaus ragt, und welcher den Garibaldinern die nicht gering zu schätzende Möglichkeit gab, das ganze Kampffeld zu übersehen und Hilfe dahin zu schicken, wo es nothwendig war«.

Diese natürlichen Befestigungsanlagen hatten die Freischärler um einfache, aber recht wirkungsvolle künstliche ergänzt: »An allen Straßen waren Verhaue angebracht. Es lagen da große Baumstämme gefällt, so dass sie ihre Zweige gegen die heranrückenden Päpstlichen kehrten. Selbst Gräben waren gezogen, und hinter den Mauern der Weinberge hatte man Bretter angebracht, auf welchen die garabaldinischen Schützen über die Mauer wegschießen konnten. An anderen Plätzen waren leichte Erdaufwürfe gemacht und diese allerdings sehr primitiven Feldbefestigungen hatten die Garibaldiner mit Schützen besetzt. Zahlreiche Feldwachen lagen an allen günstigen Punkten und diese hatten eine Postenkette vorgeschoben, deren äußerste Spitze fast eine Stunde von Mentana entfernt war. Patrouillen gingen noch über diese Postenkette hinaus, um etwa nahende Feinde zeitig genug auszuspähen.«

Gegen 12.30 Uhr sichtet ein päpstlicher Dragoner den Feind auf der Höhe des Monte d'Oro. Knapp eine viertel Stunde später erteilt General Kanzler Brigadegeneral Raphael de Courten den Befehl zum Angriff. Nach einer weiteren Viertelstunde stößt die Vorhut, die drei Kompanien Zuaven, der Zug der Dragoner und die beiden Geschütze auf die Vorposten der Freischärler, die sofort das Feuer eröffnen. Die Zuaven stürmen – ohne zu feuern – mit dem Ruf »Es lebe unser Heiliger Vater!« die vom Feind besetzten Höhen hinauf. Im ersten Anlauf können die Anhänger Garibaldis zurückgeworfen werden, von Hügel zu Hügel. Aber je mehr sich die Freischärler zurückziehen, umso mehr Verstärkung rückt für sie heran. Die Situation wird bedrohlich.

Dann greift das päpstliche Hauptkontingent ein. Ein Bataillon Zuaven unter Oberstleutnant de Charette eilt unter Trommelwirbel der Vorhut zu Hilfe. Die *Cacciatori*, die Soldaten des Jägerbataillons, schwärmen aus, eine Kompanie rechts, eine zweite links zur Straße hin. Zwei Kompanien Antibes-Legionäre säubern durch ein ununterbrochenes Gewehrfeuer das Gehölz, von dem aus die Flanke der Päpstlichen unter schweren Beschuss genommen wird. Dem heftigen Angriff kann der Feind nicht standhalten; die Positionen werden aufgegeben und man flieht. Aber neue Freischärler rücken unverzüglich heran und erlauben den Soldaten Pius' IX. keine Ruhepause.

Auf einer Höhe in der Nähe liegt die von einer Mauer umgebene Vigna Santucci, ein Weingut, auf dessen Höhe sich eine Villa befindet, mit hohen, dicken und Türmen flankierten Mauern. Die Freischärler verbarrikadieren das Tor und besetzen die Mauern mit Schützen. Den Soldaten des

Papstes gelingt es, zur linken Seite der Straße hin ein Geschütz zu dirigieren, das den Weingarten zum Ziel nimmt. Am Fuß der Anhöhe sammeln sich die Zuaven. Oberst Allet lässt die Trommler Sturm schlagen.

Dann geht es voran, an der Spitze Oberstleutnant de Charette, dessen Pferd von mehreren Kugeln getroffen wird. Nun heißt es, die Mauern zu erklimmen. Der Weinberg ist für die Freischärler nicht mehr zu halten, sie fliehen. Den Kampf haben alle Beteiligten mit großer Härte geführt, besonders die Bersaglieri waren den Päpstlichen äußerst gefährlich geworden. In der Villa hatte sich zu Beginn der Schlacht Garibaldi mit seinen Söhnen aufgehalten, doch er war dann schon sehr früh nicht mehr gesehen worden. Nun bezieht hier General Kanzler mit seinem Stab Position.

Nach Mentana weiter vorgedrungen nutzt die päpstliche Artillerie eine kurze Gefechtspause dazu, Geschütze in Stellung zu bringen. Eines von ihnen wird auf eine Entfernung von 800 Metern zu Mentana links von der Straße auf einen Hügel gebracht, und ihm dann noch zwei französische Haubitzen beigestellt. Zwei Kompanien Jäger übernehmen die Bedeckung der Geschütze. Ein wenig voraus, mitten auf der Straße, ist ein weiteres Geschütz aufgepflanzt worden. Zu einer günstigen Position im eroberten Weinberg sind zwei Geschütze beordert worden. Alle Geschütze eröffnen nun das Feuer auf Mentana.

Die Vorwärtsbewegung der gesamten päpstlichen Infanterie wird wieder aufgenommen. Aber aus Mentana und von Monterotondo dringen jetzt unzählige Freischärler hervor. Es kommt zu einem Kampf um ein Wäldchen, von dem aus Mentana beschossen wird und in der Flanke angegriffen werden kann. Die Stelle ist von einer Abteilung päpstlicher Jäger besetzt. Sie wird nun von einer gewaltigen Übermacht bestürmt. Obwohl die Jäger bedeutende Verluste erleiden und ihr Kommandant Major Castella zu den Verwundeten zählt, weichen sie nicht von ihren Posten. Eine Verstärkung der beiden Flügel erscheint unerlässlich. General Kanzler verfügt jedoch über so gut wie keine Reserve mehr. Die bedeutende Übermacht der Garibaldiner macht dem Feind nun eine Umgehung der Flügel möglich. Das Schlachtfeld allein zu behaupten, scheint unangebracht. Gegen 3.00 Uhr gibt General Hermann Kanzler den Franzosen das Zeichen, in die Schlacht eingreifen zu dürfen und seinen Einheiten die notwendige Unterstützung zu gewähren.

Die Franzosen sind Zeugen der außergewöhnlichen Kampfbereitschaft der Truppen Pius' IX. geworden. General Polhès wird später in seinem Bericht an den Kommandanten des französischen Expeditionskorps de Failly die bisherige (aber auch die spätere) Rolle der Päpstlichen lobend hervorheben: »Ich kann diesen Bericht nicht besser schließen, indem ich Euer Exzellenz mitteile, von welcher Kampfbegier und Tapferkeit die päpstlichen Truppen beseelt waren. Es ist dies eine Anerkennung, welche die französische Armee ihnen von ganzem Herzen zollt.«

Die rechte französische Kolonne – das 1. Bataillon des 1. Linienregiments unter Oberst Fremont, unterstützt von drei Kompanien Schützen – stürmt im Laufschritt auf die äußerste linke Flanke der Freischärler zu und eröffnet ein beständiges Feuer. Zur Linken greift Oberstleutnant Saussier mit dem 1. Bataillon des 29. Linienregiments (400 Mann) in das Gefecht ein. Die Franzosen belegen den Feind und Mentana mit einem Kugelhagel aus ihren Chassepot-Gewehren. Den Einsatz dieser neuen Waffen wird General De Failly in seinem Bericht an den französischen Generalstab und im *Moniteur* vom 10. November mit dem Satz »*Nos fusils Chassepot ont fait merveille*« kommentieren.

Die Garibaldiner halten die in die Schlacht Eingreifenden zunächst für Antibeslegionäre. Als sich zeigt, dass sie Angehörige eines französischen Expeditionskorps sind, versetzt dieser Umstand sie in Schrecken, Enttäuschung und Wut. Die Freischärler werden von den Franzosen auf Mentana zurückgedrängt. In den Straßen des Ortes kommt es zu heftigen und verlustreichen Gefechten mit den Zuaven. Die Entscheidung General Kanzlers, den Zuavenmajor De Troussures mit drei Kompanien auf der Via Salaria in Richtung Monterotondo geschickt zu haben, zahlt sich nun aus, dieser trifft mit seinen Leuten zur rechten Zeit ein und schneidet den Garibaldinern den Weg von Mentana nach Monterotondo ab. Die Freischärler sitzen in Mentana fest, ermüdet und militärisch bedeutsam geschwächt (ihre Artilleriegeschütze verfügten schon seit dem späten Nachmittag über keine Munition mehr). Bei Anbruch der Nacht schweigen die Waffen.

Gegen 4.00 Uhr in der Frühe erscheint ein Parlamentär der Freischaren – die Rothemden wollen kapitulieren und sich dann unbelästigt zurückziehen unter Beibehaltung ihrer Waffen und ihres Gepäcks. General Kanzler lehnt ab. Der Pro-Kriegsminister berät sich mit General de Polhés, der darauf hinweist, dass eine Gefangennahme so vieler Freischärler nicht praktikabel ist. Man einigt sich darauf, einen Abzug zu gewähren, jedoch unter Niederlegung der Waffen, der Munition und des Equipments. Kanzler zieht mit päpstlichen und französischen Truppen in Mentana ein, entwaffnet die Freischärler und lässt sie von französischen Einheiten zur Grenze des Kirchenstaates bringen.

Garibaldi selbst, der sich bei den Gefechten nicht in der ersten Linie gezeigt hat, sondern im Wagen sitzend befehligt, hat sich schon während des Sturms auf Mentana mit ein paar Tausend Mann auf die Flucht begeben. Er zieht sich nach Monterotondo zurück, das er aber noch in der Nacht überhastet verlässt. Enttäuscht ordnet er den Rückzug seiner Freischaren aus dem Kirchenstaat an. Am frühen Morgen des folgenden Tages überquert er bei Passo Corese die Grenze des Kirchenstaates. Zwei Monate später, am 7. Januar 1868, wird Giuseppe Garibaldi aufschreiben, was er in diesen Stunden empfand: »*Mentana fu per me un secondo Aspromonte; là fui ferito al piede, a Mentana nel cuore* – Mentana ist für mich ein zweites Aspromonte gewesen; dort wurde ich am Fuß verwundet, bei Mentana im Herzen.«

Das Geschehen vor den Toren Roms kommentiert Ferdinand Gregorovius mit den Worten: »Der Kampf entbrannte alsbald mit gleichem Ingrimm auf beiden Seiten. Hier stritten mit einander die todfeindlichen Principien der Gegenwart: auf der einen Seite der Führer der nationalen Revolution und Demokratie und seine freiwilligen Schaaren, worunter auch Patrioten alter Geschlechter, auf der anderen die Verteidiger der weltlichen Papstgewalt, freiwillige Soldaten aus den am meisten katholischen Ländern Europa's, viele von kreuzritterlichem Glaubenseifer beseelt, vom Haß gegen Italien und die Revolution erfüllt, unter ihnen manche Söhne alter Legitimistenhäuser Frankreichs, Belgiens und Polens. Die Verhältnisse des Gefechts von Mentana würden in früheren Zeiten ausgereicht haben ihm den Namen einer Schlacht zu geben, doch nach den kolossalen Massenbewegungen der heutigen Kriegsführung sind sie dafür zu klein. Aber doch wird dieses Gefecht aus zwei Ursachen seine Bedeutung in der Geschichte haben: erstens um jener so bestimmt ausgesprochenen Gegensätze der modernen Zeit willen, welche dort mit einander kämpften, und zweitens weil's es in der Geschichte des gegenwärtigen Italiens und des weltlichen Papsttums offenbar einen Abschnitt bildete«.

Einer der Geistlichen, der auf dem Schlachtfeld seinen priesterlichen Dienst an den Verwundeten, Sterbenden und Toten versieht, berichtet: »Zwei Meilen von Mentana fanden wir den Boden von Kartäschen und Kugeln zerrissen; bald sahen wir auch die Blutlachen und Leichname von Garibaldianern, die am Wege oder im Walde lagen. Am ersten Verbandplatz angelangt, stiegen wir vom Wagen und jeder ging dahin, wo man seiner nötig hatte. Ich sehe da elf Leichen bei einander liegen und erkenne sofort die des Zuavencapitains Deveaux und die von zwei anderen Zuaven; auf allen Seiten gewahre ich Verwundete, Sterbende, alle begehren meinen Beistand. Ich nehme mehreren von den Schweizer Scharfschützen, die am Sterben lagen, die Beichte ab, auch einigen Garibaldianern«.

In der Villa Santucci, dem zweiten Verbandsplatz findet er den Zuaven Walerand d'Erp: »Ich kannte den Jungen so seiner Jugend an. Eine Kugel hatte ihm einen Theil der Hirnschale weggerissen, so daß das Gehirn bloß lag. Ich glaubte ihn in der Agonie liegend und gab ihm die Absolution; ich hoffe, daß er mich erkannt hat. Dann eilte ich zu anderen Sterbenden in den Vignen (Weinbergen), auf den Straßen, in den Häusern. Gegen fünf Uhr Nachmittags kam ich in die

Kirche von Mentana, die zum Spital war umgewandelt worden. Da hatte ich das Glück, einen Freischaarenhauptmann, den Grafen Bolvi di Lugo, ein gutes Sterbestündlein bereiten zu helfen. Er beichtete, erweckte Acte der Reue, rief mit mir die heiligsten Namen Jesus und Maria an und starb bald nachher, als er noch die Generalabsolution erhalten hatte.«

In seinem *Rapporto sulla invasione dello Stato Pontificio nell'autunno del 1867* teilt General Hermann Kanzler seinem Obersten Kriegsherrn mit, die Päpstlichen hätten dreißig Tote und 103 Verletzte zu beklagen, die Franzosen zwei Tote, einen Verschollenen und 36 Verletzte. Die Zahlenangaben über die Verluste der Freischaren schwanken: man spricht von 600 bis 800 Toten – manche Quellen sogar von 1.000 – und weit über 1.000 Verletzten.

Ein Sieg wird gefeiert und der Gefallenen gedacht

Am 6. November, um 4.00 Uhr nachmittags, kamen die Truppen des Papstes und Napoleons III. von Mentana in die Stadt zurück. Ihr Einzug glich einem Triumph. »Viele Tausende von Neugierigen, stumpfsinnigen oder verpfafftem Volk, bildeten Spalier. Viele der Mietlingssoldaten trugen Blumensträuße, die man ihnen zugeworfen hatte«, vertraute Gregorovius seinem Tagebuch an, enttäuscht, voll von Zorn über den Sieg der päpstlichen Armee. Die verletzten Kämpfer beider Seiten waren entweder auf Pferdewagen in die Ewige Stadt gebracht oder mit den Zollwachschiffen der kleinen päpstlichen Marine auf dem Tiber transportiert worden. Die römischen Spitäler zählten an die 1.200 Verwundete. Angehörige der Hocharistokratie stellten ihre Paläste als Notlazarette zur Verfügung (so den Palazzo Aldobrandini bei Sant'Agata dei Goti und den Palazzo Patrizi bei San Nicola da Tolentino). Damen des Adels und des Bürgertums betreuten die Verwundeten; unter ihnen setzten ein besonderes Beispiel die weiblichen Mitglieder der im römischen Exil lebenden Königsfamilie von Neapel.

Der Papst selber begab sich fast täglich in die Hospitäler und Lazarette. Bei seinen Besuchen machte er keinen Unterschied zwischen den Verwundeten seiner eigenen Truppen und denen der Freischärlerbanden Giuseppe Garibaldis. Der Papst traf auch mit den gefangenen Rothemden in der Engelsburg zusammen. Er scherzte mit ihnen und stellte sich ihnen als den vor, »den Euer General Garibaldi den ›Vampir Italiens‹ nennt – *Vedete davanti a voi l' uomo che un vostro generale ha chiamato il Vampirio d'Italia. È contro di me che avete preso le armi: e chi sono io? Un povero vecchio*«. Das auch von seinen Feinden bezeugte Charisma des Papstes verfehlte seine Wirkung nicht: zu seinem eigenen Erstaunen fiel so mancher Garibaldiner dem Papst zu Füßen und küsste unter Tränen die Hand des Pontifex Maximus. Die Inhaftierten konnten Briefe schreiben und auch frei erhalten, Verwandte und Freunde empfangen, rauchen und alles Notwendige kaufen (gegenteilige Berichte wies Ferdinand Gregorovius als unlautere mazzinische Propaganda zurück).

Giuseppe Garibaldi ließ im *Telegrafo di Genova* ein Schreiben veöffentlichen, in dem er die päpstliche Regierung mit Vorwürfen überschüttete und beschuldigte, die in ihre Hände gefallenen Freischärler auf schlimmste misshandelt zu haben. Er behauptete, dass die päpstliche Armeeverwaltung, der die Militärhospitäler unterstanden, seinen Verwundeten nur mangelhafte Pflege gewährte und sie unmenschlich behandelt habe. Der Vicomte de Saint-Priest, der Adjutant General Kanzlers im Kriegsministerium, gab Garibaldi im *Osservatore Romano* zur Antwort: »Ich kann Ihre Behauptungen um so mehr als eine infame Lüge und absichtlich gemeine Verleumdung – unwürdig eines jeden Ehrenmannes – bezeichnen, da niemand besser als Sie Gelegenheit hatte, sich vom Gegenteil versichert zu halten.« Ein Frauen-Komitee aus Italien und ein Adjutant Garibaldis durften auf päpstliches Geheiß die Hospitäler und Verwundeten besuchen; gegenüber General Kanzler brachten sie ihre Dankbarkeit für »die vorzügliche Behandlung« der Freischärler zum Ausdruck.

»All dieses«, schrieb der Vicomte, »kann Ihnen, mein Herr, nicht unbekannt sein, und wenn Sie im Widerspruch dagegen, es wagen, die gemeine Lüge und Verleumdung auszusprechen, die Sie im ›Telegrafo di Genova‹ in die Welt schicken, ist dieses ein Beweis Ihrer niedrigen Denkungsart, womit Sie diejenigen, die Sie mit ehrlichen Waffen zu besiegen nicht im Stande waren, nun mit den Waffen der Lüge und schmählichsten Verleumdung zu bekämpfen suchen. Nicht wir vielgeschmähten Papalini haben Ihre Kampfgenossen schlecht behandelt, wohl aber Sie, ihr Führer, den ich hiermit angesichts der Welt die Beschuldigung in's Gesicht schleudere, die armen verführten Schlachtopfer Ihrer Hartnäckigkeit und Ihres Übermutes bei Mentana im Stich gelassen zu haben, um in wilder Flucht Ihr Heil zu suchen. Angesichts der Welt rufe ich Ihnen zu: Ja, Sie sind bei Mentana schmählichst davongelaufen und suchen nun, dem fliehenden Panther gleich, die Feinde, die Sie zu bekämpfen ohnmächtig waren, durch das Gift Ihrer Verleumdung zu verwunden.« Der Brief erzeugte viel Aufsehen, und Garibaldi reagierte in der ihm eigenen Art. Er forderte den Vicomte zum Zweikampf auf neutralem Boden auf.

Pius IX. feierte in der Sixtinischen Kapelle des Vatikans das Requiem für seine gefallenen Soldaten. In aller Welt – besonders aber in Frankreich, Holland und Belgien – fanden Totengottesdienste im Gedenken für die Streiter um die Freiheit und die Rechte des Heiligen Stuhls statt. In einem Apostolischen Breve vom 14. November dankte der Papst den Siegern von Mentana und verlieh den Teilnehmern an der Schlacht (und ebenso jenen, die an den anderen Orten des Kirchenstaates gekämpft hatten) das Verdienstzeichen *Fidei et Virtuti*. Als man dem Kommandanten der Zuaven, Oberst Allet, den Generalsrang verleihen wollte, lehnte er mit der Begründung ab: »Nein, es gibt in der Welt viele Generäle, aber einen Obersten der Päpstlichen Zuaven gibt es nur einen, und der bin ich«. In Rom, Viterbo, Farnese, Bagnorea, Nerola, Montelibretti, Monterotondo und Mentana gedachte man mit Tafeln oder Denkmälern der getöteten päpstlichen Soldaten.

Am 21. November hielt Pater Joseph von Lamezan S.J. im Hohen Dom zu Mainz die Trauerrede für die bei Mentana Gefallenen. Er rief den Zuhörern in Erinnerung: »Für uns also, für unsere Unabhängigkeit als katholische Christen, für die höchsten Interessen unserer unsterblichen Seele haben sie gekämpft und geblutet, indem sie für Rom und den Papst geblutet. Für die Wohlfahrt der ganzen Menschheit haben sie sich geopfert, indem sie die letzte Säule aufrecht erhalten, die wohl auch die erste seyn wird, auf die der Neubau der gesellschaftlichen Ordnung sich stützen muß. Allein, sie haben noch mehr gethan. Sie ergriffen das Kreuz, das geächtete, sie trugen es hoch, und wählten es zu ihrem Kampfpaniere. Sie nahmen den Hohn einer frivolen Welt, die die Finsterlinge, Päpstlinge, niedere Söldner schalt, sie nahmen diesen Hohn, sich damit, wie mit einem königlichen Mantel zu schmücken.«

Der Prediger betonte: »Sie hoben aus dem Staube Gerechtigkeit und Treue, und machten sie zu ihrem Helme und undurchdringlichen Schilde. Sie opferten das höchste irdische Gut, das Leben, und bekannten dadurch laut ihren Glauben an ein besseres, ewiges Leben. Sie ließen leuchten ein Licht, welches das finstere Getriebe der Gegner so furchtbar entlarvte, daß die Schlechten selbst, dieser Finsternis ihren Abscheu, jenem Lichte ihre Bewunderung nicht verhehlen konnten. Ja, ihr Heldentod ist für sich allein die schönste Apologie der Religion, des Christenthums, der Kirche und jener erhabenen Grundsätze und Tugenden, welche den Adel des Menschen und die einzige Grundlage der wahren Civilisation ausmachen.«

Noch im Monat November begann man in der Ewigen Stadt mit den Prozessen gegen die Verschwörer und Attentäter. Erst während der Gerichtssitzungen wurde das ganze Ausmaß der durchgeführten und geplanten Unternehmungen publik. Zu Tage kam jedoch auch, wie wenig Römer und Bürger des Kirchenstaates an den terroristischen Aktionen beteiligt waren. Die Urteile, die gefällt wurden, waren gerecht und wurden von Beobachtern sogar als viel zu milde angesehen. Die auf lebenslänglich lautenden Gerichtsentscheide wandelte Pius IX. in zeitlich begrenzte Haftstrafen um. Der Papst ließ überall Gnade walten und amnestierte sogar viele der Verurteilten. Einzig im Falle des blutigen Anschlags auf die Serristori-Kaserne, bei der so viele Zivilisten verletzt oder getötet wurden, sah der Papst von der Erteilung eines Gnadenaktes ab, zudem die beiden Attentäter – Giuseppe Monti und Gaetano Tognetti – diesen auch nicht erbeten hatten.

Die Exekutierung war für den 24. November angesetzt worden. An der Hinrichtungsstätte hatten zwei Bataillone des Zuavenregiments Aufstellung genommen. Kurz vor der Vollstreckung des Urteils bat Monti, mit Oberstleutnant De Charette sprechen zu dürfen. Die Erlaubnis wurde erteilt. Monti bat den Offizier um Verzeihung für seine Tat. Der Oberstleutnant umarmte ihn und entsprach der Bitte, nicht nur in seinem Namen, sondern auch im Namen seiner Zuaven (»*Noi tutti vi abbiano perdonato, siatene certo, e ai vostri cari gia i Zuavi hanno pensato*«). Auch Tognetti hatte sich auf Anraten seines Beichtvaters zu diesem Schritt entschlossen. Auch ihm wurde von De Charette namens der Zuaven verziehen. Gegen 7.00 Uhr waltete der Scharfrichter seines Amtes und die Hinrichtung wurde vollzogen. Die Leichname wurden von der Erzbruderschaft des heiligen Johannes der Florentiner (*Arciconfraternità di San Giovanni dei Fiorentini*) zur Kirche San Giovanni Decollato geleitet und dort beigesetzt.

Mentana – eine Schlacht in der Diskussion

Der Befehlshaber der von Kaiser Napoleon III. in den Kirchenstaat entsandten Truppen, General Pierre Charles de Failly, gab nach der Schlacht von Mentana gegenüber seinen Vorgesetzten und der französischen Presse an, dass »die Chassepots Wunder taten (*Nos fusils Chassepot ont fait merveille*)«. Er vermittelte den Eindruck, als sei der Sieg von Mentana letztendlich auf diese neuen Waffen zurückzuführen. Der Einsatz des französischen Expeditionskorps und dessen Bedeutung für den Ausgang der Schlacht wurden jedoch schon früh kritisch hinterfragt und der französische »Anteil« am Sieg mit vielen Fragezeichen versehen. Vergleicht man die beiden offiziellen Berichte über die Schlacht von Mentana – den Rapport General Hermann Kanzlers an Pius IX. vom 12. November 1867 und den General De Faillys vom 8. November 1867 an das französische Kriegsministerium – so werden zahlreiche Ungereimtheiten offenbar, die noch genauer untersucht werden müssten.

Der deutsche Geistliche Andreas Niedermayer äußerte sich in verschiedenen Briefen kritisch über die Rolle der Franzosen bei Mentana, wurde aber in seiner in Frankfurt publizierten Schrift *Die Streiter für den Apostolischen Stuhl im Jahre 1867* in seinen Äußerungen vorsichtiger und wiederholte seine Kritik nicht, konnte sich aber einer Bemerkung dann doch nicht versagen: »Wohl hätte General Kanzler mit den päpstlichen Truppen ganz allein den Sieg erkämpfen können; weil aber der Commandant der französischen Truppen ein Verlangen bezeigte, mit einer Abtheilung Franzosen die Päpstlichen zu unterstützen und im Rücken zu decken, so ließ General Kanzler diesem Verlangen nachgebend, einen großen Teil der Päpstlichen Truppen in Rom zurück und verstärkte die Actionscolonne dafür mit 2000 Franzosen«. Auch bei Ferdinand Gregorovius findet sich eine seltsame Formulierung, die aufhorchen lässt: »Wenn sie [die französische Unterstützung] aber unnötig war, so wollte man doch die Franzosen bloßstellen, indem man sie tathsächlich in die Action hineinzog«.

Einer der besten Kenner der Schlacht von Mentana, General Luigi Cicconetti, konnte zu Beginn des vorigen Jahrhunderts in seinen militärhistorischen Recherchen überzeugend aufzeigen, dass der Anteil der französischen Truppen am Ausgang des Gefechtes einer neuen Beurteilung bedarf. Jüngste Untersuchungen belegen und bestätigen die schon früher geäußerten Vermutungen, dass die Rolle der Franzosen und die Resultate ihrer hochgepriesenen »Wunder«waffen erheblich übertrieben wurden und für den Ausgang der Schlacht nicht entscheidend waren.

Professor Francesco Guidotti, langjähriger Direktor des Nationalmuseums in Mentana und Dozent für die Geschichte des Risorgimentos an der *Accademia V. Mantegna* in Mantua, bekräftigt: »Die Schlacht von Mentana muss man als Sieg der päpstlichen Truppen, d. h. der Zuaven, ansehen. Die Franzosen kamen erst a cose fatte (›nach vollendeten Tatsachen‹). Sie beschränkten sich darauf, um das zu kämpfen, was ihnen übriggelassen worden war. Ihre Gewehre feuerten sie zwar ab, aber die meisten Kugeln trafen nur die Dächer und Wände der Häuser. Die Reichweite der Chassepots von ungefähr achthundert Metern war von keinem Nutzen für das hügelige Gebiet zwischen den Weinbergen und den pagliai (Strohschobern). In Mentana kämpfte man Mann gegen Mann, mit auf den Gewehren aufgepflanzten Bajonetten, so wie es die Funde auf den Schlachtfeldern in beeindruckender Zahl bezeugen«.

Warum aber fand in den meisten Geschichtsbüchern die Version Einzug, dass letztendlich die Franzosen mit ihren Waffen den Sieg von Mentana ermöglicht hätten? Und warum widersprach niemand lautstark dieser Darstellung? Die Antwort fällt leicht: Niemand hatte ein Interesse daran.

Die Freischärler konnten ihre Niederlage auf eine überlegene Waffe abschieben, was sie besser dastehen ließ, als zuzugeben, an der Schlagkraft der päpstlichen Armee gescheitert zu sein (Peinlich wurde es für Italien, als herauskam, dass die Chassepots in einer italienischen Fabrik hergestellt worden waren). Die Franzosen vermochten mit ihrer Interpretation des Schlachtverlaufs die Emotionen der katholischen Bevölkerung zu beruhigen und sie für den Kaiser einzunehmen, zudem hatten sie eine frühe Form der publikumswirksamen Werbung für ein französisches Produkt ermöglicht. Die päpstliche Seite machte sich die Darstellung de Faillys zwar nicht zu Eigen und trug auch nicht zu ihrer Verbreitung bei, sie konnte ihr aber nicht in der Öffentlichkeit widersprechen. Der Umstand, dass Frankreich sich entschlossen hatte, nun wieder ein Kontingent französischer Truppen im Kirchenstaat zu belassen, war Kardinalstaatssekretär Giacomo Antonelli und dem päpstlichen Kriegsministerium wichtiger, als sich der eigenen militärischen Leistung zu rühmen.

Doch summa summarum muss eingestanden werden, dass ohne die Franzosen der Verlauf der Schlacht ein anderer hätte werden können.

VII. KAPITEL

Trügerische Ruhe und Kriegsvorbereitungen

Der Sieg über Giuseppe Garibaldi und seine Freischärlerbanden im Herbst des Jahres 1867 vermochte aber nicht, den Untergang des alten Kirchenstaates zu verhindern – zu sehr wirkten die politischen Gegebenheiten gegen dessen Erhaltung. Aber er ermöglichte es Pius IX., in noch voller Freiheit das I. Vatikanische Konzil zu beginnen (1869) und eine für die Kirche bedeutsame Glaubenswahrheit zu bekräftigen, das Dogma von der Unfehlbarkeit des Papstes zu definieren.

Neuerliche Rekrutierungen

Die Berichte über den unerwarteten Sieg der päpstlichen Truppen trugen dazu bei, dass sich immer mehr Katholiken für den Dienst in der Armee des Papstes meldeten. Die meisten von ihnen baten um Aufnahme bei den Zuaven. Wenn auch alle übrigen Regimenter des päpstlichen Heeres von ihrer Loyalität zu Pius IX. beredt Zeugnis abgelegt hatten, so ging doch von den Zuaven eine besondere, durch und durch von der Religion inspirierte Faszination aus.

Ein Mitglied der päpstlichen Schützen, Josef M. Müller, bekannte: »Ich habe mich oft geschämt bei den Scharfschützen zu sein und habe mich zu dem päpstlichen Zuaven gewünscht ... Die Zuaven waren christliche Soldaten und als solche gaben sie jedem, was ihm gehörte, waren froh und zufrieden, erfüllten ihre Standespflichten mit Eifer und gutem Willen, besonders aber zeichneten sich dieselben durch ihre tiefe Religiösität aus. Ja, die Zuaven konnte man mehr in der Kirche als im Wirts- oder Weinhause treffen in ihrer freien Zeit. Und wenn sie Unterhaltung suchten, so gingen sie in ein Kaffeehaus und machten ein Spiel miteinander.

Die Zuaven, ja die waren wahrhaft christliche Soldaten, die waren aus Liebe zum Heiligen Vater und zur Unterstützung seines Thrones in Rom ... Und tapfere Soldaten waren die Zuaven. Ja, wie sie kämpften, ich sah sie bei Mentana und mußte ihre Tapferkeit bewundern, mochte ich wollen oder nicht ... dies ist aber auch eine unumstößliche Wahrheit, daß christliche, fromme Soldaten tapferer sind als solche, die meinen, nach dem Tode sei alles aus«.

»*De zaak des Pausen is the zaak van God* – Die Sache des Papstes ist die Sache von Gott«. In den Niederlanden kam diese Überzeugung einem Glaubenssatz gleich. Auf die Frage des Bürgermeisters seines Heimatortes, warum er für einen Fremden in den Kampf zu ziehen gedenke, hatte Pieter Jong aus Lutjebroek, der Held von Montelibretti, geantwortet: »*Wat zeg je? De paus un vreemde? De paus is mijn vader!* ... Was sagt Ihr da? Der Papst ein Fremder? Der Papst ist mein Vater!« Der siegreichen Ereignisse im Herbst 1867 wurde in Gottesdiensten, Gedenkfeiern, Zeitungsberichten und der Errichtung von Erinnerungstafeln und Denkmälern gedacht. Im Königreich der Niederlande war man stolz auf die heimischen Zuaven – und entsandte weitere junge Katholiken in die Armee des Papstes.

Aus Übersee kamen in den nächsten drei Jahren mehrere hundert Kanadier zur Auffrischung des Zuavenregiments nach Rom. In Quebec hatte der dortige Oberhirte, Monsignore Bourget, eine landesweite, mit großer Begeisterung aufgenommene Unterstützungswelle initiiert:

»Auf, ihr christlichen Jünglinge, tretet hinzu; horchet, ob aus dieser Gruft euch keine Stimme zurufe: gehe, umgürte auch du das Schwert für die heilige Sache und ergänze die Reihen, die unser Tod gelichtet hat!« Bereits am 29. Dezember 1867 war in Montréal ein Komitee zusammengetroffen, das innerhalb weniger Tage 135 Freiwillige zusammengebracht hatte. In der überfüllten Kirche Notre-Dame rief ihnen Monsignore De la Flèche zu »Macht euch zum Aufbruch bereit, Soldaten Christi, begebt euch nach Rom, dem Schauplatz großer Ereignisse der Geschichte, in die Stadt, die an die Ewigkeit mahnt!«

Im Februar 1868 fuhr ein erstes Kontingent von mehr als 300 Mann mit der Eisenbahn nach New York; dort bestiegen die Rekruten am 21. Februar das französische Schiff *Saint-Laurent*, das sie nach Europa brachte. Am 9. März 1868 wurden die Kanadier in Rom begeistert empfangen. Eine vielversprechende und schon in allen Einzelheiten geplante Anwerbung in den Vereinigten Staaten von Amerika scheiterte am heftigen Widerstand starker antikatholischer Kräfte. Nominell berief man sich auf die amerikanische Neutralität, »*which we have impressed upon all foreign nations, and which we profess to respect ourselves*« (*New York Times*); Washington selber verwies auf den *Act of Congress* vom 20. April 1818, der den Eintritt amerikanischer Staatsbürger in die Armeen fremder Mächte untersagte.

Am 7. Januar 1868 teilte die »Bruderschaft vom heiligen Erzengel Michael in Wien« die Beschlüsse ihrer Versammlung des engeren Ausschusses vom 28. Dezember des Vorjahres mit. Die Mitglieder hätten sich verpflichtet, »nach allen Kräften und mit allem Eifer für die Vermehrung der päpstlichen Armee und ihrer Erhaltung, und daher durch alle zu Gebote stehende Mittel für Geldsummen und dauernde Beiträge für dieselbe zu sorgen«. Als Beschlüsse habe man gefasst: »1. Die hohe behördliche Ermächtigung zu Anwerbungen für die päpstliche Armee zu erwirken, wozu bereits die nöthigen Schritte eingeleitet sind, deren Resultate wir später mitzutheilen wir so frei sein werden. 2. Einen Aufruf zu erlassen, von welchem wir uns einige Exemlare beizulegen erlauben. 3. Sich in die direkte Verbindung mit dem Kriegsministerium in Rom zu setzen. 4. An Seine Heiligkeit Papst Pius IX. ein direktes Schreiben zu richten, um diesen unseren gemeinsamen Vater von unseren Bestrebungen in Kenntnis zu setzen. 5. Daß ein Mitglied des Comités dieses Schreiben persönlich zu Füßen des Heiligen Vaters lege, und sich gleichzeitig mit dem päpstlichen Kriegsminister ins Einvernehmen setze.«

In Belgien beliefen sich die zu einem Neujahrsgeschenk (1868) für den Papst zusammengekommenen Gelder auf gut 900.000 Francs. Im Laufe des Jahres konnte das dort bestehende Komitee zur Unterstützung des Heiligen Vaters mehrere hundert Zuaven in die Ewige Stadt entsenden. Als Ostergeschenk der belgischen Katholiken für den Papst wurden von dem Komitee 500 Zündnadelgewehre, zwei Millionen Patronen, 800 Zentner Pulver sowie anderes Material für die päpstliche Armee nach Rom geschickt. Ende des Jahres gelangten weitere Waffen (im Gegenwert von 160.000 Florint) aus Belgien in den Kirchenstaat.

Im Namen der Katholiken Englands übergab Lord Denbigh dem Pontifex 800.000 Florint, darüber hinaus erhielt Pius IX. von den Gläubigen der Stadt London weitere 28.000 Florint. Aus Amerika überbrachte der Erzbischof von New York dem Papst einen künstlichen, aus Gold gestalteten Fisch, in dessen Mund sich ein Diamantring befand; das Innere des Fisches war mit Goldmünzen im Betrag von 64.000 Florint gefüllt. Frauen aus Lima (Peru) ließen dem Papst ein silbernes, filigran gearbeitetes Körbchen zukommen, das 2.800 Florint in Gold enthielt. Der Erzbischof von Caracas (Venezuela) brachte dem Papst Pretiosen, Ketten und Ringe der Gläubigen seiner Diözese im Wert von 32.000 Florint nach Rom.

Im Zusammenspiel mit Waffengeschenken aus Belgien und Frankreich ist dem päpstlichen Kriegsministerium daran gelegen, immer mehr Einheiten der Armee mit einer modernen Waffe – dem Gewehr *Remington »Rolling Block«* – auszustatten; das *Modell 1868* soll zum Standard bei den Soldaten des Papstes werden. Im April des Jahres 1869 werden vom *Comité de Liège pour la défense du Saint-Siège* (Belgien) Papst Pius IX. Luxusausführungen des Gewehrs zum Geschenk gemacht. Sie sind für die Päpstliche Nobelgarde und General Kanzler gedacht; hergestellt wurden sie in Lüttich von den Gebrüdern Emile und Leon Nagant, die im Besitz einer Lizenz von *Remington* (USA) sind.

Im katholischen Österreich gab es nicht nur Fürsprecher für die Sache des Papstes, für Anwerbungen der päpstlichen Armee. Am 16. Januar 1868 berichtete das *Salzburger Kirchenblatt* von einem Artikel der in Wien erscheinenden *Presse*, in dem es heißt: »Die Gestattung der Werbungen für

Rom würde uns in die schiefste aller denkbaren Stellungen versetzen ... Man belästige uns nicht mit dem Ammenliede von den schweren Leiden des Nachfolgers Sancti Petri, die zu lindern jeder katholische Staat verpflichtet sei. Wir sind eben kein katholischer Staat mehr; die Artikel 14 und 15 des Staatsgrundgesetzes vom 21. Dezember 1867, die allgemeinen Rechte der Staatsbürger betreffend, haben Österreich dieses Epithetons von zweifelhaftem Werthe entkleidet.«

Das *Salzburger Kirchenblatt* brachte am 18. März 1869 eine vom 12. März datierte Nachricht aus Frankfurt am Main: »Es besteht der Plan, in Rom ein rein deutsches Regiment zu errichten. General Kanzler ist ganz für den Plan, und wird ihn zur Ausführung bringen, wenn er von Deutschland aus genügend unterstützt wird. Die bedeutenste Unterstützung kann ihm durch die Michaelsbruderschaften, durch die katholischen geselligen Vereine und insbesondere durch den katholischen Adel Deutschlands werden.«

Auf die Schwierigkeiten eines solchen Unternehmens wies das *Grazer Volksblatt* am 5. April des Jahres in einem Korrespondentenbericht aus Frankfurt hin: »Der Plan, ein deutsches Regiment in Rom aus Freiwilligen zu errichten, kann nur verwirklicht werden, wenn der katholische Adel Deutschlands und wenn insbesondere alle katholischen Vereine das Unternehmen zu fördern sich angelegen sein lassen. Auch muß die Sache practisch angegriffen werden. Einem uns vorliegenden Briefe des Generals Kanzler folgend, wollen wir einige Winke geben. Die Werbungen für die päpstliche Armee sind in diesem Augenblicke gänzlich eingestellt: das Recrutierungsbüro in St. Loius bei Basel ist aufgehoben. Dagegen wird ein Depot an der Schweizer Grenze (Portalier) eröffnet. Auch besteht immer für päpstliche Freiwillige das Expeditions-Depot in Marseille unter Hauptmann Epp.

Nun ist es der Wunsch des Generals Kanzler, daß durch die katholischen Vereine Deutschlands zuverlässige junge Männer an diese Depots, am besten an das nach Marseille, geschickt werden. Dort haben sie eine Capitulation von drei Jahren zu unterschreiben und werden dann nach Rom befördert. Das Wichtigste dabei ist nicht, schreibt General

Kanzler, daß man viele Jünglinge schicke, sondern brave, charaktervolle, gutgesinnte Jünglinge; ferner daß man nicht versäume, die Erlaubnis der betreffenden Regierung einzuholen. Geschieht letzteres nicht, was leider bis jetzt nur zu häufig vorkam, so sehen wir uns in Rom den Reclamationen dieser Regierungen durch ihre diplomatischen Vertreter ausgesetzt, welche mit Beschädigung der päpstlichen Finanzen der Verlust dieser Leute oft nach kurzer Dienstzeit zu Folge habe.

(Auch Baron Schröter klagt in einem uns vorliegenden Briefe, daß die Heimbeförderung solcher reclamierten Leute mit schweren Kosten verbunden sei.) Eine neue schöne Aufgabe für die katholischen Vereine Deutschlands. Möge bei dem bevorstehenden Jubelfeste das Thema von der Herstellung eines deutschen Regiments in Rom überall zur Diskussion kommen! Das wäre die schönste Ergänzung von allem dem Schönen und Großen, was das katholische Deutschland aus Anlaß der Secundiz Pius' X. gethan und gestiftet hat. Wenn wir alle tüchtig zusammenhelfen, so kann die schöne Idee bis zum Beginn des allgemeinen Concils zur Ausführung gebracht sein.«

In der *Kölner Zeitung* von 24. Mai meldeten sich Gegner der Kirche mit einem Angriff auf die päpstliche Armee. Der römische Korrespondent des Blattes sprach von einem »Mißbehagen, dass die deutschen Freiwilligen äußern würde, und zwar in Hinsicht auf enttäuschte Hoffnungen und dem Umstand, dass ein großer Teil der Offiziere den Verhältnissen der Mannschaft keine Rechnung tragen würde.«

Zwei päpstliche Offiziere, Hauptmann Konrad Sußmaier vom Regiment der *Carabinieri Esteri* und (Ober-)Leutnant Albert Kligge von den Zuaven, nahmen in Briefen an deutsche Zeitungen dazu Stellung: »Warum sollte der Soldat nicht zufrieden sein? Sold und Kost ist besser als in anderen Heeren, der Dienst viel leichter, die Disciplin gelinder. Nirgends auf der weiten Welt wird für das leibliche und geistige Wohl der Mannschaft mehr getan als hier. Für den Soldaten bestehen: ein deutsches, ein belgisches, zwei französische, ein holländisches, ein englisches und ein kanadisches ›Casino‹. Insbesondere ist das deutsche Militärkasino eingerichtet, wie es kaum eine Großstadt aufweisen kann.«

Ihr Schreiben schließen sie mit dem Statement: »Es ist bekannt, wie viele Versuchungen zur Untreue der päpstliche Soldat ausgesetzt ist, und daß die Verführer nicht allein von Italien kommen, sondern auch besonders viele Zeitungsartikel zur Verführung beitragen. Ein Heer aber, welches trotz alledem nur einige mißvergnügte Muttersöhnchen hat, in seiner immensen Mehrheit aber so getreu und heldenmüthig steht, ist ein treffliches Heer. Wer es nicht glaubt, der erinnere sich an Mentana, oder warte noch kurze Zeit, und er wird es wieder nochmals sehen. Die päpstliche Armee freut sich, daß sie nachgerade allen Revolutionen ein Dorn im Auge ist. Man schimpfe, man lüge über sie; desto ähnlicher wird sie dem Gekreuzigten, für welchen sie steht und fällt.«

Als Rekrut in der päpstlichen Armee

1868 trat der aus Westfalen stammende Jurastudent Klemens August Eickholt der päpstlichen Armee bei, und zwar dem Artillerie-Regiment. In seinen Erinnerungen berichtet er über seine Rekrutenzeit: »Ich erhielt meine Aufnahmepapiere, eine Ordonnanz führte mich zum Deposito smontato, der Depotbatterie, in die Engelsburg. In der päpstlichen Armee wurden die Rekruten nicht bei den einzelnen Batterien einexerziert, sondern es gab für die Ausbildung zwei Depots. Dasjenige für die Geschützbedienungsmannschaft hieß Deposito smontato, ›Depot zu Fuß‹, das Depot, in welchem die Fahrer ausgebildet wurden, Deposito montato, ›berittenes Depot‹. Nach der Ausbildung in den Depots wurden die Rekruten in die verschiedenen Batterien versetzt, in denen dann das Batterieexerzieren, Felddienst, Schießübungen usw. gelernt und geübt wurden. In der Engelsburg wurde auch der Offiziersunterricht erteilt. Meine Vorgesetzten waren Hauptmann Graf Sassolini, aus einer alten römischen Adelsfamilie stammend, und Oberleutnant Neri. Von beiden wurde ich recht freundlich empfangen und dem Wachtmeister Cavaletti überwiesen. Dieser veranlaßte meine Einkleidung in der Kleiderkammer.

Die Ausrüstung war eine recht vollständige. Sie umfaßte: einen Parade- bzw. Sonntagsanzug, einen Dienstanzug und einen Anzug zweiter Garnitur für Exerzieren und Schanzarbeiten. Die Paradeuniform bestand aus einer dunkelblauen, eng anschließenden Jacke mit kleinen Frackschößen und rotem Vorstoß; das Beinkleid war ebenfalls aus dunkelblauem Tuch mit zwei breiten roten Streifen und roten Vorstoß. Die Kopfbedeckung war ein niedriger Filz-Tschako, mit roten Borten, zwei kleinen gekreuzten Messingkanonenrohren und einem roten Pompon verziert, für die Parade wurden noch rote Fangschnüre und ein roter Roßhaarbusch hinzugefügt. Die Bewaffnung bestand bei den Bedienungsmannschaften aus einem Karabiner nebst Jatagan, der als Bajonett aufgepflanzt werden konnte, als Seitengewehr aber in einer Stahlscheide an weißlederner Kuppel getragen wurde, dazu kam die Patronentasche am weißen Bandelier, mit zwei gekreuzten kleinen Messingkanonenrohren und darüber stehender Granate verziert.

Die Ausrüstungsstücke ergänzte noch die Zeltbahn nebst zwei ineinandersteckbaren Zeltstangen, zwei Zeltpflöcken (sogenannten Heringen) und Zeltleine. Die Zeltbahn diente gewissermaßen auch als Kleiderschrank. Über dem Bette eines jeden Soldaten war nämlich ein Brett angebracht, auf welchem sämtliche Uniformstücke – soweit sie nicht in Gebrauch waren – aufgepackt und durch die Zeltbahn vor Staub und Sonne geschützt wurden. Obenauf lag der Tornister. Unter dem Brett waren Hacken für Karabiner, Patronentasche und Seitengewehr angebracht.

Ferner erhielt ich ein Abrechnungsbuch (libretto di massa). Bei der Annahme zur Artillerie ‚faßte' jeder Angeworbene ein Handgeld von 250 Lire. Außerdem wurden ihm unter der Bezeichnung fondo di massa 50 Lire gutgeschrieben. Aus diesem Fonds wurden die Ausgaben für Leibwäsche, Putzzeug u. dgl. bestritten. Bei jeder Soldauszahlung gingen 10 Centesimi (8 Pfennige) in diesen fondo di massa, bis er wieder zu 50 Lire angewachsen war. Das Handgeld wurde verzinst; ebenso der etwaige Überschuß des fondo di massa. Jedem Soldaten stand es frei, diesen fondo di massa durch Zuzahlungen beliebig zu vergrößern und zu einer Sparkasse auszugestalten. Bei der Verabschiedung wurden Handgeld und fondo di massa nebst aufgelaufenen Zinsen ausbezahlt.«

Über seine Unterkunft gab er an: »Cavaletti führte mich in den Mannschaftssaal und wies mir ein Bett zu. Die Betten bestanden aus zwei Eisenböcken, auf denen drei Bretter lagen, sodann eine Matratze mit Schafwolle gefüllt, einem Kopfpolster, zwei Leintüchern und einer Wolldecke. Über Tag wurde die Matratze in der Mitte gebogen zusammengeschlagen, Leintücher und Wolldecke wurden gefaltet und nebst dem Kopfkissen daraufgelegt, und so erreicht, daß die Betteinlagen nur die Hälfte der Bretter bedeckten. Der auf diese Weise gewonnene Raum auf den Bettplanken diente als Eß- und Putztisch, als Bank, kurz für alles«.

Eickholt berichtete von seinem Tagesablauf: »Um 5 Uhr schallte der Weckrufe der Trompete durch die weiten Räume des Mannschaftssaales, und bald war alles mit Ankleiden beschäftigt. Nach kurzer Zeit rief ein zweites Signal die Kanoniere in Reihe und Glied. Der Offizier und der Quartiermeister vom Wochendienst erschienen, und die beiden Reihen der Mannschaften entlang glitten prüfende Blicke, ob Ordnung und Reinlichkeit befriedigten. Danach wurden die Namen aufgerufen, und der Quartiermeister betete ein kurzes Morgengebet vor.

Das Exerzieren begann mit ›langsamen Schritt‹ und ›Griffe klopfen‹. Die Artillerie war mit Karabinern ausgerüstet, die damals noch Vorderlader waren. Sehr angenehm war diese infanteristische Ausbildung mir nicht. Man kann auch geteilter Meinung darüber sein, ob der Vorteil einer gesteigerten Schießausrüstung des Kanoniers den Nachteil überwiege, daß sie die Bewegungsfreiheit bei Exerzieren am Geschütz beeinträchtigt. Nachdem die Ausbildung mit dem Karabiner vollendet war, begann das Exerzieren an Feldgeschützen. Auch diese waren Vorderlader. Ab- und Aufprotzen, Laden, Richten usw. wurden zuerst an einem alten, glatten Geschütz geübt und dann am gezogenen nach dem französischen System La Hitte. Auf die Granate waren bleierne Warzen gegossen, die in die Züge des Geschützes paßten. Durch sie wurde die Drehung des Geschosses bewirkt. Im Vergleich mit unseren deutschen Geschützen war es eine recht unvolllkommene Waffe, die auch nur eine Schußweite von 2500–3000 Metern hatte«.

Zum Essen merkte Eickholt an: »Die Kost der päpstlichen Soldaten war folgende: Morgens beim Aufstehen eine Tasse schwarzer Kaffee. Um 10 Uhr war die Hauptmahlzeit, bestehend aus einem ausgiebigen Stück Fleisch in einer Suppe nebst Reis oder auch Gemüse, wohl auch einmal Kartoffeln. Gegen ½ 5 Uhr nachmittags gab's eine Schüssel Makkaroni, Hülsenfrüchte oder Salat. Außerdem kam auf den Tag für jeden Soldaten ein Pfund sehr gutes Weizenbrot mit einem geringen Zusatz Roggen. Mit dieser Kost konnte der Soldat auskommen; von der Löhnung blieb auch noch soviel übrig, dass er sich je nach Jahreszeit einiges Obst und beim Ausgang ein Glas Wein oder eine Tasse Kaffee – beides in Rom sehr billig – leisten konnte.«

Das päpstliche Heer im zivilen Einsatz

Päpstliche Soldaten kamen nicht nur im Feld zum Einsatz. Bei Ausfahrten des Papstes übernahmen sie das Geleit des *treno papale* (päpstlicher Zug): »Voraus ritt ein Zug päpstlicher Gendarmerie in Paradeuniform mit den altherkömmlichen Bärenmützen. Den Wagen des Heiligen Vaters geleitete die Nobelgarde zu Pferde, in der prachtvollen roten, goldbestickten Galauniform, und eine Abteilung der Schweizergarde. Die Schweizer trugen bei diesen Gelegenheiten alte, schön gearbeitete Brustpanzer und Armschienen, als Waffe führten sie teils Hellebarden, teils riesige Schlachtschwerter – sogenannte Zweihänder – mit den Parierstangen auf die Schultern gestemmt. Eine Schwadron Dragoner in Parade bildete den Schluß des Zuges« (Klemens Eickholt). Ebenso waren Soldaten bei feierlichen Prozessionen, wie beim Hochfest Fronleichnam, präsent. Sie dienten dem Hofzeremoniell bei Besuchen ausländischer Potentaten und stellten hochrangigen Gästen die notwendige und vom Protokoll geforderte Eskorte.

Zur Erteilung des Apostolischen Segens *urbi et orbi* (»der Stadt und dem Erdkreis«) an den hohen kirchlichen Feiertagen traten alle Heeresabteilungen in Erscheinung: »Da rückten die päpstlichen Truppen heran. General de Courten hat heute das Kommando. Er reitet mit seinem Stab an die Spitze. Drei Bataillone marschieren auf. Die römischen Jäger, kleine, gelenkige Gestalten, die Tschakos mit Federbüschen geschmückt; die Zuaven in ihre orientalischen, malerischen Tracht; die deutschen Jäger (Carabinieri esteri) in strammer Haltung. Eine Abteilung Gendarmerie zu Fuß in Paradeuniform und zwei Züge berittener Gendarmerie mit hohen Bärenmützen schließen sich an. Auch zwei Schwadronen Dragoner traben heran und schwenken rechts und links auf; sie tragen heute in Parade den roten Brustlatz auf der grünen Uniform, an den antiken Stahlhelmen rote Büsche und lang herabhängende Roßschweife. Vor der Peterskirche zieht die Infanterie sich in Linien, die Volksmenge abschließend.

Ein Summen, ein Gewirr von hundert Sprachen schwirrt über den Platz. Alle Augen sind in Höhe, auf den Balkon der Peterskirche gerichtet. Der General hebt den Degen: ›Presentate armi! Ginocchio in terra! – Präsentiert das Gewehr! Kniet euch!‹, erschallt das Kommando der Bataillonskommandeure. Man hört den Schlag des ›Präsentiert‹; die Soldaten sinken auf die Knie, lautlose Stille herrscht auf dem unendlichen St. Petersplatze. Jetzt erscheint hoch in Lüften, auf dem Tragesitze (der sedia gestatoria), umgeben von Bischöfen und Kardinälen, begleitet von der in Rot und Gold schimmernden Nobelgarde und den Schweizern in mittelalterlichen Panzern, mächtige Schwerter auf die Schultern gestemmt, der Heilige Vater, Gottes Stellvertreter auf Erden! Der Donner der Geschütze kündet von der Engelsburg der Ewigen Stadt den feierlichen Augenblick der Segensspendung.«

Auch beim berühmten »Römischen Karneval«, der viele erlauchte Besucher in die Ewige Stadt lockte – so unter anderem Goethe, Lord Byron und Charles Dickens – kamen die Soldaten des Papstes zum Einsatz: »Ein Kanonenschuß donnert von der Engelsburg. Ein neues Bild römischen Karnevalslebens rollt sich auf: die *corsa dei barberi*, das Rennen der Wildpferde. Mit dem Kanonenschuß leert sich eiligst die mit Sand bedeckte Fahrbahn des Korso. Von der Piazza del Popolo erschallt ein Trompetensignal. Man hört ein kurzes Kommando, und, von einem Oberleutnant geführt, durchschreitet mit gezogenem Pallasch ein Zug päpstlicher Dragoner in Paradeuniform den Korso. Auserlesene Leute, ausgesuchte Pferde, ein schneidiger Offizier an der Spitze. Im Schritt reiten sie an, bald geht das Tempo in den Trab über, und dann, vom Jubel des Volkes empfangen, stürmen sie im tollen Galopp durch die Bahn. Die Säbel blitzen, von den glänzenden Helmen wehen Roßschweife durch die Luft, wie angegossen sitzen die herrlichen Reitergestalten in der schmucken Uniform auf ihren weitausgreifenden, prächtigen Pferden. Wie eine lebende Mauer umsäumt rechts und links das Volk die Straße, und donnernde Evvivarufe empfangen und geleiten die vorbeisausenden, wackeren Reiter. Ein wunderschönes Bild, wohl das schönste des ganzen Karnevals«, so ein Zuschauer der *corsi* [Karnevalsrennen].

Fasziniert waren Römer und Besucher der Ewigen Stadt von einem musikalischen Großereignis des Jahres 1869, das von der päpstlichen Armee ausgerichtet wurde: »Abends war auf dem Petersplatze eine große Huldigungsfeier der Armee. Sämtliche Musikkorps der Regimenter waren zu einem großen Orchester vereint, und ein aus Mannschaften aller Waffen zusammengestellter Chor von tausend Sängern sang eine von einem berühmten Musikmeister vertonte Pius-Hymne«, berichtete Klemens August Eickholt. Sieben päpstliche Militärorchester hatten vor der Fassade des Petersdomes Aufstellung genommen – die Kapellen der Gendarmerie, der Linieninfanterie, des Jägerkorps, der Zuaven, der Römischen Legion, der Dragoner und der *Carabinieri Esteri*. Der Papst wohnte dem Konzert von der mittleren Loggia der Basilika aus bei.

Ein Musikstück wurde von den Zuhörern mit frenetischem und nicht enden wollendem Applaus aufgenommen. Die Begeisterung war so groß, dass es immer wieder aufs Neue von den Kapellen gespielt werden musste. »*La musica fu replicata più volte* – die Musik wurde mehrmals wiederholt«, hieß es einen Tag später im *Osservatore Romano*. Es handelte sich um ein eigens für das Priesterjubiläum des Papstes verfasstes Werk, um den *Marche pontificale*. Der Schöpfer des Werkes war kein Geringerer als der berühmte französische Komponist Charles Gounod (1818–1893). Gounod, dem die Musikwelt viele bekannte Lieder, Oratorien und Opern zu verdanken hat, galt als ein tiefgläubiger Katholik und glühender Verehrer Pius' IX., für den es eine große Ehre gewesen war, zum Jubiläumsfest des Papstes einen Huldigungsmarsch zu schreiben.

Im Kirchenstaat spielte die Militärmusik eine nicht unbedeutende Rolle; fast jede Truppeneinheit der Armee, wie auch die Palastgarden des Papstes, besaßen eine *Banda* oder zumindest Trompeter und Tambouren. Die verschiedenen Reglements sahen militärmusikalische Ehrenbezeugungen vor. Zog das Allerheiligste Altarssakrament oder der Papst vorbei, knieten die Soldaten nieder und die Musiker intonierten die Papsthymne, den *Inno Pontificio*; bei den Kardinälen und den Fürstlichen Thronassistenten des Papstes präsentierte man die Waffen und brachte die *Marcia al Campo* zu Gehör; zogen die *Prelati di Fiocchetto* (Quastenprälaten) und Minister an Einheiten vorbei, wurden zwar die Waffen getragen, aber ohne sie zu präsentieren, und der *Marcia al Drapello* gespielt; beim Vorbeimarsch von Generälen und höheren Offizieren trugen die Soldaten ihre Waffen, während die Musik jedoch schwieg.

Zu Fuß oder hoch zu Ross und in prächtige Uniformen gekleidet zählten die Musiker der Gendarmerie zu den lebenden Attraktionen im weltlichen Herrschaftsgebiet des Papstes. »Man achte auf die *avvisi*, die überall in der Stadt angeschlagen sind«, empfahlen Reiseführer den Besuchern Roms im letzten Jahrzehnt des alten Kirchenstaates. Mit den *avvisi* waren die Bekanntmachungen gemeint, die auf die Konzerte der *Banda* (Musikkapelle) der Päpstlichen Gendarmerie hinwiesen. Die Konzerte kamen zumeist auf dem Monte Pincio, mitten im Herzen der Ewigen Stadt, zur Aufführung. Nicht nur unter den Römern, sondern auch bei den Touristen, die den Weg in die Metropole am Tiber gefunden hatten, erfreuten sie sich großer Beliebtheit. »Es werden nicht nur schlichte Militärmärsche dargeboten, auch die Werke berühmter Komponisten vermag die Kapelle überraschend gut zu Gehör zu bringen«, informierte der Korrespondent der Londoner *Times* seine Leserschaft.

In ganz Europa, ja sogar in Übersee, genoss die *Banda*, die in den Sechziger Jahren des 19. Jahrhunderts unter Maestro Roland in den Gärten der Villa Borghese musizierte und zu begeistern vermochte, hohes Ansehen. Das Reglement der Gendarmerie aus dem Jahre 1860 spricht von einem *Concerto*, einer vierzig Mann starken Musikkapelle. Dem *Concerto* stand ein Oberfeldwebel (*Maresciallo Capo*) vor, der von einem Feldwebel zu Pferd (*Maresciallo a cavallo*) unterstützt wurde; die Kapelle bestand aus acht Musikern I. Klasse im Rang von Wachtmeistern zu Pferde (*Brigadieri di cavallo*), acht Musikern II. Klasse im Rang von Vizewachtmeistern zu Pferde (*Vicebrigadieri di cavallo*), zwölf Musikern III. Klasse und zehn sogenannten *Apprendisti* (Lehrlingen).

»Undercover-Missionen« in der Ewigen Stadt

Dem aus Westfalen stammenden päpstlichen Artilleristen Klemens August Eickholt waren bei einem Landsmann verdächtige Aktivitäten aufgefallen: »In Rom lebte damals ein junger deutscher Bildhauer, der mit Leib und Seele den geheimen Gesellschaften sich verschrieben hatte [...] Wahrscheinlich wurde er von den Verschwörern reich mit Geld versorgt; denn überall in Rom war er zu treffen, nur nicht in seinem Atelier. Da er sprachkundig, geistreich gewandt war und gute Marnieren hatte, wußte er sich in die verschiedensten Kreise einzudrängen. Auf diese Weise erfuhr er viel; manches wohl auch, was nicht für sein Ohr bestimmt war. Durch einen glücklichen Zufall hatte ich seinen wahren

Charakter entdeckt und brachte auch in Erfahrung, daß er jeden Donnerstag zu einer geheimen Zusammenkunft ging. Diese fand in einem alten, vernachläßigten Palast statt, welche der Kaserne Ravenna der Carabineri esteri gerade gegenüber lag.«

Eickholt informiert seine Vorgesetzten und wurde von ihnen zur Gendarmeriebrigade von San Pietro in Vincoli geschickt. Dort vereinnahmen ihn die Gendarmen für eine »Undercover-Mission«. Im Mannschaftsraum der päpstlichen Polizei sieht er sich seinen verkleideten Mitstreitern gegenüber: »Vor mir standen allerlei Leute: der elegante Dandy, der solide Bürgersmann, der Handwerker, der Straßenhändler, der zerlumpte Bettler – alles war vertreten.« Mit den Agenten der Gendarmerie begibt er sich zum vermuteten Verschwörernest: »Ich schlenderte hinter ihnen her und sah noch, wie der eine hier, der andere dort im nächtlichen Dunkel verschwand. Das Haus wollte ich selbst im Auge behalten, ich durfte mich also nicht zu weit davon entfernen.«

Dabei beobachtet er die Taktik eines verkleideten Gendarmen: »Ein Betrunkener torkelt auf dem Straßenpflaster. Er lehnt an der Wand des Ravennapalastes und versucht, sich eine Zigarre anzuzünden. Die Tür des verlassenen Hauses hat sich unterdessen lautlos geöffnet. Drei Gestalten, denen noch weitere zu folgen scheinen, treten auf die Straße, vorsichtig rechts und links spähend. Die wenigen Laternen sind längst erloschen, und das letzte Mondviertel unterbricht kaum mit bleichem Schimmer die Nacht. Sie gewahren den Betrunkenen, der weiterstolpert. Nachdem er verschiedene Zündhölzchen erfolglos vergeudet, setzt er mit vieler Mühe zwei Hölzchen zugleich in Brand und bringt sie an die Zigarre. Er hat vorher die innere Handfläche durch einen Tropfen Öl glänzend gemacht, so dass sie ihm für die flammenden Streichhölzer als Reflektor dienen kann.

So gelingt es ihm, in dieser geschaffenen Beleuchtung die Gesichtszüge der vorbeischreitenden Männer zu unterscheiden. Aber bevor die Zigarre recht brennen will, hatte es ihn schon wieder umgeworfen. ›Na, der hat schwer geladen!‹ hört er die Fortschreitenden flüstern. Am Boden liegend, sieht er dann, wie ihnen noch andere, die nach den dreien das Haus verlassen und auf Santa Maria Maggiore zugehen, folgen. Als dann die ersten drei, miteinander leise und eifrig sprechend, etwa zwanzig Schritte weit sich entfernt haben und im Begriffe sind, im nächtlichen Dunkel zu verschwinden, wird der Betrunkene auf einmal sehr gelenkig. Seine Augen bohren sich in das Dunkel, und mit lautlosen Schritten wie auf der Pirsch geht's hinter den dreien her.«

Kurze Zeit später lässt der Polizeidirektor Roms das Verschwörernest ausnehmen. Alle an dem Komplott Beteiligten können von der päpstlichen Gendarmerie festgenommen werden.

VIII. KAPITEL

Vorspiel zum letzten Akt

Als 1870 der deutsch-französische Krieg ausbricht, sieht sich Napoleon III. gezwungen, auch über seine in Rom stationierten Soldaten zu verfügen. Die französischen Truppen werden zwischen dem 5. und 19. August abgezogen – der Kirchenstaat ist nun auf sich selbst gestellt. General Kanzler erhält bereits in diesen Tagen durch seine Informanten und die Agenten der Päpstlichen Gendarmerie immer mehr Nachrichten von Bewegungen an der Grenze zum Kirchenstaat. Auch erreichen ihn Mitteilungen, dass über eine Besetzung des päpstlichen Hoheitsgebiets gesprochen wird. Der Sieg der deutschen Heere bei Sedan am 2. September wird dann zum Sturz des zweiten französischen Kaiserreichs führen, das Königreich Italien nun die Gunst der Stunde nutzen und Viktor Emanuel II. die Septemberkonvention von 1864 für nichtig erklären wird – mit der Begründung, dass der Vertragspartner des Abkommens nicht mehr existiere.

Eine Bestandsaufnahme der päpstlichen Armee

Pro-Kriegsminister General Hermann Kanzler teilt Pius IX. mit, dass das päpstliche Heer aus mehr als 13.000 Mann bestehe: 1.688 Gendarmen, 669 *Squadraglieri*, 1.675 Jägern, 1.075 Linieninfanteristen, 2.901 Zuaven, 1.262 *Carabinieri esteri*, 1.410 Mann der Antibes-Legion, 533 Dragonern, 852 Artilleristen, einem 127köpfigen Pionierkorps, 120 Angehörigen der Versorgungstruppe, 97 Mann der Disziplinarkompanie, 126 Sanitätern sowie einigen hundert Mann starken Veteranen- und Reserveeinheiten römischer Freiwilliger. Zudem besitze der Kirchenstaat eine kleine Flotte, die ihre

Befehle jedoch nicht vom Waffenministerium, sondern vom Ministerium der Finanzen erhält. Die päpstliche Marine besteht aus der Pirokorvette *Immacolata Concezione* und einigen bewaffneten Dampfschiffen; Aufgaben der sieben Offiziere und 150 Matrosen sind der Küstenschutz, die Bewachung der Einfahrt zum Hafen von Civitavecchia und die Schifffahrtskontrolle über den Tiber.

In der Zusammensetzung der Armee des Papstes war weiterhin ein beeindruckendes Zeichen von Katholizität zu sehen, eine für die damalige Zeit ungewöhnliche Universalität: »Die eine Hälfte der Mannschaften war italienisch, die andere setzte sich aus verschiedenen Nationen zusammen, darunter waren etwa 3.000 Franzosen – meist aus der Legion von Antibes –, 700 Belgier, 900 Holländer, 1.200 Deutsche und Österreicher, 1.000 Schweizer, 300 Kanadier. Aber auch Russen, Engländer, Spanier, Portugiesen, Nordamerikaner fehlten nicht. Es hat bis zu den modernen Corps der Vereinten Nationen eine so multinationale Armee nicht mehr gegeben. die Universalität der katholischen Kirche, die alle Völker und Rassen als gemeinsame Gotteskinder auffasst, zeigte sich auch darin, dass 1870 auf ihrer Seite drei Türken, vier Tunesier, drei Syrer, ein Marokkaner, zwei Brasilianer, ein Peruaner, ein Mexikaner, zwei Schweden vom Nordkap und ein Ureinwohner auch Neuseeland fochten. Selbst etwa 140 Protestanten waren unter den Soldaten der Kirche« (Gustav Seibt).

Schon in der ersten Septemberwoche werden Einheiten aus dem römischen Umland nach Rom beordert, um die dortigen Garnisonen zu verstärken. Aus der Provinz Frosinone (die man nicht zu halten glaubt) hat der Gendarmerie-Major Lauri die auf die einzelnen Gendarmerieposten verteilten Squadriglieri zusammengezogen, aus denen er ein Bataillon bildet und an dessen Spitze nach Rom zieht. »Einen eigentümlichen Eindruck machte es da, ein Bataillon zu sehen, ohne bei ihm einen Tritt zu hören. Auf ihren Sandalen (*cioccie*) kamen sie wie Katzen herangeschlichen. Aber die Katzen hatten ‚Krallen'. Sie wurden der Verteidigungszone San Giovanni zugeteilt und stellten ihre Posten an der alten Ringmauer Roms auf« (Klemens August Eickholt).

Bereit zur Invasion

Italien hat an der Grenze zum Kirchenstaat drei Korps für den kommenden Feldzug aufgestellt: »Das erste zählte drei Divisionen, die bei Terni, Rieti und Orte sich sammelten, unter dem [Ober-]Kommando des Generals Cadorna. Eine vierte Division stand bei Orvieto unter dem alten Garibaldiner General Bixio. Eine fünfte Division marschierte auf Ceprano unter General Angioletti. Die drei ersten Divisionen unter Cadorna sollten über Civita Castellana direkt nach Rom marschieren. Die vierte Division unter Bixio sollte sich auf Viterbo werfen, dann über Corneto marschierend Civitavecchia nehmen und von dort, wenn Rom unterdessen noch nicht gefallen, an der Belagerung teilnehmen. Angioletti mit seiner fünften Division sollte den südlichen Teil des Kirchenstaates besetzen und, den linken Flügel der Armee Cadornas bildend, zwischen Porta Salara und Porta San Sebastiano Rom angreifen« (Klemens Eickholt).

In den Abendstunden des 9. September trifft im Auftrage Italiens Graf Gustavo Ponza di San Martino im Vatikan ein und wird von Kardinalstaatssekretär Antonelli zu einem mehrstündigen Gespräch empfangen – »Der Wortwechsel zwischen dem Kurienkardinal und dem Grafen verlief höflich in den Formen, doch er war von der feindseligen Härte geprägt, die der Lage entsprach. Der Italiener kündigte unverhüllt, ja mit einer gewissen Härte den bevorstehenden Einmarsch an.« Am folgenden Tag, gegen 10.30 Uhr wird der Conte vom Papst in Audienz empfangen. Durch seinen Staatssekretär kennt Pius IX. bereits »den wortreich-gewundenen und etwas öligen Text« (Gustav Seibt) des königlichen Schreibens. Der Papst hält sich nicht mit Höflichkeiten auf. Hochgradig erregt kommt es beim Pontifex zu einem Wutausbruch. Er wirft den Brief mit harschen Worten von sich: »Schöne Loyalität. Ihr seid alle ein Sack voller Vipern, übertünchte Gräber und glaubenslose Gesellen – *Razze di vipere! Tombe sbiancate!*« Der für seine Selbstsicherheit bekannte Graf ist im höchsten Grad verstört. Ein Angehöriger der Anticamera Pontificia, einer der diensttuenden päpstlichen Kammerherren, wird später berichten, dass Ponza kaum den Ausgang aus den Gemächern des Papstes fand, ein Fenster ansteuerte, anstatt die Tür.

Im Schreiben von Viktor Emanuel, das selbst liberale Kreise als »unschicklich« ansehen werden, heißt es einleitend: »*Beatissimo Padre! Con affetto di figlio, con fede di cattolico, con animo di italiano, mi indrizzo, come altre volte, al cuore di Vostra Santità* … Heiligster Vater! Mit der Zuneigung, des Sohnes, dem Glauben des Katholiken, der Loyalität des Königs, dem Herzen des Italieners, wende ich mich, wie soviele andere Male, an das Herz Eurer Heiligkeit. Ein Sturm von Gefahren bedroht Europa. Die Partei der kosmopolitischen Revolution, die sich über des Mitteleuropa verhehrenden Krieg freut, steigert ihre Kühnheit und Verwegenheit und bereitet vornehmlich in Italien und in den von Eurer Heiligkeit regierten Provinzen den letzten Schlag gegen die Monarchie und das Papsttum vor«. Als »katholischer und italienischer König« und »als solcher durch die Ratschlüsse der Vorsehung und den Willen der Nation« verpflichtet, habe er für die Aufrechterhaltung auf der Halbinsel und die Sicherheit des Papstes Sorge zu tragen. Denn »die Stimmung der von Eurer Heiligkeit regierten Bevölkerungen und die Anwesenheit aus verschiedenen Gegenden gekommenen fremden Truppen sind ein Ferment fortwährender Agitation und allen leicht erkennbaren Gefahren.«

Dann droht der König: »Es ist eine unausweichliche Notwendigkeit für die Sicherheit Italiens und des Heiligen Stuhls, das meine als Schutzmacht an der Grenze stehenden Truppen nun jene Position einnehmen werden, die zum Schutz Eurer Heiligkeit und der Aufrechterhaltung der Ordnung genügen«. Er macht den »Vorschlag«: »Wenn Eure Heiligkeit Rom von den fremden Truppen befreien und auf diese Weise die Gefahr beruhigen werde, dass die Stadt zum Kampfplatz der den Umsturz anstrebenden Partei werde, werden Sie ein bewunderungswürdiges Werk vollendet, der Kirche den Frieden wiedergegeben und dem über die Schrecken des Krieges entsetzten Europa gezeigt haben, wie man große Schlachten und unsterbliche Siege durch einen

Akt der Gerechtigkeit und ein einziges Wort der Liebe erringen kann!« Viktor Emanuel schließt sein Schreiben mit den Worten: »Ich bitte Eurer Heiligkeit, mir Ihren Segen zu verleihen und die Gefühle meiner tiefsten Verehrung entgegennehmen zu wollen. Euer Heiligkeit untertänigster, gehorsamster und ergebenster Sohn.«

Mit Datum vom 11. September antwortet der Papst: »*Maestà! Il conte Ponza di San Martino mi ha consegnato una lettera, che a Vostra Maesta piacque dirigermi, ma essa non è degna di un figlio affettuoso si vanta di professare la fede cattolica, e si gloria di regia lealtà* ... Majestät! Vom Grafen Ponza di Martino wurde mir ein Brief, den Eure Majestät an mich zu richten geruht hat, überreicht, der jedoch nicht eines liebevollen Sohnes würdig ist, der sich rühmt, den katholischen Glauben zu bekennen, und sich mit königlicher Loyalität schmückt. Ich gehe nicht auf die Einzelheiten des Briefes selber ein, um mir nicht den Schmerz zu erneuern, den mir das erste Lesen desselben bereitet hat. Ich preise Gott, wenn er es zulässt, das Eure Majestät auch den letzten Abschnitt meines Lebens mit Bitterkeit erfüllen. Im Übrigen kann ich nicht auf Forderungen eingehen, noch mich Grundsätzen anbequemen, wie solche, die in dem Brief angesprochen sind. Von neuem aber nehme ich meine Zuflucht zu Gott und lege meine Sache in seine Hände, die ja ganz und gar die seinige ist. Ich bitte ihn, Eurer Majestät viele Gnaden zu gewähren, vor Gefahren zu beschützen und all die Barmherzigkeit zuteil werden zu lassen, der Sie bedürfen.«

Die Invasion (11. September 1870)

Am 11. September beginnen die Truppen des Königs in fünf Divisionen mit über 50.000 Mann in den Kirchenstaat einzufallen – ohne förmliche Kriegserklärung. Den Oberbefehl über die beeindruckende Streitmacht hat General Raffaele Cadorna. Die 2. Division steht unter dem Kommando von General Nino Bixio, die 3. befehligt Generalmajor Diego Angioletti, die 11. Generalmajor Enrico Cosenz, die 12. Generalmajor Gustave Mazè de la Roche und die 13. Generalmajor Emilio Ferrero.

Von Terni aus hat General Cadorna eine Proklamation erlassen: »Italiener der römischen Provinzen! Der König von Italien hat mir die hohe Mission anvertraut, bei welcher Euch die wirksamste Mitarbeit obliegt. Das Heer, Symbol und Gewähr der nationalen Eintracht und Einheit, kommt zu Euch mit brüderlicher Zuneigung, um die Sicherheit Italiens und Eure Freiheiten zu beschirmen. Ihr werdet Europa zu zeigen wissen, dass die Ausübung all Eurer Rechte sich vereinbaren lassen mit der Achtung vor der kirchlichen und geistlichen Autorität des Oberhauptes der Kirche. Die Unabhängigkeit des Heiligen Stuhles wird inmitten der bürgerlichen Freiheiten unverletzlicher bleiben als sie je unter dem Schutze der fremden Interventionen gewesen ist. Wir kommen nicht, um Euch den Krieg zu bringen, sondern den Frieden und die wahre Ordnung. Ich habe mich nicht in die Regierung und die Administration zu mischen, für welche Ihr selbst Sorgen tragen werdet. Meine Aufgabe beschränkt sich auf die Aufrechterhaltung der öffentlichen Ordnung und die Verteidigung der Unverletzlichkeit unseres gemeinschaftlichen Vaterlandes.«

Angesichts der gewaltigen piemontesischen Übermacht sind von General Kanzler eindeutige Befehle erlassen worden: Die Kommandanten von Civita Castellana und Civitavecchia, deren Plätze einigermaßen befestigt sind, sollen dort solange dem Feind standhalten und sich verteidigen, wie es die Waffenehre verlangt. Die anderen Garnisonen sollen sich bein Anrücken der feindlichen Truppen nach Rom zurückziehen, »aber hiermit bis aufs äußerste warten, um den wenigen revolutionären Elementen keine Zeit und Gelegenheit zu lassen, Aufstände zu organisieren, und dann unter dem Vorwande die Ordnung wiederherzustellen, die königlichen Truppen herbeizurufen« (Klemens August Eickholt).

Am 12. September besetzen die italienischen Truppen Terracina, Ceprano, Orte, Bagnorea und Montefiascone. Alle Ortschaften werden von den Päpstlichen unverzüglich geräumt. Oberstleutnant de Charette geht, nachdem er die Besatzung von Montefiascone an sich gezogen hat, nach Viterbo – »Er verließ diese Stadt durch das Römertor in demselben Augenblick, als die Vorhut von Nino Bixios Division durch das Florenzertor einzog. Einen weiteren Rückzug nahm Charette dann über Vetralla, wo er sich mit den Kompagnien von Valentano und Ronciglione vereinigte. Am 13. verließ Charette Vetralla. Über Monte Romano entschlüpfte er durch einen geschickten Marsch auf Gebirgspfaden dem verfolgenden Bixio, der alles aufbot, ihm den Rückzug abzuschneiden, und gelangte nach Civitavecchia. Dort stand ein Militärzug bereit. Die italienische Flotte ankerte auf der Reede vor dem Hafen. Ihre Kanonen bestrichen die Küste. Charette besteigt selbst die Lokomotive, den Revolver in der Faust, und mit Volldampf saust der Zug den Italienern an der Nase vorbei. Ohne einen Mann oder ein Geschütz verloren zu haben, kam er glücklich nach Rom«, so Klemens Eickholt.

Am 12. September gegen 9.00 Uhr nimmt die von General Mazé de la Roche befehligte 12. Division vor Civita Castellana Aufstellung und beginnt zu agieren. Eine Batterie von zwölf Kanonen nimmt die Festung unter schweren und fortdauernden Beschuss. Festungskommandant ist Hauptmann Carlo Papi, der die Aufsicht über das dortige Staatsgefängnis, in dem auch der berühmte Bandit Antonio Gasparone einsitzt, hat; in der Stadt befinden sich die 100 Mann der 5. Kompanie des 4. Zuavenbatallions unter dem Befehl von Hauptmann Zenone de Resimont und die 71köpfige Disziplinarkompanie, die unter dem Kommando von Hauptmann Andrea Ruffini steht. In der Festung hat sich der Kriegsrat der Offiziere der päpstlichen Armee zur Beratung über eine Kapitulation eingefunden. Noch gegen 11.00 Uhr beschwört de Resimont Hauptmann Papi, die Stadt nicht aufzugeben. Doch angesichts der aussichtslosen Lage, durch humanitäre Erwägungen überzeugt und eingedenk der Order des päpstlichen Kriegsministeriums gibt der Zuavenmajor nach.

Ein Journalist im Tross der italienischen Truppen vermittelt den Lesern seiner Zeitung – der *Fanfulla* – eine Beschreibung der Zuaven von Civita Castellana. Er kann sich einer gewissen Bewunderung nicht entziehen: »Die Kompanie steht unter dem Befehl des Hauptmanns Graf Zenone de Resimont aus einer der angesehensten Familien des belgischen Adels. Er ist ein Mann in den Dreißigern, von herausragendem aristokratischem Verhalten, äußerst elegant, mit einem faszinierenden blonden Bart und einem *pince-nez* [Zwicker] aus Gold, mit drei Reihen Dekorationen an der Uniform, unter denen ich das Mentana-Kreuz erkenne.« Die Bevölkerung Civita Castellanas empfängt ihre vorgeblichen Befreier ohne jeglichen Jubel – »die Infanterieregimenter zogen mit Musik durch die engen Straßen der Stadt, und kein einziger Gruß!« General Mazè de Roche verkündet stolz den ersten glorreichen Sieg des Kriegszugs. Ihm ruft ein Zuave entgegen: »*Belle glorie, dix milles contre deux cents* – Schöne Glorie, zehntausend Mann gegen zweihundert!«

Das Schicksal von Civitavecchia

Am 15. September sind in der Hafenstadt des Kirchenstaates weit mehr als 1.000 Soldaten der päpstlichen Armee stationiert, sowie die 157 Offiziere und Matrosen der kleinen päpstlichen Marine. Neben Gendarmen, Zollwachen, Artilleristen und Pioniertruppen stellen vor allem vier Kompanien der Zuaven und zwei Kompanien des Jägerbataillons die Verteidigung Civitavecchias. Das päpstliche Flaggschiff, die *Immacolata Concezione,* liegt hier vor Anker. Vor dem Hafen der Stadt warten zwei Kreuzer, die französische *Orenoque* und die britische *Defence*. Die britische Regierung hat zudem elf weitere Schiffe von Malta aus nach Civitavecchia beordert. Die Schiffe haben den Befehl, sich für den Fall bereitzuhalten, dass der Papst die Asylangebote Frankreichs oder des Vereinigten Königsreichs für sich und seinen Hof in Anspruch nehmen sollte.

Die päpstliche Hafenstadt wird nicht nur durch einen Flottenverband Italiens und die Division Nino Bixios bedroht. In der Stadt selber gärt es. Orsini-Bomben werden geworfen, es kursieren Aufrufe zur Rebellion. Unter den einheimischen Truppen machen sich das Ingenieurskorps und die Artillerie einen unrühmlichen Namen. Hauptmann

Filippo Riva von der Artillerie ist schon am 14. September desertiert. Oberst Giuseppe Serra, der Stadtkommandant, teilt General Kanzler mit, dass die Angehörigen des Ingenieurkorps die Arbeit eingestellt hätten und in die Wirtshäuser gingen; Artilleristen sähe man in den Straßen umhergehen. In einem Telegramm lamentiert er, es gäbe keine Moral mehr; seine Lage sei schwierig – »*niuna moralità, possizione assai difficile la mia*«. Auch der verantwortliche Zuavenoffizier in der Stadt, Major Numa d'Albiousse, telegraphiert an das päpstliche Kriegsministerium. Er lässt General Kanzler mitteilen, dass die Stadt vermutlich fallen werde; versichert ihm jedoch, dass die Ehre der päpstlichen Armee gewahrt bleibe – »*cadra probabilmente la città ma sarà salvato l'onore dell'intera armata pontificia*«.

Zuaven und Jäger wollen die Stadt nicht kampflos aufgeben. Man bemerkt im Kriegsrat von Civitavecchia die Unstimmigkeit, die unter den päpstlichen Offizieren herrscht. Die Drohung eines italienischen Parlamentärs, man werde die Stadt vom Land und von der See her unter schweren Beschuss nehmen, zeigt Wirkung. Oberst Serra erklärt sich zur Übergabe bereit und lässt sich die Kapitulationsurkunde aushändigen. Der Zuavenmajor protestiert auf das heftigste; er weigert sich, das Dokument zu unterschreiben. Gegen 21.30 Uhr begibt sich einer der Offiziere aus dem Stabe Serras nach draußen und teilt der dort versammelten Menge mit, dass kein Widerstand mehr geleistet werde. D`Albiousse verlässt unverzüglich den Kriegsrat mit finsterem Gesicht und zeigt Serra deutlich all seine Verachtung. Aber es sind nicht nur die päpstlichen Zuaven, die ihre Empörung und Wut unverhüllt artikulieren, auch die Angehörigen des Jägerbataillons demonstrieren auf eindrucksvolle Weise ihre Sicht der Dinge: Hauptmann Francesco Savalls protestiert im Namen seiner Kameraden. Er zerbricht seinen Degen, reißt sich die Offiziersabzeichen von der Uniform und wirft sie dem todbleichen Serra vor die Füße.

Das italienische Geschwader, zehn Panzerkreuzer und zwei kleinere Schiffe mit insgesamt 4.295 Mann Besatzung und bewaffnet mit 105 Kanonen, bezog Aufstellung vor der

Küste. Um 6.30 Uhr in der Frühe kapituliert Stadtkommandant Oberst Serra. Auch die kleine päpstliche Flotte muss sich ergeben. Einzig die Pirokorvette *Immacolata Concezione* und ihre 68köpfige Besatzung unter dem Kommando von Kapitänleutnant Alessandro Cialdi, verbleibt im Besitz des Papstes, »*il quale rimarrà a disposizione del Santo Padre col suo attuale equipaggio*« – wie es im Artikel 8 der Kapitulationsurkunde vermerkt ist. Die Dampfkorvette war 1859 auf einer englischen Schiffswerft, den *Thames Iron Works* in Blackwall, erbaut worden. Sie besitzt eine Wasserverdrängung von 652 Tonnen und verfügt über drei Maste (Kreuzmast, Besanmast und Bugspriet) sowie einen modernen Propellerantrieb (150 HP).

Um 7.00 Uhr läuft der Kreuzer *Terribile* in den Hafen ein. Das Protokoll wird eingehalten; sowohl von päpstlicher als auch von italienischer Seite werden die vorgeschriebenen Ehrenbezeugungen geleistet. Gegen 10.00 Uhr besetzen die italienischen Truppen die Stadt. Mit dieser Zeremonie ist auch die mehr als 1000jährige Existenz einer päpstlichen Marine beendet. Ebenso müssen nun die Handelsschiffe, die sich im Besitz von Bürgern des Kirchenstaates befinden, die gelbweiße Flagge streichen, ihre Eigner gelten jetzt als Untertanen des italienischen Königs.

Am Abend des 15. September war bereits bei den päpstlichen Vorposten am Ponte Molle Oberstleutnant Caccialupi aus dem Generalstab Cadornas als Parlamentär vorstellig geworden, um General Kanzler einen Brief zu überbringen. In dem Schreiben verlangte der italienische Oberbefehlshaber, den freien Einzug seiner Truppen in die Ewige Stadt; die eingeborenen Truppen sollten in das italienische Militär übernommen werden, die fremden unverzüglich aufgelöst und in ihre jeweilige Heimat geschickt werden. Überaus nüchtern war Cadorna vom päpstlichen Kriegsminister zur Antwort gegeben worden: »Ich habe die Einladung erhalten, die unter dem Kommando Eurer Exzellenz stehenden Truppen eintreten zu lassen. Seine Heiligkeit wünscht, Rom von seinen eigenen Truppen besetzt zu sehen, und nicht von solchen anderer Souveräne«.

Am 16. September, um 7.00 Uhr abends, erscheint nun erneut ein italienischer Parlamentär, General Colchidio di Mala Volta. Auch er überbringt einen Brief Cadornas; in ihm wird die Übergabe Civitavecchias mitgeteilt und Kanzler ersucht, »aus Gefühlen der Menschlichkeit« von jedem weiteren Widerstand abzusehen. General Kanzler entgegnet: »Durch die Übergabe von Civitavecchia hat sich die Lage nicht verändert. Deshalb kann ich von meiner gestrigen Antwort nicht abgehen. Was die Gefühle der Menschlichkeit angeht, von solchen Gefühlen ist keiner mehr beseelt als diejenigen, die das Glück haben, dem Heiligen Stuhl dienen zu dürfen. Nicht wir sind es, die irgendwie den gottesräuberischen Angriff veranlasst haben, dem wir ausgesetzt sind. Sie, Exzellenz, sollten sich von Gefühlen wahrer Menschlichkeit leiten lassen und von Ihrem ungerechten Angriff Abstand nehmen.«

General Cadorna wird später in seinem *Corretto Rapporto sulle Operazioni nell'Agro Romano* zugeben, dass die beiden Briefwechsel nur dem Zweck dienten, Zeit zu gewinnen, bis die Generäle Angioletti und Bixio vor den Mauern und Toren Roms standen.

Rom im Verteidigungszustand

In Rom hat man Beobachterposten errichtet, die telegrafisch miteinander verbunden sind: Auf der Kuppel von St. Peter, der Bastion auf dem Pincio, dem Glockenturm von S. Maria Maggiore, auf der Basilika S. Giovanni in Laterano, der St. Andreas-Bastion bei der Porta S. Pancrazio und der Bastion zur Rechten der Porta Portese. Zur Verteidigungsstrategie in der Stadt gibt Klemens Eickholt an, dass Rom in vier Zonen eingeteilt und für jede Zone eine Intendatur und ein Sanitätsdienst eingerichtet war: »Für die Verteidigung der Stadt wurde ein Stab gebildet, zu dessen Chef General de Courten ernannt wurde. Diesem Stabe gehörten an: Oberst Lopez, Platzkommandant von Rom, Oberst Graf Caimi, Kommandeur der Artillerie und Oberstleutnant Lana, Chef der Pioniere, ferner der Intendant Monari für den Verpflegungsdienst. Das Hauptquartier des Stabs war im Millitärkasino auf der Piazza Colonna. Dort wurde auch eine Truppenreserve fürs Ganze aufgestellt. Außerdem hatte jede Zone ihre besondere Reserve.«

Laut den Aussagen von Eickholt und den Unterlagen des Kriegsministeriums sind die für die Verteidigung verfügbaren Streitkräfte auf 8.000 Mann veranschlagt, einschließlich der Gendarmerie und etwa 700 *Squadriglieri*. Auf die vier Zonen sind die Mannschaften wie folgt verteilt: Das Jägerbataíllon bewacht die Porta San Pancrazio und die Strecke auf die Porta Portese bis an den Tiber. Von der Porta San Paolo an ist die Ringmauer von der *Legione Romana* besetzt, der sich das Regiment der *Carabinieri esteri* bis hin zur Porta San Giovanni anschließt. Die Porta San Giovanni ist besetzt von einer Abteilung Gendarmerie und von den *Squadriglieri,* die die Verbindung zum rechten Flügel des Zuavenregiments herstellen. Die päpstlichen Zuaven versehen ferner die Linie über Porta Salara, Monte Pincio bis Porta del Popolo. Zur Verteidigung des Vatikans ist das Bataillon der Römischen Freiwilligen angetreten, außerdem die Päpstliche Palatingarde. Der Abschnitt vom Vatikan zur Porta Pancrazio hin ist vom Linienregiment besetzt.

Ein Brief des Papstes

In einer Audienz hat der Papst dem zum Kampf entschlossenen Pro-Kriegsminister und Befehlshaber seiner Truppen mitgeteilt, dass er aufgrund eines zu befürchtenden Blutbades davon absehen wolle, von seinen Soldaten zu verlangen, für die gerechte Sache des Heiligen Stuhls bis zum letzten Mann zu kämpfen. Jedoch solle der Kirchenstaat nicht ohne Gegenwehr aufgegeben werden; das unrechtmäßige und sakrilegische Handeln des italienischen Königs müsse vor der Welt sichtbar dokumentiert werden. Die päpstliche Order, nicht bis zum letzten Blutstropfen zu kämpfen, trifft vor allem die Zuaven hart. Sie sind bereit, alles für die Sache der Kirche zu geben.

Das Schreiben Pius' IX. lautet: »*Signor Generale! Ora che sia va a consumare un gran sacrilegio e la più enorme ingiustizia* ... Herr General! Jetzt da ein großes Sakrileg und eine enorme Ungerechtigkeit sich vollzieht, da die Truppen eines katholischen Königs ohne Provokation, ja ohne den Schein irgendeines Grundes sich anschicken, die Hauptstadt des katholischen Erdkreises zu belagern, fühle ich vor allem das Bedürfnis, Ihnen, Herr General, und unserer ganzen Truppe zu danken für die von Ihnen bisher beobachtete hochherzige Haltung, für Ihre dem Heiligen Stuhl bewiesene Liebe und für Ihren Willen, sich ganz der Verteidigung dieser Metropole zu weihen. Es seien diese Worte ein feierliches Dokument, welches für die Disziplin, die Loyalität und die Tapferkeit der im Dienste des Heiligen Vaters stehenden Truppen Zeugnis gibt. Was die Dauer der Verteidigung betrifft, ist es meine Pflicht anzuordnen, dass dieselbe lediglich in einem Proteste zu bestehen habe, welcher geeignet ist, die Gewalttat zu konstatieren und nur dieses. Es sollen nämlich Unterhandlungen wegen der Übergabe angeknüpft werden, sowie die Bresche offen ist (*appena aperta la breccia*). In einem Augenblicke, da ganz Europa die äußerst zahlreichen Opfer beklagt, welche in einem zwischen zwei großen Nationen geführten Kriege fallen, möge es nie heißen, dass der Statthalter Jesu Christi, wenn auch ungerecht angefallen, einem großen Blutvergießen zugestimmt habe. Unsere Sache ist die Sache Gottes und wir legen vertrauensvoll alles in seine Hand. Von ganzem Herzen segne ich Sie, Herr General, und alle unsere Truppen.«

Zu diesem Schreiben existiert eine bis zum heutigen Tag kontrovers geführte Diskussion. So hatten in einer ersten Version des Briefes, die Tage zuvor entstanden war, statt »*appena aperta la breccia*« die Worte »*ai primi colpi del cannone*« gestanden, bei den ersten Schüssen. Der frühere Text dürfte auf den Einfluss von Kardinalstaatsekretär Antonelli zurückgehen. »Der Staatssekretär plädierte dafür, die Tore Roms zu schließen und sonst keine Verteidigungsanstrengungen zu unternehmen. Die italienische Armee hätte dann die Tore mit Gewalt aufbrechen müssen und wäre im Übrigen von den päpstlichen Truppen mit Gewehren bei Fuß, sozusagen mit vorwurfsvollem Schweigen – ohne heldenhaften Kampf, ohne Menschenopfer und ohne moralische Verluste für die Kirche«, merkt Gustav Seibt an.

Für Hermann Kanzler ist dies keine Option. Er hält eine militärische Verteidigung, wenn auch bedingt, für absolut unerlässlich, einerseits um das illegitime Vorgehen, die für ihn eindeutig sakrilegische Gewalttat Italiens vor aller Welt deutlich aufzuzeigen, andererseits, um ihm und seinen Soldaten die Gelegenheit zu geben, »ihre Opferbereitschaft, ihren Glaubensmut und auch ihr Können unter Beweis zu stellen« (Gustav Seibt). Kanzler ist davon überzeugt, dadurch auch eine Eskalation in der Armee zu verhindern. Anton de Waal lässt in *Der 20. September*, seiner Erzählung aus den letzten Tagen des Kirchenstaates, nach dem Wissen Kanzlers um den ersten Brief den General vor den Papst treten und sagen, man werde ihm [Kanzler] nicht glauben, »daß der Befehl von Eurer Heiligkeit ausgegangen; man wird mich und die übrigen Generäle für Verräter halten; die Soldaten werden den Gehorsam verweigern und einmütig zu den Waffen greifen«.

IX. KAPITEL

Der 20. September 1870 und seine Folgen

»Die aufgehende Sonne beleuchtete mit ihren Strahlen ein gar trauriges Schauspiel, der traurigsten eins, wie die Welt sie jemals gesehen hat. Das Rom der Päpste, die Hauptstadt der katholischen Welt, ist von Feuerschlünden umgeben, die es bald in einen Ring von Rauch und Feuer einhüllen. Und das auf Befehl eines katholischen Königs. Roms Mauern waren besetzt von treuen Kriegern, alle freudig bereit, für die heiligen Rechte Gottes und seines Stellvertreters auf Erden Blut und Leben hinzugeben« (Klemens August Eickholt).

Der Tag der Entscheidung

In den letzten Stunden des alten Kirchenstaates haben sich auch die Palastgarden des Papstes in und um den Apostolischen Palast bereitgestellt, um Leib und Leben ihres Souveräns zu schützen.

Die Päpstliche Nobelgarde ist vollzählig angetreten, in Galauniform und bewaffnet. Das Korps steht unter dem Befehl ihres Kommandanten Don Carlo Felice Barberini, des Herzogs von Castelvecchio. Anwesend ist auch der Bannerträger der Heiligen Römischen Kirche, der Marchese Giovanni Naro-Patrizi-Montoro, in der Uniform der Nobelgarde gekleidet und gleichgestellt einem Generalleutnant des päpstlichen Heeres. Die adeligen Leibwächter, alle im Rang von Offizieren, haben in den Gemächern des Papstes und in den Räumlichkeiten, die zu ihnen hinführen, Aufstellung genommen.

Unter dem Befehl ihres Kommandanten Oberst Alfred von Sonnenberg bewacht die Päpstliche Schweizergarde die Eingänge zum Palastbereich. Schwerbewachte Posten sind beim Bronzetor, der Scala Regia und der Scala Pia eingerichtet worden; weitere Posten sind beim Sant'-Anna-Tor, im Cortile dei Falegnami, im Cortile del Forno, im Cortile degli Archivi, beim Casino del Papa und bei den Loggien anzutreffen. Die Päpstliche Palatingarde, angeführt vom Kommandanten des Korps, dem Marchese Giuseppe Guglielmi, dient vor allem als Reserve für eine eventuelle innere Verteidigung des Apostolischen Palastes. Sie ist in drei Abteilungen aufgeteilt; eine befindet sich im Damasushof, eine zweite ist im Belvederehof untergebracht, die dritte steht im Giardino della Pigna bereit.

Weder an die Nobelgarde noch an die Palatingarde und die Schweizer sind Befehle ergangen, wie sich die beiden Leibgarden und die Miliztruppe in dem Falle zu verhalten haben, dass die italienischen Truppen in den Vatikan und den Apostolischen Palast eindringen – »*Qui non entreranno* – hier werden sie nicht eindringen« hat noch am Abend des 19. September der Papst mit fester Stimme als seine Überzeugung wiedergegeben. Für alle Angehörigen der drei Palastwachen steht jedoch ohne Zweifel fest, dass sie ihr Leben für den Papst geben werden.

Die Kampfhandlungen an den Toren Roms

Für den Angriffsplan der italienischen Truppen sieht deren Generalstab vor, »die Aufmerksamkeit des Feindes auf Tre Archi, Porta Maggiore und Porta San Giovanni in Laterano durch die 13. Division (Ferrero) und 9. Division (Angioletti) zu lenken, desgleichen zum Tiber hin durch die 2. Division (Bixio); den wahren Angriff zu dirigieren auf die Porta Pia und die Porta Salara mit Hilfe der 11. (Cosenz) und 12. Division (Mazè de la Roche) und die Bresche vorzubereiten durch die Batterien der Artillerie aus der Position der Reserve heraus (9. Regiment, Brigade des Major Pelloux, d.h. der 5., 6. und 8. Batterie). Die Eröffnung des Feuers hat um 5.15 Uhr zu beginnen«.

Am 20. September erreichen den päpstlichen Generalstab von Mitternacht bis kurz nach 3.00 Uhr von überall fast gleichlautende Meldungen und Telegramme: »*Calma, nessuna novità, silenzio su tutta a linea* – Ruhe, nichts Neues, Schweigen auf der ganzen Linie«. Erste Mitteilungen von Bewegungen bei der Porta Pia und der Porta Salara kommen um 3.20 Uhr und 3.30 Uhr. Um 5.15 Uhr werden die ersten feindlichen Aktivitäten gemeldet. Der Beobachtungsposten von S. Maria Maggiore telegrafiert: »Feindliche Batterie eröffnet das Feuer gegen Tre Archi und Porta Maggiore. Andere Batterie feuert gegen S. Croce«, derjenige von S. Giovanni in Laterano meldet: »Piemontesische Artillerie hat das Feuer gegen Porta S. Giovanni eröffnet«. Dann folgen in kurzen Abständen Berichte von Angriffen auf die Porta Salara, die Porta Pia, die Porta S. Sebastiano und weitere Verteidigungspunkte.

Um 7.00 Uhr erbittet der Kommandant der Einheiten bei der Porta S. Sebastiano, Major Graf Paul de Saisy, um Artillerieunterstützung. Eine Stunde später erhält er weitere Geschütze. Von den dortigen Aktivitäten wird nach Deutschland berichtet: »Über den Kampf an der Porta Sebastiano erhielten wir Mitteilung von dem Militärpater Vannutelli aus dem Dominicanerorden, dem Schwager des Generals Kanzler. Da am vorhergehenden Abend der Himmel sich mit schweren Wolken bezog, so wurden die Soldaten, welche bisher im Freien campirt hatten, in die an der Straße liegenden Kirchen gelegt, wo sie auf Stroh gelagert die Nacht verbrachten. Es standen an diesem Thore hauptsächlich Legionäre und Zuaven; unter letzteren auch die Compagnie des Oberlieutenant Kligge aus Paderborn.

In der Frühe des folgenden Morgens gegen halb fünf Uhr celebrirte der Pater die hl. Messe, wobei eine große Anzahl die Communion empfing. In dem Augenblicke, als er den letzten Segen spendete, erdröhnte der erste Schuß. Da brachen alle Soldaten in ein lautes ›Evviva Pio Nono‹ aus: dann stürmten sie fort zum Kampfe. Der Pater bestieg bald darauf den Thurm der Kirche von St. Johann am latinischen Thore, von wo er die feindliche Aufstellung deutlich übersehen konnte. Eine Batterie stand auf dieser Seite; sie richtete ihre Schüsse theils zur Linken nach der Porta di San Paolo, theils und hauptsächlich aber gegen das Sebastianothor. Die hier stehenden päpstlichen Geschütze aber wurden vortrefflich bedient; zwei Mal sah sich der Feind gezwungen, neue Position zu nehmen; gegen acht Uhr waren seine Geschütze sämmtlich demontirt und zum Schweigen gebracht.«

Gegen 8.00 Uhr dringen italienische Truppen zur Porta del Popolo vor und besetzen die Villa Borghese, werden aber dort von den Zuaven unter dem Kommando von Hauptmann Alan de Kersabiec in Schach gehalten. General Nino Bixio, der von tiefem Hass gegen den Papst erfüllte Alt-Garibaldiner, eröffnet zur gleichen Zeit von der Villa Doria Pamphili aus mit 24 Geschützen das Feuer auf die Bastionen der Porta San Pancrazio. Die herausragende militärische Leistung des Generals besteht darin, Trastevere durch hunderte von Granaten zu verwüsten – Wohnhäuser, Klöster und Hospitäler werden entgegen jeglicher militärstrategischer Logik und Notwendigkeit zerstört. Bei der Porta hat General Kanzler Geschütze aufstellen lassen, die Bixios Truppen ins Visier nehmen und den Vatikan vor Angriffen schützen sollen.

Um 8.45 meldet Oberst Azzanesi immer heftigere Angriffe auf die Porta San Pancrazio. Ein rechts vom Tor aufgestelltes gezogenes Geschütz sei durch feindliches Feuer unbrauchbar gemacht worden; er habe das Geschütz ersetzt, aber nicht genug Bedienungsmannschaften. Der Feind versuche, das Tor zu sprengen und dessen Hauptgebäude in Brand zu schießen. Die Mühle und die Wollweberei des angrenzenden Klosters, die Monacelli sowie Gebäude bei Trinità dei Pellegrini und in der Via Giulia ständen in Flammen. Doch seine Leute seien vom besten Geist beseelt. Azzanesi beordert unverzüglich neue Munition aus dem Zentralarsenal in der Engelsburg. Bis 9.15 Uhr hat die päpstliche Artillerie bei der Porta San Pancrazio über 800 Salven auf den Feind abgefeuert. Gegen 9.30 Uhr trifft die erbetene Munitionsverstärkung aus dem Kastell Sant'Angelo ein.

Die Truppen bei der Porta San Giovanni sind Oberstleutnant De Charette unterstellt; mit seinen Zuaven, den Artilleristen, *Carabinieri esteri* und *Squadriglieri* hält er dort die Stellung. Hier sind nun von feindlicher Seite die Verbände General Angiolettis präsent. An der Porta San Giovanni tobt ein heftiges Gefecht. Beim Lateran ist auch das wahrscheinlich einzige zivile Opfer des Krieges zu beklagen; ein junges Mädchen, das sich auf die Straße gewagt hat, wird von einer feindlichen Granate zerfetzt. Von den Geschehnissen berichtet in großer Ausführlichkeit und sehr beeindruckend Klemens August Eickholt, der in die Kampfhandlungen entscheidend involviert war (Siehe Zeitdokumente).

Der Jesuit Pacher, ein päpstlicher Militärkaplan, berichtet in der *Wiener Kirchenzeitung* vom 15. Oktober über die dortigen Ereignisse: »Der Lateranpalast litt an seiner Ostseite stark von den feindlichen Kugeln, eine Bombe drang in der altehrwürdige lateranenische Basilika ›omnium ecclesiarum urbis et orbis mater et princeps‹, und platzte darin. Kugeln trafen und beschädigten S. Croce di Gerusalemme, das wegen seiner Passionsreliquien so hochverehrte Heiligthum der Christenheit. Wenn diese militärisch unentschuldbaren Schüsse aus Ungeschicklichkeit, oder aus Bosheit, oder aus Beiden zugleich geschehen? Aber Gottes rächende Hand suchte den Feind sicher heim. An der Porta San Giovanni arbeitete ein Österreicher, Marschall (Ober-Feuerwerker) Eickholt, ehemaliger Zögling Feldkirch's und der Universität Wien [der Westfale wurde vermutlich deswegen fälschlicherweise für einen Österreicher gehalten], mit seinen Schüssen vortrefflich. Die Anwesenden waren entzückt über die Sicherheit seiner Schüsse. So oft er feuerte, gab er seiner Kugel einen Titel der laurentanischen Litanei mit auf den Weg. Einmal rief er: ›Mutter der Barmherzigkeit, bitte für uns!‹ Und seine Granate fuhr in einen feindlichen Munitionswagen zur Explosion zum weiten Verderben der daselbst aufgestellten Piemontesen.«

Die Bresche bei der Porta Pia

Die Truppen der zweiten Verteidigungszone Roms, die auch die Porta Pia miteinschließt, werden von Oberst Allet befehligt. Hier wird der Kampf am heftigsten toben, hier werden auch die meisten Opfer auf beiden Seiten zu beklagen sein. Der Sektor bei der Porta Pia steht unter dem Kommando von Major de Troussures vom Zuavenregiment. Er verfügt über eine Batterie Artillerie und mehrere Zuavenkompanien, desweiteren als Reserve auf der Piazza Barberini über zwei weitere Kompanien der Zuaven und auf der Piazza del Popolo über 300 *Squadriglieri* und eine Abteilung der dritten Schwadron der päpstlichen Dragoner.

Um 5.30 Uhr setzt das Bombardement bei der Porta Pia, Porta Salara und Porta del Popolo ein. Schon hat Oberleutnant Paul van de Kerkhove einen bemerkenswerten Schusswechsel mit den Italienern geführt. Mit 30 seiner Zuaven ist er – unbemerkt vom Feind – zur Villa Patrizi vorgedrungen und fügt von ihr aus den feindlichen Batterien Schaden zu. Da das 35. Bersaglieribatallion nun die Villa unter Beschuss nimmt, beordert General Cosenz Scharfschützen des 34. Bersaglieribataillon zu den Stadtmauern, um dort gegen die päpstliche Infanterie wirksam einzuschreiten. Erst als der Angriff der Piemontesen auf die Villa mit einer beträchtlichen Übermacht und dem Einsatz aller Möglichkeiten (Artillerie, Pioniere) geführt wird, müssen die Päpstlichen das Gebäude wieder verlassen. Ohne einen einzigen Mann zu verlieren, gelingt ihnen der Rückzug hinter die Stadttore. Kurz nach 6.30 zieht der Feind immer mehr Kanonen zu sich und intensiviert das Feuer.

Um 7.00 Uhr beobachtet Zuavenmajor De Troussures, wie die Kanonade des Feindes gegen die Porta Pia immer präziser wird. Eine halbe Stunde später informiert er General Kanzler und teilt ihm seine Einschätzung mit: »Voraussichtlich wird die Bresche noch vor 10 Uhr geschlagen sein.« De Troussures versucht eine zweite Verteidigungslinie aufzustellen. Doch das feindliche Feuer ist so heftig, dass er davon absieht; er würde seine Untergebenen nur unnötig dem sicheren Tod aussetzen. »Um 8.13 Uhr«, berichtet Klemens Eickholt, von seinen Artillerie-Kameraden unterrichtet, »wurde an Porta Pia durch einen feindlichen Volltreffer ein Feldgeschütz demontiert. Der Geschützführer Caporilli fand dabei den Heldentod. Das andere Geschütz bestreicht die Straße zur Porta Pia, wo ein heftiges Feuergefecht im

Gange ist. Auch auf Macao hat sich ein hartnäckiges Gefecht entwickelt. Oberst Jeannerat, der dort kommandiert, bittet um Verstärkung. Es wird eine Kompagnie Zuaven dort hingeschickt. Auf Macao hatte auch der erste Zug unserer Gebirgsbatterie unter Oberleutnant Calvesi und der zweite unter Oberleutnant Marquis de Falaiseau sich wacker gehalten. Die schwere feindliche Artillerie ist auf 400 Meter vor der Ringmauer in Stellung gebracht und beschießt diese zwischen Porta Pia und Porta Salara.«

Gegen 8.20 Uhr schickt Major De Troussures einen päpstlichen Dragoner mit der Botschaft an General Kanzler: »Die Bresche ist beinahe geschlagen«. Kanzler begibt sich mit Major Fortunato Rivalta vom Kriegsministerium zum Palazzo Wedekind, um sich mit dem Verteidigungskomitee, das dort seinen Sitz hat, zu beraten. Man beschließt, Major Rivalta und Oberst Giorgio Lana vom Pionierkorps mit einer Inspektion der Lage bei der Porta Pia zu beauftragen. Als die beiden Offiziere zurückgekehrt sind, berichtet Rivalta vom ungebrochenen Kampfgeist der päpstlichen Truppen (schon General Zappi hatte über diesen Umstand den Generalstab informiert), schildert aber auch den katastrophalen Zustand bei der Bresche und dass sie geschlagen sei. Er teilt mit, dass sie zwar noch weiter verteidigt werden könne, aber nur unter immer größer werdenden Verlust an Menschenleben. Das Schweigen der Mitglieder des Komitees, die aufgekommene Stille durchbricht General Kanzler, der nun ohne jeglichen Widerspruch der Anwesenden durch General de Courten und den Generalstab die Order erteilen lässt, Kuriere zu entsenden mit dem Befehl, das Feuer einzustellen und die weiße Fahne zu hissen. Die Zeiger der Uhr stehen auf 9.35 Uhr. Später wird Hermann Kanzler zur Absicherung dem Komitee den Brief des Papstes vorlesen lassen. Zwischen 9.50 und 10.00 Uhr werden auf der Kuppel von St. Peter, beim Quirinal und dann an allen umkämpften Stellungen weiße Fahnen aufgezogen.

Um 9.45 Uhr trifft im schnellen Galopp ein päpstlicher Dragoner bei Major de Troussures ein und teilt ihm mit: »General Zappi ordnet das Einstellen des Feuers an und das

Hißen der weißen Fahne!« De Troussures verweigert den Befehl. Für den Major ist die Situation an der Porta Pia zwar ernst, aber noch nicht hoffnungslos. Seine Zuaven halten weiterhin die Stellung. Ob er nun zu einer List greift oder sich streng an die Vorschriften hält, muss dahingestellt bleiben. Dem Dragoner gibt er zur Antwort: »Auf, teilen Sie dem General mit, dass ich hierfür den schriftlichen Befehl eines Offiziers benötige!« De Troussures gibt ihm einen seiner Männer, Oberleutnant Paul van de Kerkhove, mit, um aus dem päpstlichen Hauptquartier eine Bestätigung der Order zu erhalten.

Auf der Villa Patrizi wird sodann die Tricolore aufgezogen. Die Artillerie der Italiener verstummt. Sie ist das Signal Cadornas, mit der Attacke der Fußtruppen auf die Porta Pia zu beginnen. Dann schweigen auch die päpstlichen Geschütze. Ein Moment seltsamer Stille entsteht. Spontan erklingt aus Hunderten von Kehlen der Regimentsmarsch der Zuaven: »*Partez, partez noble fils de la France. Fils de croisés, c'est Dieu qui vous conduit ! Glorie à vous, chevaliers de Saint Pierre ! …* Vorwärts, vorwärts, Frankreichs edle Söhne! Der Kreuzfahrer Söhne, es ist Gott, der Euch führt. Ruhm Euch, St. Peters Ritterschar!« In der Mitte der Bresche steht Hauptmann Berger vom 2. Battalion der Zuaven, in der einen Hand die Pistole, in der anderen den zum Himmel erhobenen Degen. Als die letzten Worte des Liedes verklungen sind, donnert dem Feind ein »*Viva Pio Nono*« entgegen, und aus den Gewehren der 300 Zuaven wird Salut geschossen.

In drei Kolonnen (Bersaglieri und Infanterie) bewegen sich die Italiener auf die Porta Pia und die Bresche zu, vom Gewehrfeuer der Bersaglieri in der Villa Patrizi unterstützt. Es kommt zu heftigen Gefechten, viele Zuaven und Italiener werden verwundet, sterben. Hauptmann Francois de France vom päpstlichen Generalstab hat zu Pferd das Terrain erreicht. Er führt eine weiße Fahne mit sich und ruft unablässig: »Das Feuer einstellen! Das Feuer einstellen!« Doch um ihn herum wird geschossen, Rauchschwaden behindern die Sicht. Dann bäumt sich sein Pferd auf – und die Fahne entgleitet ihm aus seinen Händen. Ein Offizier der Zuaven, Leon Monduit, hebt die Fahne auf, läuft im Kugelhagel auf die Bresche zu, steigt auf das zerschossene Mauerwerk und schwenkt für alle deutlich sichtbar die weiße Fahne. Doch noch wird weiter geschossen, obwohl die Zuaven ihre Waffen schweigen lassen. Ein Offizier der Italiener gibt seinen Leuten schließlich das Zeichen, desgleichen zu tun.

Klemens Eickholt, selber noch bei der Porta San Giovanni anwesend, schildert die Ereignisse bei der Porta Pia »auf Grund der in den päpstlichen Archiven aufbewahrten militärischen Berichte und Depeschen«: »Der Befehl zum Einstellen der Feindseligkeiten langte bei Porta Pia an, bevor die zum Sturm bestimmten italienischen Bataillone angetreten waren. Die Päpstlichen gehorchten dem Befehl und hörten im Vertrauen auf die Loyalität des Gegners sofort mit den Feindseligkeiten auf. Aber wie konnte man ein ehrenhaftes Verhalten von der Regierung eines Viktor Emanuel und von seinen Söldnern erwarten! Einige Bataillone nehmen im Sturmlauf die unverteidigte Bresche. Sie stürzen sich in die Stadt gegen alles Recht und gegen jeden Brauch, während doch überall die weiße Fahne aufgezogen und dadurch kundgetan war, daß auf beiden Seiten die Feindseligkeiten so lange aufzuhören hätten, bis die Verhandlungen wegen der Übergabe entweder erfolgreich waren oder abgebrochen wurden.«

Eickholt merkt an: »Mußten Cadorna und der Generalsstabschef Corvetto nicht schämen, wenn sie in ihren Berichten an der Wahrheit vorbei drücken wollten, indem sie angaben: es sei beim Anlauf auf die Bresche noch zu einigen Kämpfen gekommen, da die weiße Fahne entweder noch nicht gehißt worden sei oder doch noch nicht bemerkt wurde. General Masi, der mit dem 39. Regiment durch Porta Pia eingezogen sei, habe die weiße Fahne allerdings bemerkt und sofort halten lassen, auch gehört, wie an verschiedenen Stellen das Signal ›Feuer einstellen!‹ erschallt sei; aber die Stürmer der Bresche hätten in ihrem Eifer weder die weiße Fahne bemerkt noch auf das Signal acht gegeben«

Die Kapitulation

Bereits um 5.45 Uhr des 20. September hat der Papst in seinem Arbeitszimmer Platz genommen. Gegen 7.00 Uhr treffen die Mitglieder des Diplomatischen Corps im Apostolischen Palast ein. Eine Viertelstunde später feiert Pius IX. in seiner Privatkapelle die heilige Messe – in Anwesenheit von Kardinalstaatssekretär Giacomo Antonelli und der Diplomaten. Nach dem Gottesdienst zieht sich der Papst in seine Gemächer zurück. Um 8.45 empfängt er in seiner Privatbibliothek das Diplomatische Corps: die Botschafter von Bolivien, Preußen, den Niederlanden, Belgien, Portugal und Brasilien sowie die rangniederen Vertreter von Österreich, Frankreich, Spanien, Bayern und Monaco. Gegen 9.20 Uhr wird die Zusammenkunft von Kardinal Antonelli unterbrochen. Der Verbindungsoffizier zum Kriegsministerium, Oberstleutnant Filippo Carpegna, ist eingetroffen. Er informiert den Papst über den Zustand der Bresche.

Dann kommt der Papst wieder mit den Diplomaten zusammen, und schon bald wehen die weißen Fahnen über den Dächern von Rom. Pius IX. bittet die europäischen Diplomaten, sich zu General Cadorna zu begeben und bei ihm für die päpstlichen Soldaten einzutreten. Der Weg zur Villa Albani, wo Cadorna sein Hauptquartier aufgeschlagen hat, wird für die ausländischen Vertreter kein leichter werden. Bei der Bresche müssen sie ihre komfortablen Kutschen verlassen, in ihren Galauniformen über die Trümmer steigen und den Gang zur Villa mühsam zu Fuß antreten – belächelt und verspottet von den italienischen Soldaten. General Cardorna empfängt die Diplomaten mit Höflichkeit, lehnt aber ein Mitwirken an den Verhandlungen kategorisch ab – es kommt, wie es Graf Harry von Armin, der Gesandte des Norddeutschen Bundes (Preußen), formuliert, zu einem bloßen »*acte de présence*«.

Um 14.00 Uhr trifft General Kanzler in der Villa Albani ein. Die Verhandlungen mit Cadorna finden in einer äußerst kühlen Atmosphäre statt und enden nach etwa einer Stunde gegen 15.00 Uhr.

Die Kapitulation sieht zunächst sechs Punkte vor:

1. Die Stadt Rom, den Teil ausgenommen, die im Süden von den Bastionen von S. Spirito, den Vatikanischen Hügel und das Kastell Sant'Angelo umschließt und die Leoninische Stadt bildet; die vollständige Armierung, Fahnen, Waffen, Pulvermagazine, alles, was zur Verwaltung gehört, werden den Truppen Seiner Majestät des Königs von Italien überliefert.
2. Die ganze Besatzung des Platzes zieht unter Kriegsehren ab, mit Fahnen, Waffen und Gepäck. Nach den militärischen Honneurs liefert sie Fahnen und Waffen aus; nur die Offiziere behalten Degen, Pferd und was sie sonst besitzen. Zuerst marschieren die fremden Truppen ab. Dann in Folge die übrigen nach der Schlachtordnung, die Linke an den Kopf gelegt. Der Abzug soll morgen früh 7.00 Uhr stattfinden.
3. Die auswärtigen Truppen werden gesondert, und dann sofort (*subito*) in ihr Vaterland entlassen, auf Kosten der italienischen Regierung, welche sie von morgen ab durch die Eisenbahn bis an die Grenzen ihrer Heimat befördert. Der Regierung bleibt es überlassen, ob sie das Anrecht auf Pension in Erwägung ziehen will oder nicht, welche die Entlassenen der Regel nach von der päpstlichen Regierung beanspruchen könnten.
4. Die eingeborenen Truppen werden ohne Waffen, aber mit den ihnen jetzt zustehenden Löhnungen zur Disposition gestellt, der Regierung bleibt es vorbehalten, über ihre künftige Stellung zu entscheiden.
5. Im Lauf des morgigen Tages sollen sie (zunächst) nach Civitavecchia befördert werden.
6. Von beiden Seiten ernannt wird eine Kommission, zusammengestellt aus einem Offizier der Artillerie und einem des Pionierkorps sowie einem Funktionär der Verwaltung, für die Ausführung des Artikels 1.

Am 21. September wird General Cadorna mit einem Schreiben aus der Villa Albani die Kapitulationbeschlüsse konkretisieren und erweitern, so sollen die Palastgarden des Papstes – Nobelgarde, Palatingarde und Schweizergarde – weiter ihren Dienst innerhalb der vatikanischen Mauern ausüben dürfen. Später wird noch die Duldung der *Compagnia Scelta* der Päpstlichen Gendarmerie für den Bereich des Vatikans hinzukommen.

Noch am 20. September sendet Kardinalstaatssekretär Giacomo Antonelli an die italienische Regierung eine offizielle Protestnote, in der er mitteilt: »Im Angesicht dieser Tatsache, die vor den Augen ganz Europas sich vollzogen hat und durch welche die geheiligten Grundsätze allen Rechts und besonders die des Völkerrechts unter die Füße getreten werden, hat Seine Heiligkeit dem unterzeichneten Kardinalstaatssekretär befohlen, Einspruch und lauten Protest zu erheben, so wie er hiermit wahrlich in seinem erhabenen Namen reglementiert und protestiert gegen die unwürdige und sakrilegische Beraubung des Besitzes des Heiligen Stuhls, die stattgefunden hat; indem er zugleich den König und seine Regierung verantwortlich erklärt für alle Schäden, die für den Heiligen Stuhl und für die päpstlichen Untertanen aus dieser gewaltsamen und ruchlosen Anmaßung fremder Rechte hervorgehen. Seine Heiligkeit hat ferner befohlen zu erklären, wie es der Unterzeichnete hiermit in ihrem erhabenen Namen tut, dass diese Usurpation ohne jede Folge, nichtig und wirkungslos ist und dass sie auf die unbestreitbaren und legitimen Rechte der Herrschaft und des Besitzes sowohl des Heiligen Vaters als auch seiner Nachfolger auf ewige Zeiten nicht einwirken kann.«

Vom Mob belästigt

Der deutsche Artillerist Eickholt beschreibt, wie der in die Stadt miteingedrungene Mob die Soldaten des Papstes belästigte: »Sie wurden von dieser Canaille schmählichst verhöhnt und beschimpft. Sodann verbreitete sich das Gesindel durch die Stadt. Sie forderten Beflaggen der Häuser, raubten und stahlen in den päpstlichen Kasernen und in den Offizierswohnungen. Ich selbst habe wertvolle Sachen durch die

Diebereien der ›Befreier‹ eingebüßt. Die Räubereien waren so systematisch vorbereitet, daß sogar Barken auf dem Tiber, von diesem Gesindel besetzt, an den Brücken auf der Lauer lagen. Sie fingen die Beute auf, die von den Raubgenossen ihnen zugeworfen wurde.«

Er berichtet über das Schicksal zweier Kameraden: »Die Grafen Xaver Kessenbrock und Franz Stolberg waren nach der Kapitulation in ihre Wohnungen geeilt. Sie hatten dort Zivilkleidung angelegt und wollten zum Petersplatze eilen. Auf der Engelsbrücke wurden sie als päpstliche Offiziere erkannt. Sie wären von der Canaille in den Tiber geworfen worden, wenn nicht im letzten Augenblick italienisches Militär sie gerettet hätte.«

Der Mob machte sich der Ewigen Stadt derart unverschämt breit, dass sogar ein liberales Blatt, die Nazione aus Florenz, sich über die Rücksichtnahme der Regierung gegenüber diesem Vorgehen empört zeigte. Sie beklagte in ihrer Ausgabe vom 24. September: »Rom war wie eine *res nullius* (›herrenloses Gut‹) allen Urhebern der Unordnung und der Aufwiegelung preisgegeben, allen politischen Klopffechtern und allen Anarchisten von ganz Italien. Man sollte meinen, Rom wäre zur Senkgrube von allen Unrat des übrigen Italiens gemacht worden.«

Eickholt selber erlebte bei der Ponte Rotto eine bedrohliche Situation: »Dort vor einer Kneipe, an der die italienische Trikolore ausgesteckt war, befand ich mich plötzlich einem Volkshaufen gegenüber, der drohende Haltung annahm. Schon wollten meine Leute ihre Karabiner laden, doch ich verbot es ihnen. Ich ritt auf den Pöbelhaufen zu und sagte in aller Ruhe: ›Meine Herren, gehen Sie sofort auseinander und stellen sie sich an den Häusern in Reihe auf. Ich will keinen Ruf von Ihnen hören, weder ein Evviva! noch ein Abasso! Ihren Freunden haben wir unsere Granaten zugeschickt, aber wir haben noch alle unsere Kartätschen. Ein Wort von Ihnen, oder einen Schritt voran, dann können Sie davon genießen‹. Es war ein Vergnügen zu sehen, wie das Gesindel auseinanderstob und schier die Wände eindrückte!«

Der Korrespondent einer deutschen Zeitung berichtet aus Rom: »Es brauchte nur Jemand mit den Fingern auf einen Vorübergehenden zu weisen und auszurufen; das ist ein verkleideter Soldat! damit der Pöbel sich über ihn herstürzte und ihn unbarmherzig massakrirte. Viele Privatrachen sind auf diese Weise vollzogen worden. Verwundete Soldaten wurden aus den Privatquartieren gewaltsam auf die Strasse hinabgerissen und dort erdolcht, unter Anderen der Zuave Alphonse Velva, ein Belgier. Für den Abend war allgemeine Beleuchtung angesagt. Auf Kommando der Sekte öffneten sich die Thore der Gefängnisse und die Galeeren-Sträflinge wurden als befreite Brüder willkommen geheißen. Ein vom Heiligen Vater von der Todesstrafe zu lebenslänglicher Zwangsarbeit begnadigter Mitschuldiger am Attentate der Serristori-Kaerne wurde gar unter Fackelbeleuchtung im Triumphe durch den Corso geführt. Bei der portugiesischen Gesandschaft und dem Schweizer Konsulate wurde das päpstliche Wappen gewaltsam abgerissen und bei der preussischen Gesandtschaft das Gleiche nur mit Mühe verhindert.«

Abschied von Rom

Die Regimenter des päpstlichen Heeres haben sich nach der Kapitulation in die Leostadt zurückgezogen und auf dem Petersplatz ihr Quartier aufgeschlagen. Der Schweizer Eduard Wymann beschreibt die Szene mit den Worten: »Am Abend des 20. Septembers lagerten sich die päpstlichen Truppen um den Obelisken auf dem Petersplatze. Die Strapazen und die seelischen Erregungen der letzten Tage forderten endlich gebieterisch Schlaf und Ruhe, aber tausend Gedanken, Erinnerungen und Fragen jagten in dieser Nacht durch das Gehirn und scheuchten wieder den Schlummer von den müden Lidern. Mit wachsender Frische strich vom Meere herauf die Abendluft durch die Kolonnaden über den schönsten Platz der Welt. Die beiden berühmten Springbrunnen, in ihrem Steigen und Sinken und in ihrem Regenbogengefunkel selber ein Abbild der Geschicke Roms, plätscherten und schwelgten sorglos in sprudelndem Überflusse, als wäre nichts geschehen. In nimmermüdem Spiel schleuderten sie ihre schäumenden Fluten zur Höhe, den lässig herabfallenden Massen zum lustigen Kampfe entgegen.«

Am folgenden Morgen, um 10.00 Uhr, wird den kommandierenden Offizieren der Tagesbefehl des Waffenministers mitgeteilt, das *addio* an die Truppen und die Modalitäten des *defilè*. Auf den Stufen, die zum Petersdom führten, liest Major Fortunato Rivalta vom Generalstab der päpstlichen Armee den letzten *Ordine del Giorno* von General Kanzler vor: »*Uffiziali, Sottouffiziali, Soldati! E giunto il momento fatale in cui dobbiamo separarci ed abbandonare il Servizio di Sua Santità* ... Offiziere, Unteroffiziere, Soldaten! Es ist der verhängnisvolle Augenblick gekommen, in dem wir uns trennen müssen und vom Dienst bei Seiner Heiligkeit Abschied nehmen, der mehr wie jede andere Sache in unserem Herzen verankert ist. Rom ist gefallen. Aber dank Euch, Eurer Treue ist sie ehrenhaft gefallen [...] Seine Heiligkeit hat sich entschieden, alle seine Soldaten von ihrem Treueeid zu entbinden. Der General und Pro-Minister Kanzler«.

Eine dreiviertel Stunde später erscheint der Papst an einem Fenster des Apostolischen Palastes. Nach einem Augenblick völliger Stille entsteht aus einem einzigen *Viva Pio IX* ein tausendfacher Ruf. »*L'entusiasmo si mutò presto in delirio*«, beschrieb ein Augenzeuge die aufgewühlte Stimmung. Die Zuaven, Dragoner und Artilleristen rissen ihre Gewehre empor und erwiesen dem Papst einen Salut, der in der ganzen Leostadt zu hören war. Dann erfolgte wieder ein Moment der Stille – das Heer kniete zum Apostolischen Segen nieder: »*Benedictio Dei Omnipotenti Patris et Filii et Spiritus Sancti descendat super vos* ... – Der Segen des Allmächtigen Gottes, des Vaters, des Sohnes und des Heiligen Geistes komme über euch ...«. An dieser Stelle brach der Segen unvermittelt ab. Die weiße Gestalt des Papstes war vom Fenster verschwunden. Pius IX. hatte einen Schwächeanfall erlitten und war erschöpft in die Armen der beiden diensttuenden Geheimkämmerer gesunken.

Da beim Abzug der päpstlichen Truppen Beschimpfungen und Übergriffe des Mobs, der sich im Tross der italienischen Truppen mit in die Ewige Stadt begeben hat, zu befürchten sind, hat der französische Gesandte bei General Cadorna erwirkt, dass die Armee des Papstes nicht durch die ganze Stadt ziehen muss. So zieht das päpstliche Heer gegen 11.00 Uhr, vom Petersplatz durch die Porta Cavalleggeri den Gianicolo hinauf zur Porta San Pancrazio, um auf freiem Feld die Waffen niederzulegen. Angeführt von den Generälen Zappi und de Courten – General Kanzler fehlt auf Anweisung des Staatssekretariates – marschieren die Bataillone der Zuaven und der *Legione Romana,* die *Carabinieri esteri,* die Bataillone des Linien-Regiments und der Jäger, die Dragoner, die Artillerie, das Pionierkorps und die Armeedienste an den Generälen Cadorna und Mazè del la Roche, die dort mit ihren Truppen warten, vorbei.

Cadorna muss bei der Zeremonie zwei Unannehmlichkeiten ertragen. Auf dem Gianicolo hat sich (ohne dazu eingeladen worden zu sein) auch General Bixio mit seinen Einheiten eingefunden. An Kuriosität kaum zu überbieten ist das plötzliche »Auftreten« eines Diplomaten: »Hinter einer Hecke versteckt – er wollte bei dem päpstlich-italienischen Vorgang offiziell nicht dabei sein – wartete wer? Graf Armin, der Gesandte des Norddeutschen Bundes. Er war auf Bitten von Kardinal Antonelli zu Cadorna geeilt und hatte in gerade in dem Augenblick erreicht, als der Vorbeimarsch der päpstlichen Soldaten begann. Der Staatsekretär bat dringend um die Besetzung der Leonischen Stadt, da man im Vatikan um die persönliche Sicherheit des Papstes bangte« (Gustav Seibt).

Die *Italie,* eine liberale, der italienischen Regierung nahestehende Zeitung, schreibt über die Waffenstreckung der päpstlichen Truppen: »*Essi hanno fatto la loro sfilata con una fierezza, una dignità che imponeva rispetto. Nessuna trivialità, nessun grido; un ordine perfetto, un contengo esemplare* – Sie defilierten in würdevoller, strammer Führung, die Achtung gebot. Nirgendwo eine Taktlosigkeit, kein Schrei, überall vollendete Ordnung, mustergültige

Haltung«. Nur einige Angehörige der französischen Legion können es sich nicht versagen, »*Au revoir, à bientot!* – Auf Wiedersehen, bis auf bald!« zu rufen, was bei Bixio einen Wutausbruch hervorruft. Als die Fahnen der päpstlichen Regimenter dem Feind übergeben werden, fehlt die des Zuavenregiments: Hauptmann Auguste de Fumel, ein Offizier des Generalstabes, hat sie unter seinem Gewand versteckt, um die Brust gewickelt, an den Italienern vorbei getragen.

Der Weg in die Kriegsgefangenschaft

Eine Schweizer Zeitung schreibt: »Nach der Waffenstreckung wanderten die päpstlichen Gefangenen unter italienischer Bewachung über das offene Gelände nach Ponte Galera und fuhren von da mit der Eisenbahn nach Civitavecchia, wo die einheimischen Truppen ausgeschieden und in Depots gesammelt wurden. Auch die fremden Soldaten trennte man nach Nationen und schob sie je nach Transportgelegenheit möglichst bald in ihre Heimat ab. Die Nordländer gelangten zum größten Teil mit dem Dampfer Città Alessandria nach Genua. Die Franzosen vom Zuavenregiment kamen am 25. September zur Verladung und wurden am 27. in Toulon ausgeschifft.«

Über den Marsch zur Eisenbahnstation berichtet Klemens Eickholt: »In aufgelöster Ordnung zogen wir scharenweise durch die Campagna, rechts und links von Infanterie und einer Schwadron Kavallerie bewacht. Die Infanterie benahm sich taktvoll. Einige zeigten sich als gute Katholiken und bedauerten lebhaft, gezwungenermaßen an dem gottesräuberischen Zuge teilnehmen zu müssen. Einer öffnete seine Patronentasche und sagte mir: ›Sehen Sie, ich habe gottlob keinen Schuß getan!‹ Bei der Kavallerie waren einige rohe Burschen, die im Vorbeireiten uns verhöhnten. Indessen gab's auch gute Leute dabei. Ein Lanzenreiter wollte einen verwundeten Carabinierisergeanten, dem das Marschieren schwer wurde, vorantreiben. Doch er kam schlecht an. Sein Wachtmeister ritt herzu und schrie ihn an: ›Verdammter

Rekrut, was nimmst du dir da einem alten Soldaten gegenüber heraus!‹ Und ein paar gesalzene Hiebe mit der Reitpeitsche gaben der Mahnung gehörigen Nachdruck.«

Die Zuaven ruft Oberst Allet auf der Fregatte *Orenoque* zusammen, dort feiert man die heilige Messe. Danach präsentiert Hauptmann de Fumel die Fahne des Regiments, die er vor den Italienern gerettet hat und der man jetzt ein letztes Mal die militärischen Ehren erweist. De Fumel zerschneidet nun die Fahne in winzige Teile, die an alle Offiziere und einen Großteil der Unteroffiziere und Mannschaften verteilt werden. Oberst Allet verabschiedet sich von seinem Regiment mit den Worten: »*Zouaves! En vous transmettant le adieux du général de Courten* … Zuaven! Im Auftrage von General de Courten übermittle ich Euch seine Abschiedsgrüße. Ich schließe mich dem Lob, das er Euch gegenüber ausspricht und das ihr mehr als verdient habt, voll und ganz an. Wenn es etwas gibt, das den Abschiedsschmerz lindern könnte, dann ist es die Erinnerung an die zehn Jahre, die wir miteinander verbracht haben. Wenn ich da und dort Gutes getan habe, dann hole ich mir bei Euch den Lohn, und ich werde ihn schon in reichstem Maße besitzen, wenn ich in Eurer Erinnerung weiterlebe! Das Schicksal lässt uns getrennte Wege gehen, aber ein Gedanke wird uns stets verbinden: die Einsatzbereitschaft und der Glaube, die uns für eine gerechte Sache Seite an Seite haben kämpfen lassen. Adieu, meine Herren!«

Dann verlassen alle das Schiff. Die Franzosen unter ihnen schiffen sich mit ihren Kameraden aus den anderen Einheiten auf der *Hyssus* und *Vaticano* ein, die am 25. September, um 10.00 Uhr vormittags, auslaufen und die Soldaten nach Toulon bringen, wo sie am 27. September eintreffen. Die Belgier werden auf dem Eisenbahnweg nach Chiasso verbracht, von wo sie in Gruppen oder allein und auf eigene Kosten durch die Schweiz nach Köln in ihre Heimat gelangen müssen. Die Schweizer werden direkt nach Como transportiert, wo man sie dann freilässt. Die Deutschen schafft man zunächst nach Genua, dann nach Verona und gibt ihnen bei Ala (Trentino) an der Grenze nach Österreich die Freiheit, oder man transportiert sie nach Triest. Die Engländer und Iren schiffen die Italiener in Livorno in Richtung der Britischen Inseln ein. Einheimische ehemalige päpstliche Soldaten werden, wenn sie Offiziere sind, nach Alessandria verbracht, Truppenangehörige nach Alessandria, Turin, Pizzighettone, Peschiera, Verona, Manuta und anderen Orten.

Der ehemalige päpstliche Artillerist Klemens August Eickholt berichtet in seinen Erinnerungen, wie beschwerlich die Heimreise für ihn und seine Kameraden ist – aber auch wie bereitwillig man ihnen in der Schweiz und in Deutschland hilft. Die Fahrt in die Heimat endet für Eickholt und seine Begleiter dann doch mit einer eher humoristichen Begebenheit: »Schon in Köln und an den folgenden Stationen hatte ich gemerkt, daß niemand zu uns einsteigen wollte. Bald sollte ich den Grund erfahren. In Oberhausen kam ein recht behäbiger westfälischer Schulze mit seiner ebenso stattlichen Gattin an unser Abteil und wollte herein. Da entdeckte die Frau unsere beiden Zuaven. Kräftig ergriff sie ihren Mann bei den Rockschößen und rief: ›Vader, do stieg nig in, do sittet jä die leigen Diers in, de Turkos!‹

Nun war mir plötzlich klar, weshalb jedermann bisher unser Abteil gemieden hatte: man hatte wegen der ähnlichen Uniform die beiden Zuaven für Turkos [Türken] gehalten. Doch der Schaffner drängt: ›Wenn Sie mitwollen, steigen Sie ein, der Zug fährt ab!‹ ›Kumm men to, Muoder‹, meinte Vader, ›se wäret us doch wul nig friäten. Un dann könn wie auk no üm Hölpe schreien.‹ Damit schob er Moder in den Abteil. Ob er dachte, wenn das ›Friäten‹ losgehen, würde besser mit Moder angefangen – mit festem Schwung drückte er Moder auf die Bank neben den mit seinem langen Barte recht gefährlich aussehenden ›Turko‹ und setzte sich selbst an meine Seite.

Meinen Leuten gab ich ein Zeichen, still zu sein. Innerlich belustigt, harrten wir der Entwicklung des Dramas. Moder drückte sich ängstlich an die Wand des Abteils und starrte vor sich hin. Als der Zug in Bewegung war und zum ›Friäten‹ gar keine Anstalten gemacht wurden, bekam Moder Mut. Sie rückte näher. Mit neugierigen Blicken, die bei einer westfälischen Bäuerin so fest werden können, daß man sie am Leibe spürt, betrachtete sie den ›Turko‹ von oben bis unten. Dann wandte sich dieser, ein gemütlicher Sauerländer, plötzlich an Moder: ›Jä, Muoder, so en Kiärl häw Sie wul no nig seien?‹ Moder prallte zurück. Auch Vader fuhr auf: ›Um Guotes willen, war sin Sie denn füör Lüe?‹ rief er aus.

Als ich dann erklärte, wir seien päpstliche Soldaten, die aus der Gefangenschaft in die Heimat zurückkehrten, da hatten Vader und Moder große Freude, daß sie uns getroffen. Vader bedauerte nur, uns ›nichts Rechtes‹ anbieten zu können. Um wenigstens seinen guten Willen zu zeigen, zog er in Dortmund, wo die beiden ausstiegen, eine dicke silberne Schnupftabakdose aus der Tasche und gab jedem eine Prise.«

X. KAPITEL

Die Soldaten des Papstes nach dem Ende des Kirchenstaates

Der italienische Generalstabsoffizier und Militärhistoriker Attilio Vigevano wird mehr als ein halbes Jahrhundert später von dem »psychologischen Drama einer Armee, die nicht kämpfen durfte«, von dem »blassen Ende eines guten Heeres« sprechen.

Päpstliche Soldaten im Dienst nach dem 20. September 1870

Noch zehn Tage nach der Einnahme Roms befand sich im Quirinal eine Abteilung *Veterani* (Veteranen) der Päpstlichen Schweizergarde, die dort weiterhin ihren Dienst versah. Am 1. Oktober wurde sie von den neuen Machthabern aufgefordert, den Stadtpalast des Papstes zu räumen. Zwei Tage später verließen die Veteranen die Stätte, wo sie und viele ihrer Kameraden dem Papst seit dem Pontifikat Gregors XIII. (Ugo Boncompagni, 1572–1585) treu gedient hatten. Bei ihrem Weggang aus dem Quirinalspalast hatten die Eidgenossen alle Räumlichkeiten sorgsam verschlossen. Nun aber sollte der Palast für Viktor Emanuel II. in Besitz genommen werden. Königliche Emissäre verlangten, die Schlüssel der einstigen Papstresidenz unverzüglich auszuhändigen. Als Pius IX. von der Forderung hörte, sagte er: »Seit wann brauchen denn Diebe Schlüssel? Sie haben doch Dietriche und Brecheisen!«

Neben ihren militärischen Verpflichtungen im Kirchenstaat hatten die päpstlichen Dragoner besondere Aufgaben in der *Anticamera Pontificia*, den Vorzimmern der Gemächer des Papstes, übernommen. Zwei von ihnen waren Tag für Tag in der Sala dei Sediari, dem »Saal der Sesselträger«

postiert; dort standen sie dem *Maestro di Camera* (Obersthofkämmerer) zur Verfügung, um Billette für die Audienzen oder dringende Botschaften zu überbringen. Dieser Dienst endete am 20. September, wurde aber von Papst Leo XIII. (Gioacchino Pecci, 1878–1903) im Jahre 1878 wieder eingeführt: »Im Damasushof stand ihnen dabei immer ein Pferd zur Verfügung. Es war an einem Ring angebunden, der heute noch in der Wand sichtbar ist – zwischen der kleinen Tür der alten Wache der Gendarmen und dem Bogen, der in Marschallshof führt« (Antonio Martini).

Die Kapitulation vom 20. September sah die Auflösung aller militärischen Formationen des päpstlichen Heeres vor. Eine schriftliche Klarstellung von Cadorna erlaubte, dass die Palastgarden des Papstes (Nobelgarde, Palatingarde, Schweizergarde) weiterhin ihren Dienst innerhalb der vatikanischen Mauern ausüben durften – »*Le guardie nobili, palatine e ex-svizzere, essendo guardie speciali di Sua Santità, resteranno in piena libertà di continuare il loro servizio*«. Die Päpstliche Gendarmerie durfte im »Miniformat« weiterbestehen, reduziert auf eine 100 Mann starke Compagnia Scelta und nur zum Schutz des Apostolischen Palastes und des Vatikans. Ein kleines Geheimnis rankte sich um die Mannschaftsstärke der Compagnia Scelta. Zum Zeitpunkt der Kapitulation bestand die Einheit aus ungefähr fünzig bis sechzig Mann, wenige Stunden später »erreichte« sie den Sollbestand von 100. Die Gendarmerie verfügte ebenso wie der Polizeidirektor von Rom über eine Anzahl von Informanten und »Geheimagenten«. Um diese vor Übergriffen des Mobs und kirchenfeindlicher Kräfte zu schützen, waren sie unverzüglich in die Kompanie integriert worden.

In den Jahren nach 1870 waren der Vatikan und seine Sicherheitsorgane – insbesondere die Gendarmerie – immer wieder Übergriffen ausgesetzt. Als sich im April 1872 päpstliche Gendarmen in Zivilkleidung zum Dienst in den Vatikan begaben, wurden sie auf der Straße von Passanten – einige trugen die Uniform der italienischen Nationalmiliz – angegriffen. Einer der Gendarmen fand dabei den Tod, zwei weitere wurden durch Stiche schwer verletzt. In und um den Apostolischen Palast herum blieb man von Seiten des Heiligen Stuhls nicht untätig; die Päpstliche Gendarmerie errichtete Absperrungen und verdoppelte ihre Wachen. Tunnel, die seit alter Zeit die Papstresidenz mit Gebäuden im Borgo verbanden, wurden zugeschüttet und vermauert.

Päpstliche Soldaten in fremden Diensten

Nach dem Ende des Kirchenstaates hatten viele der ehemaligen päpstlichen Soldaten den Waffenrock nicht ausgezogen. Baron Athanase de Charette und ein Großteil der aus Frankreich stammenden Zuaven stellten sich als »Legion des Volontaires de L'Ouvest« für den Kampf in der Heimat zur Verfügung. Unter dem Herz-Jesu-Banner fochten sie in Orleans (11. Oktober 1870) und Patay (2. Dezember 1871) gegen die deutschen Armeen, ebenso bei Loigny. In den Stimmen aus Maria Laach (I. Band, 1871) liest man: »General de Charette, noch im vorigen Jahre Oberstlieutenant des päpstlichen Zuavenregiments, der aus seinen im Dienste des hl. Vaters gewesenen Landsleuten und Neugeworbenen, die ›Legion des Westens‹ mit markirtem katholischem Gepräge gebildet hatte, wollte am 28. Mai einen ritterlichen Act christlichen Bekenntnisses vollziehen, in dem er sein Regiment dem heiligen Herzen Jesu weihte.«

In seinem Tagesbefehl vom 27. Mai 1871 erwähnt De Charette, dass die französische Kammer erstmals seit der Revolution öffentliche Gebete angeordnet hat, er sieht die Zeit gekommen, durch die Weihe des Regiments an das Herz Jesu ein weitere Zeichen für die Religion zu setzen. Er betont jedoch: »Obwohl ich im Namen des Regiments diesen Akt vollziehe, ist diese doch für niemanden verbindlich, aber ich brauche Ihnen nicht zu sagen, wie glücklich und stolz ich wäre, wenn ich morgen Sie alle in meiner Umgebung sehen dürfte. Ich zähle auf Sie, meine Herren!« Am nächsten Tag hat sich das Regiment zur seiner Weihe vollständig eingefunden. De Charette tritt an den Altar und spricht: »Im Schatten dieser Fahne, die mit dem Blute unserer teuersten Opfer gefärbt ist, vor eurem Angesicht, Freiwillige des

Westens, päpstliche Zuaven, weihe ich, Baron de Charette, der ich die hohe Ehre habe, euch zu befehligen, euch dem göttlichen Herzen Jesu und rufe mit euch von meinem ganzen Herzen als Soldat und von meiner ganzen Seele zu ihm: Herz Jesu, rette Frankreich!« Auf den Straßen applaudierte man der Legion und rief ihr zu: »Es lebe de Charette! Es leben die Zuaven! Hoch dem Papste! Hoch Frankreich!«

In Spanien war es ein ehemaliger päpstlicher Zuave, der Niederländer Ignace Marie Petrus Alphonse Wils (1849-1873), der im Jahre 1872 das »Bataillon der Carlistischen Zuaven« aufstellte. Das Bataillon war errichtet worden, um für die Rechte des Thronprätendenten Don Carlos zu kämpfen. Wils ging als »Held von Igualada" in die spanische Geschichte ein – in einer deutschen Zeitschrift berichtete ein carlistischer Offizier über ihn: »General Wils hat eine echt spanische Karriere gemacht, Holländer von Geburt, gelangte er als päpstlicher Zuave nach langer Dienstzeit zum Offizierspatent. Als der Krieg in Spanien ausbrach, begab er sich, wie viele seiner Kameraden, dorthin. In den Pyrenäen, wo er krankheitshalber eine Zeit rasten mußte, traf er [Prinz] Don Alphonso, welcher zu dieser Zeit die Grenze überschritt. Wils gefiel, half das Zuavenregiment errichten und gelangte in kurzer Zeit zum Kapitän. Beim Straßenkampf in Vich rettete er mit großer Gefahr das Leben des Prinzen. Nach Besiegung und Unterwerfung der Stadt wurde Wils Oberst. Seit kurzem Brigadier, war er eine der angesehensten und beliebtesten Personen in der Armee.«

Auch für die nach Deutschland zurückkehrenden päpstlichen Soldaten scheint die Teilnahme am deutsch-französischen Krieg eine Selbstverständlichkeit zu sein. So schreibt Klemens August Eickholt in seinem Buch Roms letzte Tage unter der Tiara, als er via Eisenbahn mit seinen Kameraden die Schweizer Grenze passiert: »Wir waren wieder in Deutschland! Bald hörten wir aus der Ferne Kanonendonner, er schallte aus der Straßburger Gegend herüber, wo für Deutschlands Ehre gekämpft wurde. Unter meinen Leuten waren manche Reservisten und Landwehrmänner. In die Heimat zurückgekehrt aus dem Kampfe für die heiligen

Rechte des Vaters der Christenheit, sollten sie nun eintreten in die Reihen der Verteidiger des Vaterlandes. Alle ohne Ausnahme folgten freudig dem Rufe zu den Fahnen. Gute Katholiken sind auch gute, echte Patrioten!«

In vielen Ländern fanden sich die ehemaligen päpstlichen Soldaten in Vereinigungen und Organisationen zusammen, die anfänglich darauf abzielten, dem Papst zur Verfügung zu stehen, sobald er sie wieder benötigen sollte; später machten sie es sich – vor allem die Alt-Zuaven – zur Aufgabe, einander zu unterstützen und auf kirchlichem und sozialem Gebiet tätig zu werden.

Der Heilige Stuhl und seine ehemaligen Soldaten

General Hermann Kanzler hatte nach dem Fall Roms seinen Wohnsitz im Vatikan genommen. Er setzte sich unermüdlich um die finanzielle Unterstützung der ehemaligen päpstlichen Soldaten ein. Kanzler wurde von Papst Leo XIII. für seine Verdienste in den erblichen Adelsstand (Baron) erhoben. Der letzte Pro-Kriegsminister des Kirchenstaates verstarb am 6. Januar 1888 im Vatikan. Beigesetzt wurde er auf dem römischen Stadtfriedhof Campo Verano – in der »Cappella Kanzler«, einer Gruft, die einem militärischen Wachhäuschen gleicht. Das Terrain der Grabstätte war bereits 1861 von der päpstlichen Armee als letzter irdischer Ruheort für ihre gefallenen Soldaten angekauft worden. Oberst de Charette erwirkte bei Papst Leo XIII., dass alle noch lebenden Zuaven, die im September 1870 für den Kirchenstaat gefochten hatten, mit dem päpstlichen Verdienstzeichen *Benemerenti* ausgezeichnet wurden.

Fast sechzig Jahre nach dem Fall des alten Kirchenstaates söhnte sich der Heilige Stuhl mit dem Königreich Italien aus; der souveräne Staat der Vatikanstadt entstand. Eine Ironie des Schicksals war, dass gerade die Lateranverträge von 1929 eine weitere Verdrängung der Ereignisse bewirkten, die sich vor 1870 zugetragen hatten. So wurde nach der Versöhnung der Katholischen Kirche mit dem Königreich Italien aus der Sixtinischen Kapelle jenes Gemälde entfernt, das den Sieg des päpstlichen Heeres bei Mentana verherrlichte, ebenso die Mentana-Fahne, die sich heute in den Niederlanden befindet. Das Gedenken an die Päpstlichen Zuaven hielt man auf niedrigem Niveau. 1960 fand die Hundertjahrfeier der Trirailleurs Franco-Belges/Päpstlichen Zuaven statt. Im *Osservatore Romano*, der offiziösen Tageszeitung des Vatikans, gedachte man mit einem Artikel dieser verdienstvollen militärischen Einheit. Johannes XXIII. (Angelo Giuseppe Roncalli, 1958–1963), der eine besondere Verehrung für Pius IX. besaß, empfing die Abkömmlinge der ehemaligen Soldaten des Kirchenstaates in Audienz.

In den 1980er Jahren vollzog sich ein Wandel; so wurde im Apostolischen Palast des Laterans, im Museo Storico Vaticano, wieder der päpstlichen Soldaten und ihrer Verdienste gedacht. Im »Historischen Museum des Vatikans« wurde die Geschichte der 1870 aufgelösten Armee des Kirchenstaates und der 1970 abgeschafften militärischen Korps des päpstlichen Haushalts dokumentiert. Vor allem die Uniformen der Einheiten des päpstlichen Heeres und der Palastgarden imponierten den Besuchern. Auch andere Erinnerungen an die verschiedenen Regimenter der zuletzt gut 13.000 Mann starken Armee des Kirchenstaates waren dort zu bewundern, so die Fahnen der Artillerie und der Dragoner. Vitrinen informierten über die päpstlichen Auszeichnungen, die verdienten Streitern für die Freiheit und die Rechte des Heiligen Stuhls verliehen wurden: die diversen Abzeichen der militärischen Klassen der päpstlichen Ritterorden, das Verdienstkreuz *Pro Petri Sede* und die Medaille *Fidei et Virtuti*. Das Museum ist heute aufgelöst; ein Teil der Exponate ist in Castel Gandolfo, der ehemaligen Sommerresidenz des Papstes in den Albaner Bergen, ausgestellt.

Das Jahr 1970 hatte eine militärische Abrüstung, ja fast Entmilitarisierung des Vatikans gebracht. In einem Brief vom 14. September war Kardinalstaatssekretär Jean Villot von Papst Paul VI. (Giovanni Battista Montini, 1963–1978) mitgeteilt worden, »dass Wir nach reiflicher Überlegung und mit großem Bedauern zu dem Entschluss gekommen sind«, die Nobelgarde und Palatingarde aufzulösen. Die Päpstliche

Gendarmerie sei in eine zivile Polizei-Einheit umzuwandeln; einzig »die jahrhundertealte Schweizergarde« dürfe als bewaffnetes Korps des Heiligen Stuhls weiter bestehen bleiben. In dem Schreiben hatte Paul VI. seine Entscheidung auf das Zweite Vatikanische Konzil (1962–1965) bezogen, nach dessen Wunsch auch die Umgebung des Nachfolgers des heiligen Petrus »den religiösen Charakter seiner Mission, immer inspiriert von einer evangelischen Einfachheit« wiederzugeben habe. »Unsere in der Vergangenheit hoch verdienten Militärkorps sind daher nicht mehr zeitgemäß für einen Dienst am Heiligen Stuhl, weil die Notwendigkeiten entfallen sind, für die sie damals errichtet wurden«, erklärte sich der Papst dem Kardinal. Jean Villot informierte am 15. September die Gardekommandanten über den Entscheid des Papstes. Aus der Gendarmerie wurde die *Vigilanza* als Wachkorps der Vatikanstadt.

Drei Jahrzehnte später wurde durch ein Gesetz, das am 1. Februar 2002 in Kraft trat, aus dem *Corpo di Vigilanza* der *Corpo di Gendarmeria dello Stato della Città del Vaticano* (»Gendarmeriekorps des Staates der Vatikanstadt«). Als Erklärung für den Namenswechsel gab der Vatikan an, die Bezeichnung »Vigilanza« erwecke in der Öffentlichkeit zu sehr den Eindruck, als handle es sich bei dem Korps um eine Art von »Wach- und Schließgesellschaft«, wie sie für Museen oder ähnliche Einrichtungen üblich sei. Eine derartige Titulatur vermittle keineswegs den offiziellen Charakter dieser staatlichen Polizeieinheit. 2007 kam es zur Gründung der »Musikkapelle des Gendarmeriekorps des Staates der Vatikanstadt«, und damit zur Wiederbelebung der alten musikalischen Tradition der Gendarmerie, die im alten Kirchenstaat von so großem Können, Bedeutung und Bewunderung gewesen war.

2008 traf man die Gendarmen des Papstes in einer neuen Uniform an. Kurz vor Beginn der vatikanischen »Sommerferien« waren für die päpstlichen Ordnungshüter dementsprechende Änderungen im Dienstreglement erlassen worden. »Mit der neuen Uniform wollen wir uns wieder mehr in die Tradition zur alten Päpstlichen Gendarmerie stellen«, ließ der Kommandant des Korps, Dr. Domenico Giani, in einem Interview mit dem Osservatore Romano verlauten. Bei besonderen Feierlichkeiten in der Vatikanstadt und der Gendarmerie hatte man bereits Gendarmen als Ehrenwache in den Uniformen der alten Gendarmerie bedient (*gran gala* und *mezza gala*).

Das Patronatsfest der vatikanischen Gendarmerie am 29. September 2011 erhielt eine ganz besondere historische Prägung. Während der Feier in den Gärten der Vatikanstadt gab das Oberhaupt des Adelsgeschlechts der Ruspoli die Flagge des Kirchenstaates, die bis zur Einnahme der Ewigen Stadt durch die Truppen des Königreiches Italien am 20. September 1870 bei der Porta Pia wehte, dem Heiligen Stuhl nach 140 Jahren zurück. Bereits einen Tag zuvor hatte Fürst Don Lillo Sforza Ruspoli sie Papst Benedikt XVI. in einer Privataudienz überreicht. Eine Verwandte des Aristokraten, Donna Cristina Ruspoli, verheiratet mit Napoleone Carlo Bonaparte, einem Großneffen Kaiser Napoleons, hatte in einer Villa in unmittelbarer Nähe des Tores gewohnt, bei dem die italienischen Truppen die Bresche in die Stadtmauer Roms geschlagen hatten und in die Stadt eingedrungen waren. Cristina Ruspoli hatte die von Gewehrsalven durchschossene Fahne unter Lebensgefahr an sich genommen und ihrer Familie anvertraut.

Italienische Zeugnisse

Der italienische Politiker Giulio Andreotti (1919–2013) berichtete von den Spaziergängen, die er in seiner Kindheit mit seiner Tante Mariannina unternahm: »Es war ein tägliches ›Eintauchen‹ in die persönlichen Erinnerungen dieser Tante, die als 16-Jährige die große Wende vom 20. September 1870 miterlebt hatte. Nicht ohne einen Anflug von Ironie erzählte sie mir, dass es so manchen – dereinst papstfeindlichen – Römer gab, der ihm dann, als es mit der weltlichen Macht vorbei war, sichtlich nachtrauerte. Zu diesem Thema gäbe es – auf beiden Seiten – viel zu sagen. Meine Tante war eine unverbesserliche Papstanhängerin geblieben und vermisste sichtlich das Ritual der täglichen Nachmittagsspaziergänge in der Via Giulia, wo sie dem liebenswürdigen, großzügig Segen erteilenden Pius IX. immer die Hand küssen durfte. Die ›Piemontesen‹, wie man die Italiener nannte, hatten ihrer Meinung nach alles verdorben. Der hinter das Bronzetor des Vatikanpalastes verbannte Papst hatte abstrakter Weise vielleicht sogar eine größere Bedeutung erlangt, aber er war nicht länger jene nahe ›Obrigkeit‹, die jedermann das Gefühl gab, tatsächlich zu regieren.«

In Italien gestaltete sich das Andenken an die Soldaten der ehemaligen päpstlichen Armee als äußerst schwierig. Die Glorifizierung des Risorgimento, die Heldenepen, die um Garibaldi und andere »Patrioten« entstanden waren, die Rechtfertigung brutaler Verbrechen und blutiger Terrorakte – all dies entstellte in gravierender Weise geschichtliche Tatsachen und ließ die *Papalini* (»Päpstlichen«) als Bösewichte erscheinen.

In Mentana erinnern die *Ara Ossario Garibaldino* (Garibaldinische Altar-Grabstätte) und der *Museo Nazionale della Campagna dell' Agro Romano per la Liberazione di Roma* (Nationalmuseum des Feldzugs im römischen Umland für die Befreiung Roms) an den blutigen Herbst des Jahres 1867. Die *Ara Ossario* ist ein düsteres Monument. Einer heidnischen Altarstätte nicht unähnlich, birgt es in seinem Inneren die sterblichen Überreste der meisten in der Schlacht von Mentana gefallenen Freischärler. Fotografien, die im benachbarten Nationalmuseum aufbewahrt werden, zeigen die Feiern, die hier seit mehr als einem Jahrhundert im »nationalen Sinne« abgehalten wurden und werden: von Schulklassen, Altgaribaldinern, Monarchisten, Republikanern und Truppenabordnungen des italienisches Heeres. Das nur wenige Schritte entfernte Nationalmuseum – es soll in seiner schlichten Bauart an die Senatskurie auf dem Forum Romanum erinnern – ist nicht besonders groß, verfügt aber über eine beeindruckende Anzahl historischer Exponate. Kaum ein anderes Museum in Italien besitzt eine so reich dotierte und gut erhaltene Sammlung der Uniformen und Kleidungsstücke der garibaldinischen

Freischaren; ebenso einzigartig sind der Fundus an Bildern, Fotografien, Ordensauszeichnungen, Erinnerungsstücken der Freischärler und das ausgezeichnete Dokumenten- und Zeitschriftenarchiv.

An der Wand hingen früher – das Museum wurde kürzlich neugestaltet – die Gewehre, die bei der Schlacht zum Einsatz kamen: die der Freischaren, die Remington Rolling Block der päpstlichen Soldaten und ein Exemplar der berühmt-berüchtigten Chassepots der Franzosen. In den Schaukästen lag die Munition für die Gewehre, größtenteils in hervorragendem Zustand. Zu den Schätzen des Museums gehören verschiedene Handschreiben Giuseppe Garibaldis, das Kreuz des Fra Pantalone, des »Kaplans« der garibaldinischen Freischaren, und Memorabilia an Helena Petrowna Blavatsky (1831–1891), der Gründerin der »Theosophischen Gesellschaft«, die an der Schlacht von Mentana auf Seiten der Freischärler »teilnahm«. In die Ausstellung aufgenommen wurden auch Erinnerungsstücke an die päpstliche Armee und das französische Expeditionskorps: Fotografien der Generäle und Offiziere des päpstlichen Heeres, Bilder von Zuaven und militärische Utensilien der Papalini.

Auch heute noch sind die Ereignisse des 3. Novembers 1867 in der kleinen Ortschaft für den aufmerksamen Besucher präsent geblieben. Wer Mentana durchstreift, kann sich davon überzeugen. An der Topographie des Schlachtfeldes hat sich kaum etwas verändert. Die aus der Literatur vertrauten Schauplätze existieren noch immer. In der Nähe der Ara Ossario gibt es das ein oder andere Haus (wie die Casa Cicconetti), an dessen Giebeln und Wänden man die Einschusslöcher der berühmten Chassepots noch deutlich erkennen kann. Bei Grabungen auf den Feldern und in den Weinbergen Mentanas tauchen auch heute noch Munitionsbehältnisse aus dem Jahre 1867 auf.

Die Engelsburg war die letzte Festung des alten Kirchenstaates, die sich den piemontesischen Einheiten ergeben musste. Sie war am 20. September noch nicht eingenommen worden. Am Abend des 21. September wurde auf ihr die päpstliche Fahne eingeholt. Als die Piemontesen das

Kastell besetzten, forderten sie die Übergabe der gelbweißen Flagge. Vergebens. Trotz einer großangelegten Durchsuchung der Festung blieb die Fahne verschwunden. Verloren war sie jedoch nicht; weit mehr als hundert Jahre später sollte sie wieder auftauchen. 1985 besuchte Papst Johannes Paul II. (Karol Wojtyla, 1978–2005) die Hafenstadt Genua. Bei der Pastoralvisite überreichte Don Valdemaro Boggiano Pico dem Papst die Hissfahne der Engelsburg. Die Vorfahren des Geistlichen hatten einst auf dem Kastell in päpstlichen Diensten gestanden und die Flagge vor den piemontesischen Besatzern in Sicherheit gebracht. Die Familie Don Valdemaros hatte beschlossen, das kostbare Erinnerungsstück dem rechtmäßigen Eigentümer zurückzuerstatten. 1987 gab die italienische Post eine Briefmarke in Erinnerung an die Schlacht von Mentana heraus; das Postwertzeichen zu 380 Lire zeigt eine Szene des Gefechts.

Die Gemeinde Castelfidardo gedachte 2010 der Schlacht von 1860 zum 150-Jahr-Jubiläum mit zahlreichen, teils ungewöhnlichen Initiativen. Zu ihnen gehörte auch eine »Reportage aus der Vergangenheit«, die der Lokalsender *Radio Castelfidardo Uno* mit großem Aufwand in Szene gesetzt hatte. Unter dem Thema »*Le scuole e la battaglia di Castelfidardo*« präsentierten die Schulen der Gemeinde ihren Beitrag zum Jubiläum. Bereits zu Beginn des Jahres hatten Design-Studenten des *Centro Sperimentale Poliarte* in Ancona Entwürfe für das Logo und die Plakate der 150-Jahr-Feier vorgestellt. Neben Gedenkveranstaltungen, Vorträgen und Ausstellungen sollten »Animationen«, Kostümgruppen und Militärkapellen, anschaulich und hörbar in das Jahr 1860 zurückführen.

Am 17. März 1861 war in Turin das »Königreich von Italien« ausgerufen worden. Die zivilen und militärischen Feiern zum 150. Geburtstag des italienischen Staates im Jahre 2011, die Vielzahl der Tagungen, Symposien und Ausstellungen, die intensive Beschäftigung mit dem Jubiläum in neuen Publikationen und in den Medien bezeugen vor allem die gefestigten freundschaftlichen Beziehungen der katholischen Kirche, des Vatikanstaates und der Republik Italien zueinander. Einer der wenigen Wermutstropfen in diesem erfreulichen Umstand war auf eine mehr als nur unglücklich zu bezeichnende Initiative des Jugendministeriums der Berlusconi-Regierung zurückzuführen. Die zuständige Ministerin Giorgia Meloni hatte ein Computerspiel entwickeln lassen, dass interessierten Jugendlichen und Schulen zum Download auf der Internetseite der staatlichen Behörde angeboten wurde. Dem Ego-Shooter *Gioventù ribelle* sollte jedoch nur eine kurze Existenz beschieden sein.

Bei Kennern und Fans des Genre stieß *Gioventù ribelle* auf fast einmütige Ablehnung. Technisch entsprach es nicht einmal ansatzweise dem damaligen Standard; es verfügte über ein veraltetes Grafikdesign und stellte an den Spieler keinerlei Anforderungen. Aber vor allem durch seine »Botschaft« erregte das Game die Gemüter. Es entpuppte sich als brutales Killerspiel, das darauf zielte, dem bis 1870 existierenden Kirchenstaat durch das simple Abknallen päpstlicher Soldaten ein Ende zu bereiten; sogar die Pistole oder das Gewehr auf den Papst selbst zu richten, wurde dem Spieler ermöglicht. In einem offenen Brief empörte sich Ivan Venturi, einer der führenden italienischen Spiele-Entwickler, darüber, dass *Gioventù ribelle* Schulen als pädagogisches Hilfsmittel für den Geschichtsunterricht präsentiert wurde. Durch die massive Kritik aus den unterschiedlichsten gesellschaftlichen Lagern sah sich das Ministerium schon nach wenigen Wochen gezwungen, einen weiteren Download des Spieles zu unterbinden.

Im Heiligen Jahr der Barmherzigkeit 2016 fand am 9. November in Albano eine Zusammenkunft (*Convegno*) über Kardinal Alberti und die Cholera des Jahres 1867 statt, auf der Roberto Libera über »*Il sacrificio degli Zuavi Pontifici* – Das Opfer der Päpstlichen Zuaven« sprach. Vom 7. bis 15 Oktober 2017 kam es in Subiaco zu Feierlichkeiten und Veranstaltungen anlässlich des Gedenkens an das Zusammentreffen der Garibaldiner mit den Zuaven am 3. November 1867. »*La Campagna dell'Agro Romano del 1867*« hieß eine Reihe von Veranstaltungen, die in Montelibretti (13. und 20. Oktober), Rieti (23. Oktober) und Monterotondo (26. Oktober) stattfanden. Vom 27. bis zum 28. Oktober wurde in Mentana an die Schlacht erinnert – mit starkem garibaldinischen Einschlag (Elogien auf den Freischärlerführer und Gesänge der Freischaren). Am 28. November erinnerte man in Bagnoregio (so der heutige Name von Bagnorea) an das dortige Gefecht vor 150 Jahren. Unter dem Patronat der Region Latium und des Governatorates des Staates der Vatikanstadt fand am 16. Dezember in Subiaco eine Feier statt, bei der die Musikkapelle des vatikanischen Gendarmeriekorps auftrat und man Exponate aus der Zeit des alten Kirchenstaates zeigte sowie, eskortiert von Gendarmen des Vatikans in historischen Uniformen, die päpstliche Fahne präsentiert wurde, die am 20. September 1870 bei der Porta Pia wehte. Dom Mauro Meacci, der Territorialabt von Subiaco, zelebrierte einen Gedenkgottesdienst, bei dem der Gefallenen beider Seiten gedacht wurde.

Gedenken und Gedenkorte in Frankreich

Die großen Heiligengestalten der Zeit empfanden Bewunderung für die päpstlichen Zuaven, so das junge Hirtenmädchen, das in Lourdes die Botschaften der Muttergottes empfing. Am 17. Dezember 1876 schrieb die heilige Bernadette Soubirous (1844–1879) aus dem Kloster St. Gildard von Nevers an Papst Pius IX.: »*Il y a longtemps que je suis zouave, quoique indigne, de Votre Sainteté* ... Seit einigen Jahren habe ich mich selbst, obwohl unwürdig, als kleiner Zuave Eurer Heiligkeit bezeichnet. Meine Waffen sind Gebete und Opfer, die ich bis zu meinem letzten Atemzug einsetzen werde. Nur dann wird die Opferwaffe fallen.«

1885 rief Athanase de Charette aus Anlass des Silberjubiläums des Regiments die Zuaven zu einer Feier in die französische Ortschaft Chateauneuf de Bretagne. An die 1.500 Teilnehmer aus ganz Europa und Kanada fanden sich ein. In einer langen Ansprache gedachte Baron de Charette der vergangenen Ereignisse und gefallenen Zuaven. Im Juni 1910, bei der 50-Jahr-Feier, stand auf dem Speiseplan: »Croustades Castelfidardo, Daurades d'Ancone, Glacées à la Mentana,

Coeur de Filet de Boeuf d'Albano, Salade de Romaine und Bombe Loigny«. Ab 1892 besaßen die ehemaligen päpstlichen Zuaven sogar eine eigene Zeitschrift: *L'Avant-Garde*. Später enstand dann die bis heute existierende Association des descendants des Zouaves Pontificaux et Volontaires de l'Ouvest.

Im Château de Kerfily in Elven (Bretagne), dem Wohnsitz der Familie Charette, befindet sich eine Kapelle zu Ehren des Sacre Couer und in der Erinnerung an die Zuaven; im Chateau de Basse Monte in Aint-Pere-Marcen-Poulet, das ebenfalls im Besitz der Familie ist, befindet sich eine weitere Kapelle. Des Generals de Lamoriciere wurde in Frankreich vielfach gedacht. 1865 war der Oberbefehlshaber der päpstlichen Armee des Krieges von 1860 verstorben; er wurde in der Kathedrale Saint-Pierre-et-Saint-Paul beigesetzt und ihm ein prachtvoller Kenotaph errichtet. In Paris und Nantes tragen Straßen seinen Namen. 1920 lief ein nach ihm benanntes Passagierschiff vom Stapel (1942 sank es jedoch nach einer Havarie). Am 31. März 2019 wurde General de Lamoricière in Moulinsous-Touvent (Départment Oise in der Region Hauts-de-France) als »Père des Zouaves« ein Denkmal errichtet.

Kanada und seine Zuaven

In Kanada wurde den heimkehrenden Zuaven von der katholischen Bevölkerung des Landes ein begeisterter Empfang bereitet. In der Nähe Québecs, am Lac Megantic, entstand 1871 aus Mitteln, die durch Unterstützungsgelder für Zuaven übrig geblieben waren, eine neue Siedlung: Piopolis – zu Ehren Pius' IX. Im gleichen Jahr gründeten zurückgekehrte Zuaven die Vereinigung *Union Allet,* so benannt nach dem Kommandanten ihres Regiments. Ein Jahrzehnt später feierte man in Québec, in der Kirche Notre Dame des Victoires, mit einer heiligen Messe das Silberjubiläum des Regiments. Im Oktober 1899 modifizierte man die Statuten der Union Allet, die nun einen Beitritt von Söhnen und Abkömmlingen ehemaliger päpstlicher Zuaven ermöglichte. De Charette gab von Europa aus am 29. März 1900 seine ausdrückliche Zustimmung. 1899 begründete dann Charles-Edmont Rouleau die *Association des Zouaves de Québec.*

1912 existierte bereits ein Regiment zu drei Bataillonen: in Québec, Trois Rivières und Montreal. Jahre später zählte man gut 2.000 Mann in 44 Kompanien (jede von ihnen mit vier Bataillonen). 1935 konnte allein die Provinz Québec 1800 Mitglieder vorweisen. Die Mitglieder nahmen rapide ab in den Jahren des Zweiten Weltkrieges. Nur langsam erholte man sich von dem Mannschaftsschwund. 1955 erschienen in Québec die *Statuts, exercises et manoeuvres d'infanterie pour les zouaves canadiens.* 1960 fuhren acht Mitglieder der kanadischen »Zuaven« nach Rom, um des 100. Jahrestages der Schlacht von Castelfidardo zu gedenken. Sie wurden von Papst Johannes XXIII. (Angelo Giuseppe Roncalli, 1958–1963) in Audienz empfangen, der die Hand ihres Anführers in die seinen nahm und ihm sagte: »Meine lieben Zuaven Kanadas, ich danke euch, ich liebe euch. Fahrt mit eurem Werk fort, bewahrt die Traditionen!«

Für das Jahr 1969 gab Mario Bosi noch die Existenz von 1.000 kanadischen »Zuaven« an – verteilt auf fünf Bataillone (zwei in Montréal und je eins in Québec, Trois-Rivières und Valleyfield), hinzu kamen drei Kompanien von Kadetten in Coaticook, Drummondville und Grand'Mére. Im Chateau Ramezay gab es ein Museum; der Hauptsitz der Vereinigung war in Québec (Rue des Sables), als damaliger »Befehlshaber« fungierte Oberst A. A. Trudel. Die Mitglieder der Bataillone verbrachten alljährlich drei Tage Lagerleben – mit sportlichen Übungen und dem Exerzieren mit Gewehr und Bajonett. Die neuen Zeiten gingen auch in Kanada nicht an den Vereinigungen vorüber; das Engagement, in der heutigen Gesellschaft präsent zu sein, verblasste. Der letzte nationale Auftritt der *Zouaves Pontificaux canadiens* dürfte im Jahre 1984 die Stellung einer Ehrenformation anlässlich des Besuchs von Papst Johannes Paul II. in Kanada (Seminar von Québec) gewesen sein.

Die Niederlande, Belgien und Luxemburg

In diesen Ländern war und ist man stolz auf die Verdienste, die von Katholiken für die Verteidigung der Rechte und der Freiheit des Heiligen Stuhls geleistet worden waren. Die Kämpfer für die Sache des Papstes standen bei der Bevölkerung in hohen Ehren. Sie wurden zu staatlichen und kirchlichen Feierlichkeiten eingeladen und nahmen bei den Veranstaltungen besondere Ehrenplätze ein. Zu kirchlichen Anlässen, Kommunionfeiern und Prozessionen zog man Kindern die Uniform der Zuaven an.

Am 27. September 1946 verstarb im niederländischen Rosmaelen Petrus Verbeek, der letzte noch lebende europäische Zuave. Er gehörte zu den fast 3.200 Niederländern, die von 1860 bis 1870 im Päpstlichen Zuavenregiment gedient hatten. In Erinnerung an ihn und seine Kameraden wurde in Oudenbosch bei Breda (Brabant) ein kleines Museum errichtet, das noch heute besteht und besichtigt werden kann (Nederlands Zouavenmuseum, Am Markt 31, Postbus 198, NL-4730 AD Oudenbosch; Internet: www.zouavenmuseum.nl).

Der kleine Ort, seit 1997 der Gemeinde Halderberge einverleibt, präsentiert sich mit einer imposanten Basilika, deren Größe in keinem Verhältnis zur Zahl der Einwohner von Oudenbosch steht. Der Besucher, der das Gotteshaus zum ersten Mal sieht, reibt sich erstaunt die Augen. Er blickt auf eine Fassade, die ihn an die Lateranbasilika erinnert. Der übrige Bau versetzt ihn dann noch mehr in die Ewige Stadt, er zeigt eine unverkennbare Ähnlichkeit mit dem Petersdom in Rom. Die Baupläne für das Gotteshaus stammen aus der Feder des berühmten Roermonder Architekten Petrus Josephus Hubertus Cuypers (1827–1921), dem die Stadt Amsterdam unter anderem das Rijksmuseum und den Zentralbahnhof verdankt.

Die Kirche in Oudenbosch, die unter dem Patronat der heiligen Agatha und der heiligen Barbara steht, ist 81 Meter lang und 55 Meter breit; sie erreicht eine Höhe von 63 Metern. Die Maße der Basilika entsprechen St. Peter in Rom – in der 16fachen Verkleinerung. Und auch das Innere des

Gotteshauses ahmt die Grabstätte des Apostelfürsten nach. In der Vierung steht eine getreue Nachbildung des Papstaltares von Bernini. Vier Säulen, die auf marmornen Sockeln ruhen, tragen den Baldachin, der aus Gips gefertigt und mit vergoldeter Bronze überzogen ist. Darüber wölbt sich die gewaltige Hauptkuppel, die wie ihr römisches Vorbild als Inschrift die Primatsverheißung an den heiligen Petrus aufweist.

Die Apsis der Kirche beherbergt ebenfalls »Römisches«. Die strahlende, von Wolken und schwebenden Engeln umgebene Gloriole mit der Taube als dem Symbol des Heiligen Geistes und der prachtvolle Sakramentsaltar sind ihren Originalen in St. Peter exakt nachgebildet. Nicht einmal auf die berühmte, Arnolfo di Cambio zugeschriebene Statue des heiligen Petrus in der Vatikanischen Basilika, braucht der Besucher zu verzichten; im Mittelschiff der Kirche steht eine Kopie des bekannten Werkes. Den wichtigsten Imitaten in der Oudenboscher Basilika, dem »Papstaltar« und dem Sakramentsaltar, versuchte man sogar eine bestimmte Art von Authentizität zu geben – deren Mensen ließ man aus Steinplatten, die man in den römischen Katakomben fand, anfertigen.

Vor der Basilika, mitten auf dem Kirchplatz, findet der Besucher ein Denkmal. Es zeigt Pius IX., der einen vor ihm liegenden sterbenden päpstlichen Zuaven segnet. Das Monument verrät, warum in Oudenbosch eine Kopie des Petersdoms mit der Fassade der Lateranbasilika entstand. Die Niederländer hatten das stärkste Kontingent der Zuaven gebildet, obschon sie sich mit ihrer Einschreibung in die päpstliche Armee der Gefahr aussetzten, ihre Staatsbürgerschaft zu verlieren. Oudenbosch wurde in den Sechziger Jahren des 19. Jahrhunderts zum *Verzamelcentrum*, zum Sammelplatz der Zuaven-Anwärter, bevor diese die Niederlande in Richtung Rom verließen.

Das Entstehen der »Basiliek van de H. H. Agatha en Barbara« und ihre »römische Prägung« wären nicht denkbar gewesen ohne die damalige enge Bindung der niederländischen Katholiken an ihre Kirche und vor allen an den Nachfolger des heiligen Petrus. Die Treue zum Papst wollte man in dieser Zeit nicht nur ideell, sondern auch durch den Einsatz des eigenen Lebens bezeugen. Als Königin Beatrix der Niederlande vor einigen Jahren die Basilika in Oudenbosch besuchte, standen junge Männer in Zuavenuniform Spalier. In Oudenbousch zeigt sich die Anhänglichkeit an Rom in all ihren Nuancen. So wird die Geschichte der Päpstlichen Zuaven im *Nederlands Zouavenmuseum* vermittelt, das im ehemaligen Gemeindehaus von Oudenbosch untergebracht ist.

Noch heute finden sich in den Niederlanden Spuren dieses katholischen Freiwilligenregiments. Aus den vielen Veteranenverbänden entstanden später Chöre und Sportvereinigungen, die bis dato im Vereinsnamen die Bezeichnung »*Zouaven*« tragen. Zu den berühmtesten Chören des Königreichs zählt der *Koninklijk Tilburgs Mannenkoor Sint Caecilia,* der sich auf die Liedertafel einer Zuavenbruderschaft zurückführt. Grootebrocks Fußballklub *De Zouaven* trägt in seinem Vereinswappen die gekreuzten Schlüssel Petri. Als kulinarische Spezialität gilt in der Provinz Brabant die *Zouaventaart*. Zu der schmackhaften Torte empfahl die Nachfahrin eines Oudenboscher Zuaven dem Verfasser dieser Zeilen ein Getränk aus Harry Johnsons »Handbuch für Bartender«, den »Zuaven Cocktail« (4cl Kümmellikör, 4cl Vermouth, 1 Dash Absinth, 2 Dash Orangenbitter).

Bei Folkloreumzügen in der Wallonie (so beim *Marche du St. Madeleine* in Jumet) marschieren noch heute *Les Zouaves Pontificaux* mit. In den letzten Jahren sind in den Niederlanden und Belgien vermehrt Bücher und Zeitschriftenartikel über die Zuaven erschienen; die Geschichte des päpstlichen Elitekorps wurde auch zum Thema von Dissertationen an katholischen Universitäten, unter anderem in Leuven und Nijmwegen .

Die Vereinigung *Pro Petri Sede* (www.propetrisede.be), am 1. Oktober 1922 gegründet, umfasst Mitglieder aus Belgien, den Niederlanden und dem Großherzogtum Luxemburg; sie unterstützt heute den Papst finanziell in seinen Hilfsprojekten. Alle zwei Jahre wird sie vom Papst in Audienz empfangen. Am 16. Februar 2018 hieß Papst Franziskus ihre Mitglieder in der Sala Clementina des Apostolischen Palastes willkommen und sagte ihnen: »Liebe Freunde! Mit Freude empfange ich euch, die Mitglieder der Vereinigung »Pro Petri Sede«, die ihr zum Grab des Apostels Petrus gepilgert seid, um euren Glauben zu stärken und eure Mission der Nächstenliebe zu erneuern.

Die Schweiz und ihre päpstlichen Soldaten

Spricht man heute von Schweizern in päpstlichen Diensten, so ist in der Regel die 1506 begründete persönliche Leibgarde des Papstes gemeint, und nicht die ehemaligen Schweizer Fremdenregimenter des Heiligen Stuhls. Das gilt sogar für die Eidgenossenschaft selber. Hier haben sich ehemalige Schweizergardisten in Sektionen und einem Zentralverband zusammengefunden; sie verfügen sogar über eine eigene Zeitschrift. 2006 wurde aus der ehemaligen Artillerie-Festung von Naters im schweizerischen Kanton Wallis das Zentrum Garde, ein beeindruckendes Museum zur Geschichte der Päpstlichen Schweizergarde.

Die *Zeitschrift für schweizerische Kirchengeschichte* klagte aus Anlass eines besonderen Gedenkjahres: »Am 20. September 1920 erfüllt sich ein halbes Jahrhundert seit dem Untergange des Kirchenstaates. Obwohl von den übermächtigen Ereignissen des kaum beendigten Weltkrieges in den Hintergrund gedrängt, darf dieser Gedenktag doch nicht unbeachtet ohne geschichtliche Auffrischungen vorübergehen, denn die Einnahme Roms durch die Soldaten des geeinigten Italiens war und bleibt eine Tatsache von weltgeschichtlicher Bedeutung. Unter den Kriegern, die sich dem Heiligen Vater im 19. Jahrhundert zur Verteidigung seines rechtmäßigen Besitzes aus freien Stücken zur Verfügung stellten, nahmen die Schweizer, getreu ihren alten militärischen Traditionen und entsprechend ihrer durch die Jahrhunderte bewährten Ergebenheit gegen die römische Kirche, eine ganz hervorragende Stellung ein. In der historischen Literatur sucht man trotzdem bisher umsonst nach einer angemessenen Würdigung, insbesondere fehlt bis anhin jeglicher Versuch, die Namen jener Männer festzuhalten, die einstmals Leib und Leben für die gerechte Sache des Papstes eingesetzt und furchtlos und treu unter der weißgelben Fahne für den ehrwürdigsten und legitimsten Thron Europas gekämpft.«

Die Zeitung erwähnt lobend die ehemaligen päpstlichen Offiziere, »die ungefähr in den Jahren 1880 bis 1883 in Luzern zur Auffrischung und Pflege der alten Waffenkameradschaft zusammengekommen waren, gerade so wie auch die alten Neapolitaneroffiziere von Zeit zu Zeit sich ein Stelldichein gaben.« In diese Liste – *Etat nominatif par ordre alphabétique de MM. les anciens officiers suisses et allemands au service du St-Siège* – seien aber nur jene Offiziere aufgenommen, die damals noch lebten. Man bat nun, Ergänzungen an das Staatsarchiv Uri in Altorf zu senden: Namen solcher Männer, die nicht auf der Liste standen, die aber ganz sicher einmal zwischen 1832 und 1870 den päpstlichen Regimentern angehörten. Neben einem kurzen statistischen Lebensabriss möge man vor allem die Zeit des Eintrittes in die päpstliche Armee nennen und das Datum des Austrittes mit Angabe der Waffengattungen und militärischen Einheiten, denen der Betreffende zugeteilt war. Besondere Vorfälle mögen desgleichen erwähnt werden, wie zum Beispiel die Teilnahme an einem Feldzug, an einer Schlacht oder sonst an irgendeiner Waffentat. Auch der Hinweis auf noch vorhandene Fotografien, Zeichnungen, Notizen oder Erinnerungsgegenstände aus der römischen Dienstzeit könne nützlich sein.

1990 wurde in Leuk, der Geburts- und Sterbestadt von Oberst Joseph Eugen Allet, das *Zuaven-Regiment Leuk* gegründet. Die Vereinsgründung basiert auf Leukergeschichte und päpstlicher Legionärsdienste von 1860 bis 1870. Das *Zuavenregiment Leuk* sieht sich als »legitime und friedliche Nachfolge vom päpstlichen Zuavenregiment in Rom« mit kirchlichen und weltlichen Auftritten. Regina Mathieu, Gemeindepräsidentin von Leuk, sagte zur Errichtung des Vereins: »Mehr denn je brauchen wir wieder unerschrockene Menschen, die bereit sind, für Kirche und Gesellschaft einzutreten aller widersprüchlichen Meinungen der heutigen Zeit zum Trotz. Mit dem Ziel, bei kirchlichen und weltlichen Feiern als Ehrengarde aufzutreten, haben sich Männer aus unserer Gemeinde zusammengeschlossen zu einem Zuaven-Regiment mit historischen Uniformen. Unsere Gemeinde und die beiden Pfarreien Leuk-Stadt und Susten-Leukergrund werden durch diese ›Herrgottsgrenadiere‹ bereichert«, und fügte hinzu: »Die farbenfroh uniformierten Zuaven vertraut die Gemeindeverwaltung das erste Gemeindebanner an.« In den Statuten des Vereins heißt es im Artikel 4: »Die Aktivmitgliedschaft steht allen interessierten Schweizern mit spezieller Bindung oder Herkunft zu den päpstlichen Zuaven und / oder Leuk offen. Priorität haben Einwohner oder Bürger der Gemeinde Leuk.«

Deutschland

Eine Vereinigung ehemaliger päpstlicher Soldaten scheint es in Deutschland nie gegeben zu haben. Doch schon unmittelbar nach dem 20. September bemühten sich ehemalige päpstliche Offiziere, zumeist aus dem Adel, durch Aufrufe finanzielle Unterstützung zu schaffen.

So findet sich bereits am 27. September in den Tiroler Stimmen ein Brief mit einem entsprechenden Aufruf abgedruckt: »Geehrtester Herr Redakteur! Unterzeichnete, die wir so eben aus Rom in unser Vaterland zurückgekehrt sind, wenden uns an Sie, hochverehrter Herr, mit einer Bitte. Es gilt schnelle Hülfe, und wir betrachten es auch schon deshalb als ein großes Glück, daß es uns gelungen, der piemontesischen Gefangenschaft zu entrinnen, nun jetzt zu versuchen, unsern armen, bald heimkehrenden Kampf- und Leidensgefährten wenigstens in der Heimath einige Erleichterung ihrer traurigen Lage zu verschaffen. Wir ersuchen Sie, alsogleich folgenden Aufruf in Ihr werthes Blatt einzurücken mit der Bemerkung, daß die Redaktion zur Annahme milder Gaben bereit sei. Wir ersuchen Sie ferner in jedem Land und in jeder Stadt, wo es thunlich ist, sich mit den Vorständen der katholischen Vereine in's Vernehmen zu setzen über die Art und Weise der Vertheilung der zu hoffenden Gaben. Ebenfalls bitten wir Ihre befreundeten Blätter um Aufnahme dieses Aufrufes zu ersuchen. Mit Zuversicht auf Ihre edle Bereitwilligkeit. Bozen, 24. September 1870. Hochachtungsvoll Franz Xaver Graf Schmising-Kerssenbrok, Lieutenant im Regiment Carabinieri esteri; Josef Freiherr von Di Pauli, im Regiment päpstlicher Zuaven; Franz Graf zu Stolberg-Stolberg, Lieutenant im Regiment Carabinieri esteri.«

In dem Aufruf heißt es: »Binnen kurzer Frist wird sich die kleine Schaar, die es gewagt, in unserm Jahrhundert für Recht und Wahrheit einzustehen, arm, entblößt vom Nothwendigsten, hülf- und rathlos an Deutschlands Grenzen kommen, um in die Heimat zurückzukehren. Wir sind wohl sicher überzeugt, keine Fehlbitte zu thun, wenn wir einen dringenden Hülferuf für unsre armen gefangenen Kameraden an alle Katholiken Deutschlands richten. Schnelle Hülfe tuth hier Noth; jeder Tag schon kann uns Schaaren solcher Armen an die Grenze stellen. Tirol wird das Land des Durchzuges sein, Bozen die erste deutsche Stadt, die sie betreten. Hier in erster Hand gilt es also vor Allem, Hülfe zu schaffen. Der hiesige katholische Volksverein ist bereit, die betreffende Hülfe nach Möglichkeit zu leisten. An ihr nun wären die Gaben einzusenden. Vor Allem gilt es Beförderung der Leute in Ihre Heimath und Ergänzung von Kleidern und Schuhen, da es den Leuten verwehrt, selbst ihre geringen Habseligkeiten noch mitzunehmen, die päpstliche Regierung aber verhindert war, die zustehenden Competenzen auszuzahlen. In dieser Richtung dürfte die Hülfe am wünschenwerthesten sein. Gott wird gewiß Allen die Barmherzigkeit lohnen, die sie Denen erweisen, die für seine Sache gekämpft«.

Literarisch fanden die kriegerischen Auseinandersetzungen im Kirchenstaat ihren Niederschlag. Neben Artikeln in diversen deutschsprachigen Militärzeitungen erschienen zu den Geschehnissen im September 1860 von Friedrich Nobile von Richter seine *Geschichte der österreichisch-slavischen und deutschen Freiwilligen und ihrer Kämpfe im Kirchenstaat im Jahre 1860* (Mainz 1861) und von Hugo Hoppe *Der Kampf des Generals de la Moricière für die weltliche*

Macht des Papstes (Berlin 1862). Über den Herbst des Jahres 1867 berichtete Andreas Niedermeyer in *Die Streiter für den Apostolischen Stuhl im Jahre 1867* (Frankfurt am Main 1867), der Priester Johann Martin Schleyer schuf den Gedichtsband *Die Helden von Mentana, Valentano und Bagnorea* (Radolfzell 1869) und Philipp Laicus (Philipp Wassenburg) verfasste *Silvio. Ein Roman aus den Tagen Mentanas* (Mainz 1873).

Aus der Feder von Anton de Waal, des Rektors des Kollegs beim Campo Santo Teutonico im Vatikan, der als Seelsorger bei der päpstlichen Armee aushalf, stammen *Der italienische Raubzug wider Rom. Von einem Augenzeugen* (Münster 1871), das Schauspiel in drei Aufzügen *Die Streiter des Heiligen Vaters. Eine Episode aus der Eroberung Roms am 20. September 1870* (Regensburg 1871) und der Roman *Der 20. September. Erzählung aus den letzten Tagen des Kirchenstaates* (Regensburg 1901). Auf dem deutschen Friedhof im Vatikan ist auch der Zuavenhauptmann Max Hefner (1832–1893) beigesetzt; beim direkten Eingang zum Priesterkolleg vom Friedhof aus findet sich eine Gedenktafel für den verdienten päpstlichen Soldaten angebracht.

Am bekanntesten in den deutschsprachigen Ländern wurde wohl das Buch von Klemens August Eickholt *Roms letzte Tage unter der Tiara. Erinnerungen eines römischen Kanoniers aus den Jahren 1868 bis 1870* (Freiburg im Breisgau 1917); es erlebte mehrere Auflagen, zuletzt 1918. Von besonderem Interesse ist eine Fußnote in Eickholts Buch: »Die Richtvorichtung (den alzo) des Geschützes, das den letzten Schuß – auf 1.200 Meter Entfernung – abgegeben hatte, nahm ich mit dem aufgeschraubten Entfernungsmaß als Andenken an mich. Es ist später nach dem Brande von 1868 neuerbauten Pfarrkirche meines Geburtsortes Westkirchen in Westfalen nebst einer auf Pergament gedruckten erläuternden Inschrift in den Fuß eines Altares eingemauert worden. Papst Pius IX. hat den Altar, der mit dem Gnadenbilde U. L. Frau von der immerwährenden Hilfe geschmückt ist, mit einem Ablaß begnadigt und aus den Katakomben, vom Grabe der hl. Cäcilia, den Altarstein gespendet.«

In jüngerer Zeit hat der Verfasser der vorliegenden Arbeit einige Bücher und Artikel zum letzten Jahrzehnt des Kirchenstaates vorgelegt (siehe Bibliographie). In dem von Stefan Heid und Karl-Joseph Hummel herausgegebenen Sammelband *Päpstlichkeit und Patriotismus* (Freiburg im Breisgau 2018) findet sich der Beitrag *»Ewig an Rom!« Der deutsche Adel und seine Vernetzung im Vatikan* von Hartmut Benz, dem nützliche Angaben zu päpstlichen Soldaten zu entnehmen sind.

Irland und die USA

Eine Reihe von Männern des irischen Bataillons machten in Übersee militärische Karrieren. So Patrick Clonney, der im September 1860 in den Straßen von Perugia kämpfte, in Amerika auf Seiten der Union diente, in der Schlacht von Antietam als Hauptmann eine Kompanie anführte und in ihr fiel (1862); Daniel Kiely/Keily(1829–1867), in Ancona stationiert, stieg in den USA zum Brigadegeneral auf, verstarb aber dann recht früh in Louisiana an Gelbfieber; auch John Joseph Coppinger (1834–1909), einer der Kämpfer von Spoleto, brachte es in der United States Army zum Brigadegeneral, der Teilnehmer an der Schlacht von Gettysburg ist auf dem Arlington National Cemetery in Washington beigesetzt; (Sir) Patrick Alphonsus Buckley (1841–1896) wurde in Neuseeland als Richter an den dortigen Supreme Court berufen und versah in der Regierung des Landes die Posten eines Marine- und Kabinettsministers.

Myles Walter Keogh hatte als *2nd Lieutenant* im St. Patrick Bataillon gedient. Der Offizier war 1861 von Monsignore John Hughes, dem Erzbischof von New York, für die Nordstaatenarmee angeworben worden. Keogh hatte vom Papst neben der Medaille *Pro Petri Sede* auch ein *Agnus Dei*, ein wächsernes Schutzmedaillon empfangen; das eine trug er stets an seiner Uniform, das andere am Hals. Im Juni 1876 diente Myles Walter Keogh unter General George Armstrong Custer, der an der Spitze des 7. Kavallerieregiments stand und gegen die größte indianische Kriegsmacht, die es je gegeben hatte, in den Krieg gezogen war. Am Little Big Horn River unterlag Custer dem Häuptling und Medizinmann der Hunkpapa, Tatankana Iyotanka (»Ein Büffel-Bulle, der ständig unter uns weilt«), der von den Weißen *Sitting Bull* genannt wurde. Keiner von Custers Männern überlebte. Sitting Bull nahm vom Leichnam Keoghs die Medaille und das Amulett an sich – und verbot überraschenderweise, den Iren zu skalpieren. Am 15. Dezember 1890 verstarb Sitting Bull bei einem Aufstand im Reservat von Standing Rock. An seinem Körper fand man beide päpstliche Auszeichnungen.

1929 erschien in Dublin *The Irish Battalion in the Papal Army of 1860* von G. F. H. Berkeley. 1995 gab die irische Post in ihrer Serie «Militäruniformen" eine Briefmarke zu 38 irischen Pennies heraus, die dem St. Patricks Bataillon in der päpstlichen Armee gewidmet ist. 2008 präsentierte Charles A. Coulombe in den USA und England (New York/Houndmills) *The Pope's Legion. The Multinational Fighting Force that Defended the Vatican. The Irish Brigade in the Pope's Army 1860. Faith, Fatherland and Fighting* (Padtow 2018) heißt der jüngste Beitrag zur Geschichte des St. Patrick Batallions, geschrieben von Donal Corcoran, dessen Urgroßvater in der Einheit gedient hatte. David Alvarez, Professor am St. Mary's College of California, veröffentlichte im Jahre 2011 in der Unversity Press of Kansas sein Buch *The Pope' Soldiers. A Miltary History of the Modern Vatican.*

Zeitdokumente

Die Schlacht bei Castelfidardo (18. September 1860)

aus:
Antonio Bresciani,
Olderich, der päpstliche Zuave,
Regensburg 1862.

»Mit dieser Handvoll Tapferer hatte Pimodan die Furt des Musone durchschritten, um die beiden Dörfer Cascine und Crocette zu erstürmen, wo die Piemontesen sich gesammelt hatten und welches eine wichtige Position für die Passage nach Ancona bildete. Nach der Kolonne Pimodans setzte auch die Artillerie in die Furt; da dieselbe aber nur wenige und schwache Pferde besaß, wurde sie ganz ausgezeichnet von einem Hundert robuster Irländer im Durchwaten des Wassers unterstützt. Dieselben bedienten sich hierbei ihrer Schultern, Arme und Kniekehlen so gut wie möglich, sich anstatt der Pferde unter die Lafetten und Munitionswagen des Trains einschiebend. Auf der freien Ebene angekommen, ergriffen sie ihre Karabiner, vereinigten sich mit den franco-belgischen Zuaven und römischen Jägern und stürzten sich auf die Piemontesen.

Man mußte sie sehen, wie sie im Sturmschritt den Abhang hinuntereilten, um ein Korps der Bersaglieri vom Plateau der ersten Meierei, von wo aus dieselben in Schußweite auf sie feuerten, zu vertreiben. Während eines höllischen Gewehrfeuers führte Azzanesi sein erstes römisches Jägerbataillon voran. Ihm folgten die Zuaven wie Jagdleoparden, warfen sich auf die piemontesische Kolonne, zerstreuten sie und machten einhundert Soldaten nebst einem Offizier zu Gefangenen. Unverweilt werden zwei Haubitzen herbeigeholt, um die Meierei zu verteidigen; zwei Kanonen sind alsbald auf den Weg zum Abhange gerichtet, um so die Sarden abzuhalten, sich zu nähern. Außerdem rückten noch vier andere Kanonen der Batterie Richter heran, mit denen der so geschickte Oberst Blumenstiel den Feind ungemein belästigte. Obwohl am Schenkel verwundet, hielt sich Richter aufrecht und blieb ungestört im Feuer: indessen der Lieutenant Didier allen Feinden, die sich zur Wiedereinnahme der so tapfer erworbenen Position sammelten, Haubitzgranaten zusendete.

Ohne Zaudern befiehlt General Pimodan den Sturm auf die zweite Meierei. Er kannte aber die ungeheure Menge seiner Feinde nicht und glaubte, es nur mit sechs oder siebentausend Mann zu tun zu haben, sein kleiner Phalanx hatte eine vollständige Armee gegen sich! Der größere Teil dieser Helden, welcher glaubte, daß der beim ersten Angriff in Unordnung geratene Feind sich zurückgezogen habe, ließen den Weg nach Ancona frei. Die Piemontesen aber hatten sich als Tiralleure am Waldsaume ausgebreitet und beschossen von dort aus die päpstlichen mit einem wahren Kugelregen. Jene, welche außerhalb der Meierei zwei große Strohschuppen und eine große Menge Holzschwellen gefunden, hatten sich hinter denselben niedergekauert und verteidigten sich wie Löwen.

Pimodan, zu Pferde inmitten seiner Zuaven, lächelte, aber sein Gesicht war bleich und mit Blut bedeckt, eine Kugel hatte seine Backe getroffen. »General«, sagte darauf ein Adjutant zu ihm, »Sie sind verwundet! Ziehen Sie sich zurück, um sich verbinden zu lassen.« – »Nein, es ist nichts, meine Kinder: es ist meine Pflicht hierzubleiben! Vorwärts! Zur Attaque!« – »Es lebe Pimodan«, rief alle Welt. »Ruft nicht; marschiert!«, erwiderte der General.

Mit Blitzesschnelle stürmt man mit gefälltem Bayonette vorwärts; die Bersaglieri fliehen erschrocken und niedergemettert ... Plötzlich aber bricht aus dem Walde eine dichte und ungeheure Wolke Sardinier hervor und schüttet über die Zuaven einen wahren Feuerstrom aus. Eine zweite Kugel durchbohrt den rechten Arm Pimodans; der Held nimmt seinen Degen in die Linke und ruft von Neuem: »Vorwärts, Kinder! Gott ist mit uns!« Becdelièvre, zu Fuß, umgeben von seinen Leuten, hatte die Arme nachlässig über die Brust gekreuzt, und erteilte seine Befehle so ruhig, als wenn es sich um eine Kleinigkeit, um eine leichte Arbeit oder ein Bad handelte.

Eine Kanone trifft ein, zwei Schüsse krachen; viele Menschen fallen; der Platz ist gelichtet. Charette, stets voran, befindet sich beim Richten einer Kartätschenkanone gerade dem piemontesischen Kapitain Trombone gegenüber. Es entspinnt sich ein eigentümlicher Kampf: Trobone ist am Halse verwundet; Charette reicht ihm die Hand, führt in zur Meierei und gibt ihm die erste Hilfe: »Sie sind ein Franzose?«, fragt ihn der Verwundete. »Ich bin es«, entgegnet der Andere. »Sie sind mir nicht unbekannt«. »«Sie mir auch nicht.« »Aber wo denn!« »Warten Sie! ... So ist es! Trombone?« »Charette!« Zwei alte Kameraden von der Turiner Kriegsschule begegnen sich als Feinde, mit den Waffen in der Hand!

Der kühne Artur de Cavailhès war Fahnen-Lieutenant bei den Zuaven. Seine von Kugeln durchlöcherte Fahne erhob sich stets stolz an der Spitze des Bataillons. Inmitten der Gefahr mußte er stets mit seiner fürchterlichen Stimme rufen: »Zur Fahne, zur Fahne!« Und alsbald war das Banner mit einer Hecke von Bajonetten umgeben, gegen welche die Piemontesen niemals die Kühnheit hatten, vorzudringen. Endlich fiel der unerschrockene Artur, getroffen von sieben Kugeln; seine ruhmvolle Oriflamme hielt er aber noch mit fester Hand, als ihm ein Bajonett die Brust durchbohrte und die rechte Lunge durchdrang! ... Er fiel, indem er Charette seine Fahne übergab.

Bei der dritten Salve erhielt Pimodan eine Kugel in den Schenkel. »Kinder«, sagte er, ohne im Sattel zu wanken, »Gott ist mit uns! Vowärts!«. Die übermenschliche Anstrengung dieser Tapferen wurde weder von den Schweizern, noch von der durch dieses heftige Feuer überraschten und in Unordnung versetzten Kavallerie unterstützt. Die Artillerie besaß nur noch ein einziges Geschütz, welches nur von einem Kanonier bedient, von dem Veteranen-Brigadier Andreas Wagner und dem unüberwindlichen Lieutenant Didier geladen und gerichtet wurde. Zwei piemontesische Bataillone greifen das Geschütz von der Seite an: mit zwei Schüssen zerstreut Wagner dieselben; er ladet immer wieder und reinigt den Fußboden. Der bedienende Artillerist fällt, von einer Kugel in die Brust getroffen. Wagner schießt immer. Eine Kugel trifft seinen Hals: er fällt. Als er aber den Feind auf sein Geschütz zueilen sieht, erhebt er sich, schleppt sich voran, vernagelt die Kanone und haucht auf der Lafette sein Leben aus.

Allein geblieben, schaut Didier um sich und bemerkt seinen Vetter, den Zuaven Tresvaux de Farval. Er ruft ihm zu: »Trevaux! Trevaux! Wirst du es dulden, daß man mir mein Geschütz nimmt?« Trevaux eilt herbei. De Hermoal und Le Camus folgen ihm. Sie stürzen sich auf das Geschütz, und unter einem Gewitter von Kugeln ergreifen sie es und schleppen es unter Didiers Hilfe an den Rand einer sehr hohen Böschung und werfen es in den Graben, worauf sie davon eilen, um ihre Kameraden einzuholen. Pimodan, ganz mit Blut bedeckt, ermutigte seine Leute und rief ihnen zu: »Vorwärts, vorwärts, Kinder! Vorwärts! Eine vierte Bajonett-Attaque!«

Die Zuaven schließen ihre Glieder, stürmen und werfen die feindlichen Bersaglieri. De Beaudiez, du Plessis, de Nauteuil, de Montravel stürzen mit vielen anderen tödlich getroffen, indem sie noch rufen: »Jesus, Maria! Es lebe der Papst!« Der Kampf ist heiß und schrecklich. Die Piemontesen gruppieren sich, drängen sich, häufen sich zu Tausenden an. Sie scheinen aus der Erde hervorzugehen und ihre Gegner sind nur zweihundert Mann! ... Und diese Zweihundert halten sie in Respekt, durchbrechen, zerstreuen sie mit jeder ihrer Salven ... Aber ach! Auch von jeder Salve von der anderen Seite vermindert sich die Zahl der Zuaven.

Pimodan erhält so eben noch eine Kugel in die rechte Seite. Sie durchdringt seinen Körper und kommt auf der linken Seite wieder hervor. Der Held schwankt auf seinem Pferde; er stößt seine letzten Worte aus: »Nenneville, ich werde sterben! ... Eilen Sie schnell, unsere Chasseure zu sammeln!« Man hob ihn aus dem Sattel, um ihn unter das Zelt der Verwundeten zu bringen. Der General en Chef, der zur Hilfe der Zuaven herbeieilte, begegnete auf dem Wege seinem sterbenden Freunde. Sie drückten sich die Hand und Pimodan konnte ihm noch sagen: »General, sie kämpfen wie Helden! Die Ehre der Kirche ist gerettet! Lebt wohl!« Lamoricière ließ zum Sammeln blasen.

Einige Stunden später war Pimodan nicht mehr! Trotz des Zeichens zum Sammeln, sei es, daß sie den Befehl nicht erhalten hatten, daß sie sich ihm widersetzten, oder daß sie Hoffnung hatten, zwanzig unglückliche Verwundete, die sich in der Meierei von Crocette befanden, zu retten, widerstanden, an einem Fenster postiert, acht unerschrockene Zuaven, Groß de Perrodil, Segaux, Le Camus, Marcel, Seric Carré, Dhondt, Tresvaux de Farval und Moritz de Bourg, während einer Stunde der Belagerung und dem Sturme mehrerer Tausend Piemontesen. Von ihrem Posten aus sahen sie den Brand der Strohschuppen und Holzschwellen, die sie vorhin schwach geschützt hatten. Der leiseste Windhauch konnte dem Hause, das fast diese brennenden Gegenstände berührte, den Brand mitteilen. Trotzdem wankten sie nicht! Von diesem Fenster aus regnete es fortwährend Schüsse auf den Feind ... und jeder Schuß streckte einen Piemontesen zu Boden. In dem Zimmer lagen auf der Erde zwischen den Verwundeten die Zuaven-Offiziere de Percevaux, de Moncuit, de Guébriand und der Sergeant de Saint-Sernin. Diejenigen, welche noch die nötige Kraft besaßen, luden denacht Zuaven die Gewehre, welche sie nach Bedürfnis abschossen. Dhot sagte, indem er schoß: »Jetzt du dort unten!«

Und der Bezeichnete stürzte getroffen zu Boden! 21 tötete er nach der Reihe. Die Ladung aber fing an zu fehlen: »Patronen her! Patronen!« Die Verwundeten schütteten ihre Patronentaschen auf dem Boden aus. Charles de la Vieuville, der am wenigsten Invalide unter ihnen, ladet und überreicht die Karabiner, deren Läufe so heiß sind, daß man stets die Explosion des zum Laden bestimmten Pulvers befürchten muß. Man hält die Mündung des Gewehres so weit wie möglich von sich ab. Der Boden der Tenne war mit Leichen bedeckt ... In der Tat eine traurige Ernte! ... Unsere acht

Todesengel schoßen und töteten immerfort. Sie schienen verwandelt zu sein. Mit Schweiß bedeckt, entflammt, vom Pulver geschwärzt, mit leuchtenden Augen, zusammengekniffenem Munde, keuchender Brust, waren sie schrecklich anzusehen. Die feindlichen Kugeln hatten die Mauern gefurchtet, das Pflaster entblößt, das Getäfel ausgezackt, die Schnitzereien durchlöchert und zerbrochen. Das Haus glich, nach dem pittoresken Ausspruche Treveaux' einem Schaumlöffel.

Zwei Kanonenschüsse werden abgefeuert. Die Hälfte des Daches ist weggenommen. Eine Kartätsche fällt, nachdem sie die Decke durchdrungen hat, in das Zimmer, und schlägt mit einem furchtbaren Getöse und Staub in den Fußboden ein. Plötzlich fangen die Platten des Fußboden an zu tanzen, wanken und brechen; die Wände spalten sich; das Zimmer ist mit Rauch angefüllt; die Flammen suchen sich ihren Weg durch die Risse. Was ist vorgefallen? Verzweifelnd diese fürchterliche Redoute mit Sturm zu nehmen, haben die Piemontesen hinterrücks Feuer angelegt und ist das Erdgeschoß bereits eine Beute der Flammen geworden. Eine Stimme rief ihnen von außen zu: »Ergebt euch!« ... »Lieber tausendmal sterben!«, antworten Le Camus und de Trevaux.

Die Flammen greifen um sich; die Balken krachen ... die Verwundeten ächzen ... das Mitleid besänftigt auf einmal die Wut unserer Löwen. Man bindet ein weißes Taschentuch an das Ende eines Ladestockes. Die Piemontesen hören auf zu schießen. Die acht Zuaven nehmen die Schwerverwundeten in ihre Arme, und Flammen und Rauch durchschreitend bringen sie dieselben auf einer nach außen angebrachten Treppe in die freie Luft. Die zweiundzwanzig verwundeten Zuaven sind im Schutz vor der Feuersbrunst. Die Träger schauen um sich: die kleine päpstliche Armee war vernichtet.

Der Kampf bei der Villa Glori (23. Oktober 1867)

Bericht des Hauptmanns Julius Meyer, in:
Eine schweizerische Heldentat im Kampfe um Rom (1867)
Schweizerische Rundschau, Heft 4 (1929), 302–318

»Ich befand mich den 23. nachmittags 4 Uhr auf dem Campidoglio, wo ich den dortigen Wachtposten visitierte. Durch einen Expressen erhielt ich von Herrn General Zappi, dem Kommandanten von Rom, eine mit Bleistift geschriebene Ordre folgenden Inhalts: Unverzüglich mit meiner Komp. aus der Porta del Popolo zu gehen; von einer Patrouille der Gendarmen sei in der Nähe von Acqua Acetosa eine bewaffnete Bande gesehen worden! – Ich begab mich sogleich auf den Marsch; bei der Porta del Popolo traf ich einen Brigadier der Gendarmen mit vier Mann zu Pferd, der angewiesen war, mich an den Ort zu führen, wo die Bewaffnung gesehen worden. Ich blieb eine Zeitlang auf der Straße nach Ponte Mole, dann begab ich mich rechts; nach einem Marsche von bereits einer halben Stunde zwischen Landhäusern, Gärten, Hecken und Mauern befand ich mich angesichts eines Hügels von mäßiger Höhe; auf der Spitze stand ein von Bäumen umgebenes Landhaus; ich bemerkte genau trotz der einbrechenden Dämmerung einige Bewaffnete, die, wie mir schien, Schildwache standen. Ich befragte einen in der Nähe wohnenden Bauer über diese Bande, der mir erzählte, dieselbe habe er schon seit frühem Morgen dort gesehen. Ferner sei auf den gleichen Hügel weiter rückwärts noch ein anderes Casino, das ebenfalls von Bewaffneten wimmle; auf einem anderen Hügel links hätte er diesen Morgen ebenfalls Bewaffnete gesehen.

Ich schenkte diesen Aussagen so ziemlich Glauben, da ich mir nicht denken konnte, eine Bande von außen würde sich so nahe an die Stadt wagen, ohne eine beträchtliche Stärke zu haben und sicher auf Unterstützung rechnen zu können. Es war jedoch nicht an der Zeit, lange zu bedenken, hier mußte rasch und entschieden gehandelt werden! Ich hatte zwar nur zweiundvierzig Mann (2/3 Schweizer, 1/3 Deutsche) mit mir; doch wollte ich nicht unverrichteter Sache nach Rom zurückkehren. Mein Plan war bald gemacht: Ich hoffte durch einen entschlossenen Handstreich das von den Garibaldinern besetzte Casino zu nehmen; ich erwartete zwar alsdann von allen Seiten umzingelt und abgeschlossen zu werden. Da jedoch die Position ziemlich günstig schien und jeder meiner Leute sechzig Patronen mit sich hatte, so hoffte ich, die Position einmal genommen, dieselbe auch halten zu können, bis Unterstützung herankam. In diesem Falle hätte ich die Garibaldiner zwischen zwei Feuer gehabt, um so mehr da die zu nehmende Stellung einen Teil des Wegs von Rom beherrschte. Ich schickte im Galopp zwei Gendarmen nach Rom, den Herrn General Zappi zu benachrichtigen, daß ich angesichts des Feindes sei, der ziemlich stark scheine, zudem eine feste Position innehabe, daß ich denselben sogleich angreifen werde, jedoch schleunigst Unterstützung notwendig habe.

Ich schritt nun getrost zum Angriff und kam ungefährdet zum Fuße des Hügels und bis auf dreihundert Schritte der Position nahe, ohne daß ein Schuß fiel. Der Eingang zu Villa war durch ein eisernes Gitter versperrt. Während wir beschäftigt waren, dasselbe zu erbrechen, eröffneten die Garibaldiner ein lebhaftes Feuer auf uns herab, jedoch ohne Erfolg, da ihre Schüsse zu hoch gingen. Den vereinten Anstrengungen gelang es bald, das Gitter zu erbrechen, und unter dem Feuer des Feindes ordnete ich meine Leute in die Kette, ein ¼ Kreis um den Hügel bildend.

Den ganzen Tag hatte es unaufhörlich geregnet; der Boden war ganz durchweicht und zudem frisch umgearbeitet. Wir befanden uns mitten in Reben, deren Zweige miteinander verbunden und verschlungen waren, so daß sich jeder förmlich Bahn brechen mußte. In Folge dessen konnten wir das Feuer nur schwach erwidern und nur mit größter Anstrengung vorwärts kommen. Auf hundertfünfzig Schritte von der Position angekommen, ließ ich das Bajonett aufmachen; die Hörner blasen lustig à la charge, und jeder stürmte mit frischer Kraft vorwärts zum Handgemenge. Mit wenigen Leuten meine linken Flügels konnte ich einen kleinen Fußweg durch die Reben benutzen und kam etwas den andern voran auf die Anhöhe; die Garibaldiner, durch Bäume und Hecken gedeckt, gaben auf so kurze Distanz eine ganze Salve auf mich und meine wenige Begleiter und wunderbarerweise ohne einen einzigen zu verletzen; ich ließ ihnen nicht Zeit, wieder frisch zu laden. Mit wenigen Sätzen war die Hecke, die uns trennte, übersprungen, und wir befanden uns in der eroberten Stellung. Ein Teil der Feinde hatte sich nur etwa fünfzehn Schritte links gezogen und dort durch einen großen Strohhaufen gedeckt neuerdings das Feuer angefangen, wurde aber rasch dort vertrieben. Die Position war nun vollständig in unserer Gewalt und somit mein Hauptzweck erreicht. Wir trafen darin vier weggeworfene Gewehre und einen schwer verwundeten Garibaldiner!

Schon während des Kampfes waren meine Blicke häufig auf den Hügel links gerichtet, wo nach der Aussage des Bauers sich Garibaldiner befinden sollten, und die ich jeden Augenblick erwartete vorbrechen zu sehen, um mich im Rücken zu fassen. So auch jetzt. Kaum Meister der eroberten Stellung, erspähte mein Auge mit ängstlicher Vorsicht nach dem bedrohten Punkte; doch kein Feind zeigte sich, und ich beschloß, meinen Sieg soviel als möglich zu benützen. Kaum war daher der größte Teil meiner Leute nachgerückt, so brach ich mit denselben zur Verfolgung des Feindes auf; ich hielt mich etwas rechts von der Richtung, die die Garibaldiner eingeschlagen, und da ich jeden Augenblick bereit sein mußte, der zweiten Bande zu begegnen, so war ich beschäftigt, meine Leute so viel wie möglich in Ordnung zu halten. Ich war auf diese Weise etwa hundert Schritte vorwärts gekommen, als ein fürchterliches Gebrüll mir von links entgegen schall; ich vermutete sogleich den Feind dort, begab mich daher in aller Eile auf den bedrohten Punkt und fand hier meine Vermutung nur zu wohl bestätigt. Die zweite Bande, die ein anderes Casino auf dem nämlichen Hügel weiter zurück besetzt gehalten, war durch die Bäume gedeckt herangekommen und hatte mich komplett in die Flanke gefaßt; während mein linker Flügel sozusagen eingeklemmt war, war der rechte sozusagen ganz außer Gefecht. Meine Stellung war verzweifelt und durchaus kein Ausweg; ich rief den Feldweibel, der eine ganz kleine Reserve mir nachführte, herbei, den bedrohten linken Flügel zu unterstützen, stellte mich mit meinem Revolver bewaffnet einige Schritte vor meine Leute, dieselben mit wenigen Worten zur Standhaftigkeit aufmunternd. Die Garibaldiner, nur etwa fünfzehn Schritte entfernt und durch den Hohlweg von uns getrennt, eröffneten aus ihren Gewehren und Revolvern ein furchtbares Feuer. Während ich zweimal auf sie feuerte, erhielt ich drei Schüsse in den rechten Arm; während ein Teil der Feinde durch Bäume gedeckt das Feuer fortsetzte, wälzten sich die anderen unter furchtbarem Garibaldi-Geschrei vorwärts, durchbrachen den Hohlweg und stürzten sich wie Wütende auf uns. Umsonst versuchte ich meinen Revolver, der noch vier Schüsse enthielt, auf die Andringenden abzufeuern; die Waffe versagte mir, weil der Arm durch die erhaltenen Wunden kraftlos war. Ich warf sie weg; mein Trompeter, der mir verwundet am Boden lag, sein mit Bajonett bewaffnetes Gewehr. Der erste der Heranstürmenden, ein hoher kräftiger Mann, ebenfalls mit Gewehr und Bajonett bewaffnet, stürzte sich auf mich, während die andern sich rechts auf die hinter mir stehenden Soldaten warfen. Es entspann sich nun hier ein Einzelkampf, wie er wohl selten bei regulären Truppen vorkommt; kein Schuß fiel mehr, nur Bajonett und Kolben arbeiteten.

Ein jeder meiner Leute des linken Flügels noch in der Kette auf drei Schritt Distanz hatte seinen Gegner; ein jeder war beschäftigt; keiner konnte seinem Kameraden beistehen!

Die Nacht war unterdessen hereingebrochen; eine peinliche Stille war auf das Toben des Angriffs gefolgt, nur unterbrochen von dem starken Atemholen der Kämpfenden, dem Reiben von Eisen auf Eisen und von Zeit zu Zeit einem dumpfen Kolbenschlag.

Mein persönlicher Gegner war, wie ich nachher sah, Cairoli, der Chef der Bande; er führte wütende Stöße nach mir, deren ich infolge meines verwundeten rechten Arms nur schwach mich erwehren konnte. In einem Augenblicke hatte ich zwei Stöße in die linke Schulter, einen in den linken Schenkel, einen vierten in die linke Seite sowie einen fünften in den Magen, der ziemlich tief eindrang; während ich noch einen sechsten parierte, fiel mir mein Gewehr aus den kraftlos gewordenen Händen. Eines folgenden Stoßes konnte ich mich mit der linken Hand erwehren, wobei mir das Bajonett des Gegners in der Hand blieb. Währen derselbe das Gewehr erhob, um mir einen Schlag auf den Kopf zu geben, stürze ich mit Anstrengung meiner letzten Kräfte auf ihn und umfaßte ihn in der Mitte des Leibes; es erfolgte ein kurzes Ringen, wobei ich das Bewußtsein verlor. In diesem kritischen Augenblicke kam mein Feldwebel Hofstetter, ein Bayer, mit der kleinen Unterstützung heran; meinen Zustand sehend springt er durch die kämpferischen Paare zu mir heran, entladet sein Gewehr auf Cairoli, der mich nun loslässt, um sich auf Hofstetter zu stürzen. Ich fiel, meiner Stütze beraubt, besinnungslos rückwärts zu Boden, wo ich jedoch nur wenige Augenblicke lag. Die Kälte des Bodes, der herabströmende Regen erweckten mich halb aus meiner Ohnmacht; ich erhob mich, wankte in diesem Zustand vorwärts und begegnete den letzten zwei Garibaldinern, die zum Angriffe herankamen; ich rang mit denselben, und wir fielen zusammen zu Boden. Der Feldweibel hatte unterdessen sich seines Gegners erledigt; zu meiner Hilfe herbeispringend findet er mich bewußtlos unter einem Garibaldiner liegend, welcher mit beiden Händen meinen Hals umspannt hielt; ein tüchtiger Kolbenschlag auf den Kopf desselben bewog ihn einzig, meinen Hals fahren zu lassen.

Der Kampf war geendet; die Soldaten kamen herbei. Man hob mich von der Erde auf; die Besinnung kehrte mir nach und nach zurück. Meine ersten Blicke fielen noch auf die nach allen Seiten fliehenden Garibaldiner; rings um mich sah ich zwölf bis fünfzehn Garibaldiner regungslos auf der Erde liegend; der Kampfplatz war mit geronnenem Blut überdeckt! Außer mir waren noch drei meiner Soldaten verwundet; unsere beiden Trompeter, wovon einer in Folge starb.

Die Garibaldiner waren nach allen Richtungen geflohen. Dieselben in der Nacht weiter zu verfolgen, war nicht ratsam. Zudem sollte nach Aussage des Bauers sich noch eine dritte Bande vorfinden, deren Angriff ich jeden Augenblick erwarten konnte; ich zog mich daher auf meine zuerst eroberte Stellung zurück, richte mich militärisch ein, um hier den neuen Feind zu erwarten.

Ich litt furchtbar an meinen Wunden; hauptsächlich war der Stich unter dem Herzen der empfindlichste, da ich nur unter den heftigsten Schmerzen atmen konnte, zudem durch den starken Blutverlust erschöpft, fiel ich jeden Augenblick in Ohnmacht. Unfähig zu gehen mußte ich beständig durch zwei Mann nachgeschleppt werden.

Da ich hier nichts für meine Verwundeten finden konnte, nicht einmal Wasser, schickte ich dieselben unter genügender Begleitung nach Rom zurück, während ich noch eine halbe Stunde in der gleichen Position zurückblieb. Da sich unterdessen kein weiterer Feind zeigte, so trat ich mit meinen Leuten den Rückzug nach der Stadt an. Auf halbem Wege begegnete ich einer Abteilung Zuaven, die zu meiner Unterstützung abgeschickt war; da sie nun nichts mehr nütze, so nahm ich sie mit mir zurück. Um 7 Uhr kam ich bei der Porta del Popolo an; meine Leute sowie die Zuaven wurden sogleich zur Verstärkung des dortigen Posten kommandiert. Ich fand glücklicher Weise einen kleinen Wagen und konnte mich, auf Stroh gebettet, nach Hause transportieren lassen. Erst um 10 Uhr kam ein Docteur, der zwei volle Stunden beschäftigt war, um meine vielen Wunden zu verbinden. Nach dem ärztlichen Berichte waren sieben Wunden heilbar; nur die achte, Bajonettstich in den Magen, wurde als lebensgefährlich bezeichnet«.

Kriegsmarsch der Niederländischen Päpstlichen Zuaven

Krijgsmars der
Nederlandse Pauselijke Zouaven

Quelle: *Nederlands Zouavenmuseum, Oudenbosch/ Archiv Nersinger*

Wien Christus bloed door d' aders vloit,
Van vreemde smetten vtij;
Wien 't Neerlands hart voor Pius gloit
Verheff' de zang als wij.
Hij stell' met ons vereend van zin
Met onbeklemde borst
Het God-gevallig eer-lied in
Voor 's-wereld Vrede-Vorst!

God, die op Uw Hemeltroon
Het Al met wijsheid richt
Wij smeken U bij Uwen Zoon
Dat recht noch onschuld zwicht'
Wij vrezen vorr geen dreigend lood,
Wij schrikken voor geen staal.
Wij vliegen willig in de dood
Voor Pius' zegepraal.

Dat recht en waarheid triompheer'
Al moeten wij vergaan.
Dat Vader Pius vrij regeer'
Dan is ons hart voldaan.
Voor Heem verlieten w'U, o strand
Ontrukt aan zee en vloed.
Voor Hem, o dierbaar Nederland
Stroom' ook ons laatste bloed.

Wij zweren trouw op Petrus' Graf,
De grote Pius trouw;
De Steensrots trouw, die Jezus gaf
Ten steun aan 't heil-gebouw.
Wij knielen voor de kruisbanier
Voor 't aanschijn van de Heer
En op de Fries en Batavier
Vloei' Pius' Zegen neer.

Beschikker van ons aller lot
Hergeve ons Uw Hand.
Behaagt U dit, algoed God
Aan 't lieve Vaderland
Maar staaf, o staaf de duurste eed
En wie er van ons sneev'
Tot U rijz' nog de jongste kreet:
Dat Vader Pius-leev'!!

– – –

Wem Christenblut durch die Adern sprüht,
Von fremder Mackel rein
Und wem ein Herz für Pius glüht,
Der stimme mit uns ein;
Aus freier Brust mit vollem Klang,
uns gleichen Sinns gesellt,
Erheb' er frommen Ehrensang
Dem Friedens-Herrn der Welt!

O Gott, der Du vom Himmelsthron
Stark waltest und gerecht,
Wir bitten Dich durch Deinen Sohn,
Schirm' Unschuld, Treu' und Recht!
Uns bangt nicht, wenn die Kugel droht,
Uns schreckt nicht blanker Stahl,
Wir gehen freudig in den Tod;
Für Pius gilt die Wahl!

Es siege Wahrheit, Recht und Treu',
Und fällt der letzte Mann;
Herrscht Vater Pius wieder frei,
Dies Herz erst ruhen kann!
Für ihn verließen wir dich, Strand,
Entrungen Meer und Fluth,
Für ihn, o süßes Heimatland,
Bespritzet unser Blut!

Wir schwören Treu' auf Petri Grab
Dem großen Pius Treu',
Und Treu' dem Fels, den Jesus gab
Zum Grunde dem Gebäu;
Um's Kreuzpanier kniet uns're Wehr,
Gott schaut vom Himmel drein,
Und Kraft strömt Pius' Segen her
Den Friesenherzen ein.

O Herr, Du Lenker aller Welt,
Leih uns auch Deine Hand,
Wenn's, guter Gott, Dir so gefällt,
Für's liebe Vaterland!
Den theu'rsten Eid und wahre doch,
Und müssen fallen wir,
Laß, brich das Herz, uns rufen noch:
Heil Pius, Vater, Dir!

Kampfhandlungen bei der Porta S. Giovanni beim Lateran (20. September 1870)

Aus:
Klemes August Eickholt, *Roms letzte Tage unter der Tiara. Erinnerungen eines römischen Kanoniers aus den Jahren 1868 bis 1870*, 2. u. 3. Auflage, Freiburg im Breisgau 1918.

»Um 5 ¼ Uhr eröffneten vierzehn Geschütze der Division Angioletti das Feuer gegen die Porta San Giovanni. Die päpstliche Artillerie, die das Tor verteidigte, bestand aus zwei Feldgeschützen unter dem Kommando des Leutnants Graf Macchi. Das Tor San Giovanni war durch ein vorgelegtes Erdwerk in Verteidigungszustand gesetzt, und in diesen Schanzen hatte Macchi anfänglich seine Geschütze aufgestellt.

Trotz der Überlegenheit der Zahl 14 gegen 2 und trotz des größeren Kalibers des Feindes, der Sechzehnpfünder gegen Sechspfünder aufführen ließ, wurde Macchi seinem Gegner doch so unangenehm, daß dieser zweimal die Stellung wechselte. Dann gelang es aber der schweren feindlichen Artillerie, die schwachen, zum Notbehelf angelegten Schanzen so gründlich zu zerstören, daß Macchi sich durch das Tor hinter die Mauer zurückziehen mußte. Er stellte darauf seine Geschütze rechts und links neben dem Tore auf.

Jetzt war der Augenblick gekommen, wo wir das Glück und die Ehre hatten, in das Gefecht eingreifen zu können. Wir lagerten auf dem Monte Citorio. Pferde und Maultiere standen gesattelt, die Mannschaften hatten umgeschnallt und waren bereit. Da fällt bei San Giovanni der erste Kanonenschuß. Alles springt auf. Der Hauptmann ruft Leutnant Rospigliosi und mir zu: ›Lassen Sie anspannen, ich melde dem Generalkommando, daß wir nach San Giovanni abmarschieren‹. In wenigen Minuten ist angespannt, die Tragtiere sind beladen, die Sektion ist zum Abmarsch bereit. Wir marschierten den Korso entlang. Alles ist noch still in den Straßen. An vielen Häusern, in denen Fremde wohnen, sehen wir Flaggen der betreffenden Nationen. Besonders häufig waren die englischen und die amerikanischen Farben vertreten. Der stärker werdende Kanonendonner weckt die Schläfer. Gar manch ängstliches Gesicht schaut aus den geöffneten Fenstern.

Wir kommen zum Lateran. ›Sektion halt!‹ Der Hauptmann sprengt voraus auf dem Platz vor der Kirche San Giovanni, um zu sehen, wo wir uns aufstellen können. Er ist bald zurück, *Sezione avanti, marcia*! (›Sektion vor, Marsch!‹. Wir biegen um die Ecke des Lateranpalastes. Im selben Augenblick trifft eine Granate die Mauer vor uns. Sie platzt. Sprengstücke und Ziegelbrocken fliegen auseinander. Wir haben die erste feindliche Granate ›gesehen‹.

›Erstes Geschütz links, zweites Geschütz rechts!‹ lautet die kurze Weisung des Hauptmanns. Schnell sind wir aufgefahren unter den heute noch dort stehenden Ölbäumen und Pinien vor der Kirche des Lateran. Rechts von uns war hinter dem höheren Teil der Mauer für die Reservemannschaft, die Pferde, die Tragtiere mit der Munition sowie einem Zug Legion, unsere Geschützbedeckung, eine gute Deckung.

Das Kommando des Hauptmanns erschallt: *In batteria! Comminciate il fuoco!* (›In Batterie! Beginnt das Feuer!‹). Die Mannschaft fliegt ans Geschütz. Auf das Kommando: *A braccio in avanti!* (›Geschütz einführen!‹) wird es von der Bedienung an die passende Stelle zum Feuern gebracht.

Da saust unmittelbar über unsere Köpfe eine Granate, die hinter uns einschlägt. Wir haben die erste Granate ›gehört‹ – ein eigenartiges, unheimliches Rauschen, wer es gehört, vergißt es nie. Alle machen unwillkürlich eine tiefe Verbeugung, tiefer als vor dem mächtigsten Herrscher. Für einen Augenblick stockt die Bewegung. Mit dumpfem Schlag fällt die Lafette auf den Boden. ›Vorwärts!‹ Es war ein Augenblick verzeihlicher Schwäche, aber rasch sind alle Hände wieder am Geschütz. Es steht richtig.

Ruhig beobachtend steht der Hauptmann in der Batterie. ›Haben Sie eine Karte zur Angabe der Entfernung?‹, fragte ich ihn. ›Leider nein‹, war die Antwort. Also hieß es Distanz schätzen und sich einschießen. Beim dritten Schuß habe ich 1.500 Meter richtig. Ein Volltreffer in der feindlichen Batterie. An beiden Geschützen arbeiten Leute vortrefflich. Schuß folgt auf Schuß!

Der Feind hat seinen neuen Gegner entdeckt. Er bringt eine schwere Batterie von acht Geschützen gegen uns in Stellung. ›Alle zu Boden!‹, höre ich den Hauptmann rufen. Er bekräftigt bei mir die Mahnung noch durch einen freundlichen Rippenstoß. Wir liegen auf der Erde. Fünf Schritte von mir entdecke ich die sprühende Granate. Wie wird's ausgehen? Ein Knall, Sprengstücke heulen durch die Luft, Sand und Steine überschütten uns. Es hat gut gegangen. Schnell ans Geschütz und dem Feind für den freundlichen Gruß die Antwort geschickt. Alles springt auf, und hurtig wird geladen. Doch wer liegt denn da? Einer aus der Geschützreserve namens Jansen war törichterweise nicht in die Deckung geeilt. Da hat ihm nun ein Granatsplitter den Fuß zerschlagen.

Es ist etwas Eigenartiges um ein Artilleriegefecht. Hier konnte man es ein Artillerieduell nennen. Aber ein Duell mit ungleichen Waffen: acht gegen zwei; schwerste Feldartillerie gegen kleine Gebirgsgeschütze.

Meine Kanoniere arbeiten wie auf dem Exerzierplatze. Die Anstrengungen des Schnellfeuers treiben perlende Schweißtropfen auf die bleichen Gesichter. Der Pulverdampf und der Pulverschleim schwärzt sie. Jeder ist bestrebt, seinen Posten auf vollkommenste auszufüllen. Kein Geschrei, wie beim Vorstoß stürmender Infanterie, kein Hurrah und Waffenklirren wie beim Heranbrausen der Kavallerie. An die Stelle gebannt, lautlos seinen Dienst verrichtend, scharfen Auges hinüberspähend, kaltblütig richtend steht der Artillerist an seinem Geschütz und entsendet das Tod und Verderben bringende Geschoß. Ein stilles Gebet schwebt auf mancher Lippe.

Auch den Feind verhüllt bald eine Dampfwolke. Das Mündungsfeuer von acht Rohren bildet das Ziel für den Richtkanonier. Die Granaten rauschen heran. Den Boden erzittern lassend, prallen sie teils vor uns gegen die Mauer, teils schlagen sie über uns wegsausend hinter der Stellung ein.

Die Kirche San Giovanni hatte ihre Tore weit geöffnet. Da fährt eine Granate durch ein Fenster, und wir hören den dumpfen Knall der Explosion aus der Kirche schallen. Das war aber meinem wackeren Richtkanonier Diana, einen lebhaften Neapolitaner, doch zu arg. *Guarda, San Giovanni!* rief er aus, *queste bestie ti ruinano tua chiesa!* (›Schau, hl. Johannes! Diese Bestien zerstören dir deine Kirche!‹) und treuherzig fügte er hinzu: ›Da hilf doch uns, deinen Christen, daß wir's den Hunden ordentlich heimzahlen!‹

Das Feuergefecht war sehr heftig geworden. Hüben wie drüben gab das Mündungsfeuer die Richtpunkte. Die heißgewordenen Rohre mußten mit Wasser gekühlt werden. Gerade knie ich am Geschütz, um die Richtung zu prüfen, da ruft mein Richtkanonier, der hinter mir stand: ›Rechts avanciert eine feindliche Batterie!‹

Richtig, eine bespannte Batterie versucht in dem schwierigen Gelände vorzurücken. Schnell reiße ich das leichte Gebirgsgeschütz herum und halte auf das Geschütz am Flügel. Dann rufe ich dem Leutnant, der bei dem anderen Geschütz steht, zu: ›Rospigliosi, rechts auf die avancierende Batterie!‹ Er hatte wegen des Dampfes die Batterie noch nicht bemerkt, winkt mir aber sofort zu, daß er mich verstanden habe.

›Kinder, schnell, schnell geladen, jedoch die Granate vorsichtig temperieren!‹ Die feindliche Batterie war durch unsern ersten Schuß zum Stehen gekommen. Ich richte auf das mittlere Geschütz. ›Feuer!‹ Die Granate brachte einen Volltreffer. Das Geschütz Rospigliosis erzielt ebenfalls einen solchen. Die Batterie macht kehrt. In der Freude des Erfolgs schicke ich ihr einen Jauchzer nach und schwenke das Käppi (Später brachte ich in Erfahrung, daß unsere Schüsse der feindlichen Batterie acht Mann Verluste verursacht hatten).

Ein Schnellfeuer stellt keine geringen Anforderungen an die Bedienungsmannschaft. Rohrrücklauf kannte man damals nicht. Trotz Hemmseile waren Rückstoß und Rücklauf besonders bei unseren leichten Geschützen beträchtlich. Nach jedem Schuß mußte das Geschütz vorgeschoben, gewischt und neu gerichtet werden. Alles das ermüdete sehr. Zwei Mann der Bedienung hatte ich wegen Übermüdung auswechseln müssen, einer war leicht verwundet.

Eben knie ich wieder am Geschütz, ein schwarzer Schein trifft mein Auge, hart am Kopf rauscht es vorbei. Ein Knall – ich höre den Schrei: ›*Oh Sant' Antonio son' morto!*‹ Mich umwendend, erblicke ich meinen Richtkanonier Diana, an den hinter uns stehenden Ölbaum geklammert. Die berstende Granate hat seinen Oberschenkel zerrissen. In Strängen hängen Sehnen und Arterien bloß, das Beinkleid brennt, ein schwarzer Blutstrom fließt aus der Wunde. Ein schrecklicher Anblick!

Indes hat unsere wackere Infanterie den Vorfall bemerkt; zwei Soldaten eilen mit einer Tragbahre herbei und bringen den Verwundeten zum Verbandplatze. Solch eine schwere Verwundung macht einen niederschmetternden Eindruck. Dazu wurde der Unteroffizier Rattaz bei den Munitionstragtieren ebenfalls verwundet.

Die Mannschaft war erschöpft. Ich stand allein bei dem geladenen Geschütz; ›Freiwillige will ich haben‹, dachte ich, feuerte den Schuß ab und machte mich daran, ganz allein zu laden. Doch da eilten vier wackere Burschen heran, ein Deutscher, ein Schweizer und zwei Italiener. ›Darauf haben wir nur gewartet‹, rief der Schweizer, Wiedmer mit Namen.

Bald krachte wieder Schuß auf Schuß. ›Sie müssen die Stellung wechseln, der Feind ist zu gut auf Sie eingeschossen‹, meinte der Hauptmann. ›Ich auf ihn auch‹, entgegnete ich, ›darum möchte ich bleiben, wo ich bin.‹ Allein der Hauptmann bestand auf dem Wechsel. Also mehr nach links! Dort stand eine Pinie im Wege. ›Laß eine Granate schief gehen‹, dachte ich und richtete so, daß das Geschoß den Baum stark streifte. Mein Plan glückte, die Pinie fiel auf die Seite; Stamm und Krone – in der schnell eine Lücke gehauen wurde – bildeten eine vorzügliche Deckung. Der Hauptmann war unser Retter. Die feindlichen Granaten durchpflückten förmlich die Stelle, wo wir gestanden hatten.

›Kamerad, ich schicke Ihnen zu trinken‹, hörte ich den Leutnant der Legion rufen und sehe, wie er einem seiner Leute einen Blechbecher voll Wein einschenkt. Der kommt herzugelaufen und sagt auf deutsch: ›Wohl bekomm's, Herr Leutnant, Sie haben einen Trunk verdient.‹ Dankend nehme ich den Becher und mahne ihn: ›Schnell, gehen Sie in die Deckung zurück!‹ Es wäre mir höchst unangenehm gewesen, wenn der Brave bei seinem Liebesdienst einer feindlichen Granate zum Opfer gefallen wäre.

Doch der stellt sich breit bei mir hin: ›Die schwarzen Dinger kenne ich, die tun niemanden etwas, der nicht für sie bestimmt ist. Ich warte bis Sie ausgetrunken haben‹, lautete seine ruhige, schier fatalistische Antwort. Als ich dann schnell trank, um den Wackeren, der bei mir stand, aus der Gefahr zu bringen, sagte er: ›Bitte trinken Sie nicht so schnell, das ist nicht bekömmlich; ich habe Zeit.‹ Solche Kaltblütigkeit mußte ich bewundern. ›Wenn Sie Durst haben, winken Sie nur, dann komme ich wieder.‹ Mit diesen Worten zog er mit dem leeren Becher ab.

Das Gefecht geht weiter. Eine andere feindliche Batterie wird vorgeschoben. Wir schießen auf 1.200 Meter Distanz. Die Batterie stand zwischen zwei Winzerhäuschen. Es schien mir, daß die Munitionswagen in Deckung hintern den Häusern standen. Nach Überlegung mit dem Hauptmann hielt ich auf das niedrigere Dach. Der Granate folgte eine heftige Explosion. Ein Volltreffer, wie es schien.

Unterdessen war feindliche Infanterie vorgegangen. Plötzlich pfiffen uns die Flintenkugeln um die Ohren. Ob's das Handwerk mit sich bringt? Wie war dies Pfeifen unheimlicher als das Rauschen der Granaten.

Unsere braven Carabinieri esteri hatten auch den Feind bemerkt. Bald schickten sie ihm so treffliche Grüße, daß er vorzog, rückwärts zu verschwinden.

Die Granaten, die über unsere Köpfe sausten und hinter uns einfielen, machten bald wenig Eindruck. Wenn sie platzten – eine Anzahl Blindgänger waren auch dabei –, folgte die Streuung stets mehr der Schußrichtung. Dies war sogar bei solchen Geschossen der Fall, die vor dem Platzen in den Ruhezustand gekommen waren. Beobachtete ich doch Granaten, die auf dem Pflaster vor dem Lateran wie Flaschen aufrecht zu stehen kamen und dann platzten.

Aber nicht alle Granaten gingen zu hoch. Einige fielen in bedenklicher Nähe, und ein Andenken sollte auch ich bekommen. Unmittelbar vor dem Geschütz schlägt eine Granate ein. Sprengstücke, Steine und Erde sausen uns um die Köpfe. Von den beiden Leuten vorn am Geschütz sehe ich Qualm und Staub nichts mehr. ›Seid ihr noch am Leben‹ rufe ich. ›Wir sind frisch und munter‹, schallt's zurück. Auch ich spüre für den Augenblick nichts. Die Lafette war beschädigt und mußte gegen die Reserve-Lafette ausgewechselt werden.

›Bei Porta Pia sind sie herein, aber wir schießen weiter‹, hatte kurz vorher der Hauptmann mir zugeraunt. ›Dann geben Sie, bitte, acht, ob man uns nicht in den Rücken kommt, damit wir hernach schnell wenden und sie begrüßen können‹, lautete meine Antwort. Und wir schossen weiter.

Da sprengt Major Polani heran. ›Feuer einstellen!‹ Der ihn begleitende Trompeter bläst das Signal *Cessate il fuoco!* Es wird von den Hornisten der Carabinieri esteri und der Zuaven aufgenommen und mehrmals wiederholt.

An meinem Geschütz war die Pulverladung und gerade sollte die Granate angesetzt werden. Da faßte mich mein Hauptmann an die Schulter: ›Jetzt schnell in die Deckung, damit Sie nicht zuletzt noch getroffen werden‹ Auf seiten des Feindes dauerte das Feuer noch fort.

›Dieser Schuß soll noch heraus!‹ entgegnete ich. ›Nein!‹ rief der Hauptmann, ›dadurch würden Sie zum Mörder. Der Krieg ist zu Ende!‹ Er hatte recht.

Die Infanterie band in Ermangelung andern weißen Stoffes ein Hemd an ein Gewehr und hielt diese weiße Fahne hoch. Von seiten des Feindes sausten noch einige Granaten herüber. Dann hörte auch dort das Feuer auf. Es war 10 ¼ Uhr.

Major Polani ritt mit dem Adjutanten und einem Trompeter in das feindliche Lager, um die Bedingungen der Übergabe zu vereinbaren.

Meine Leute warfen sich erschöpft auf die Erde. Einem derselben, dem schon genannten Wiedmer, konnte ich eine leichte Wunde am Knöchel des Fußes verbinden, die von der Granate, die unmittelbar vor meinem Geschütz geplatzt war, herrührte. Ein Lothringer namens Claudel war noch besser weggekommen: der Ärmel seiner Jacke war aufgerissen. In dessen Ellenbogen steckte die Kopfschraube der feindlichen Granate, ohne daß sie den Arm verletzt hatte. Mir hatte ein Sprengstück eine starke Prellung am linken Oberschenkel gebracht; das war mein Andenken vom 20. September.

Der Koch hatte inzwischen ebenfalls seine Pflicht getan. Als das Gefecht zu Ende, war das Essen gar. Unser Zug war wohl der einzige, dem das gelang. Nach der ›Arbeit‹ hatten die Leute auch ihr Essen.

Beim Leutnant Camerz von der Legion bedankte ich mich für den Wein, den er mir in die Feuerstellung geschickt hatte. Auch erkundigte ich mich nach dem Soldaten, der ihm mir brachte. Es war ein Berliner, Peter Hintze mit Namen. Erst jetzt bemerkte ich, daß mir ein Sprengstück eine Verwundung am linken Oberschenkel beigebracht hatte – mein Andenken an den heutigen Tag.

Mit Hauptmann Daudier und Leutnant Rospigliosi ging ich zum Tor San Giovanni. Die Torflügel waren in Brand geschossen und vom Feuer vollständig vernichtet. Der Kommandant unserer Verteidigungszone, Oberstleutnant Baron Charette von den Zuaven, befand sich mit seinem Stabe gleichfalls am Tor. Bald darauf kam ein Oberstleutnant vom 46. Infanterieregiment mit einer Eskorte schwerer Reiter durch das niedergebrannte Tor hereingeritten und verhandelte mit Baron Charette.

Bevor er zurückritt, hörte ich ihn Charette fragen: ›Wo haben Sie ihre Artillerie?‹ – ›*Voilà, mon Colonel*‹ (Hier, Herr Oberst), und Charette zeigte auf die beiden leichten Feldgeschütze und unsere kleinen Bergkanonen. ›Wie, das ist alles?‹ entgegnete verwundert der Italiener. Und die Hand ausstreckend, rief er: ›*Bravo l'Artiglieria!*‹

Literatur und Medien (in Auswahl)

MONOGRAPHIEN

Vausserie, (Comte) *De la, La croisade d' Italie en 1860. Histoire de l' armée pontificale,* Paris 1860 – Costa, H., *Der Kirchenstaat, sein Entstehen und Bestand,* Laibach 1860 – Anonymus, *Vita del Generale De Lamoricière,* Firenze 1860 – De Segur, *A., Les martyres de Castelfidardo,* Paris 1861 (ed. ital.: I martiri di Castelfidardo, Bologna 1862) – Poli, O. De, *Souvenier du bataillon des zouaves pontificaux (franco-belges),* Paris 1861 – Lafleche, L. F., *Ceremonies funebres dans les eglises cathedrales du Bas-Canada, en l'honneur des glorieux defenseurs du St. Siege tombes en resistant a l'invasion piemontaise, en septembre 1860, avec les discoursprononces, a cette occasion,* Quebec 1861 – Bresciani, *A., Le zouave pontifical,* Paris 1862 – *Il volontario Giuseppe Luigi Guerin del Corpo de' Zuavi pontificii franco-belgi,* Roma 1862 – Lilliehöök, J., *Zwei Jahre unter den Zuaven,* Leipzig 1863 – Quatrebarbes, (Comte de), *Souveniers d' Ancone,* Paris 1866 – *Life and Extraordinary Adventures of John H. Surrat, The Conspirator,* Philadelphia 1867 – *Trials of John H. Surrat in the Supreme Court of the District of Columbia,* Washington 1867 – De Becdelièvre, L. A., *Souveniers de l' armée pontificale,* Paris 1867 – Nuyens, W. J. F., *Nederland en de pauselijke zouaven,* Amsterdam 1867 – Niedermayer, A., *Die Streiter für den Apostolischen Stuhl im Jahre 1867,* Frankfurt am Main 1867 – Löfler, Ph., *Trauer-Rede gehalten im Dome von Regensburg am 11. Dezember 1867 bei dem feierlichen Pontifical-Gottesdienste für die Seelenruhe der Soldaten, welche in Vertheidigung des heil. Stuhles gegen die die jüngsten Angriffe auf den Kirchenstaat gefallen sind*, 3. Aufl., Regensburg, New York und Cincinnati 1868 – De Wallincourt, E., *Les héros de Mentana, Nerola, Montelibretti e Monterotondo*, Lille 1868 – Marquigny, E., *Les zouaves hollandais de l' armée du Pape*, Paris 1868 – Walford, E., *From Rome to Mentana*, London 1868 – Geijer, B. P., *Onze pauselijke zouaven*, Leiden 1868 – Cardello, V., *Giulio Watts Russel zuavo pontificio: memorie*, Roma 1868 – Verreau, H. A. B., *Aux Zouaves, dernier adieu*, Montreal 1868 – *Manuel du Zouave Pontifical*, Rome 1869 – *Hulde aan de pauselijke zouaven. Opgedragen ann de zouavenbroederschap »Fidei et Virtuti« te Rotterdam*, Rotterdam 1869 – Boullard, B., *Itineraire de Rouen a Rome en 1869*, Rouen 1870 – Gerlache, E. de, *De laatste dagen van het pauselijk leger*, Mechelen 1870 – Lachance, Fr., *Prise de Rome: Odyssee des zouaves canadiens de Rome a Quebec*, Quebec 1870 – *Zouaves pontificaux canadiens a leurs compagnos de France*, Montreal 1871 – Russel-Killough, F., *Dix années au service pontifical*, Paris 1871 – De Wallincourt, E., *Les zouaves pontificaux*, Paris 1873 – Beauffort, *Histoire de l' invasion des États pontificaux et du siège de Rome*, Paris 1874 – Keller, E., *Le général de la Moricière*, Paris 1874 – Charette, A. de, *Souveniers du Régiment des Zouaves pontificaux*, Paris 1876 – Prendergast, J. A., *Rapport presente a l'Assemblee generale de l'Union-Allet, tenue a Ottawa, le 1er juillet 1877*, Montreal 1877 – Ottawa Reception Committe of the Papal Zouaves, *Report of the Ottawa Reception Committee on the flag incident on board the steamer »Queen«*, Ottawa 1877 – Allard, J. S., *Les Zouaves pontificaux ou Journal de Mgr. Daniel*, Nantes 1880 – Vanntunelli, P. V., *Il generale Kanzler, Cenni biografici*, Roma 1889 – Harris, Th. M., *The Assassination of Lincoln. A History of the Great Conspiracy*, Boston 1892 — Bittard des Portes, R., *Histoire des Zouaves pontificaux*, Paris 1894 – *Les Zouaves pontificaux de Quebec le 20 septembre 1895*, Quebec 1895 – Carletti, G. C., *L' esercito pontificio dal 1860 al 1870*, Viterbo 1904 – Rouleau, C.-E., *La papaute et les zouaves pontificaux: quelques pages d'histoire*, Quebec 1905 – *Régiment des zouaves pontificaux. Liste des zouaves ayant fait partie du régiment du 1er janvier 1861 au 20 septembre 1870*, 2 voll., Lille 1910–1920 – Mathuiseux, M. de, *Histoire des Zouaves Pontificaux*, Tours 1913 – Devigne, P., *Charrette et les Zouaves pontificaux*, Paris 1913 – Faye, J. De Le, *Le Général de Charrette*, Paris 1918 – Vigevano, A., *La fine dell' Esercito pontificio*, Roma 1920 – Vigevano, A., *La campagna delle Marche e dell'Umbria*, Roma 1923 – Rouleau, C. E., *Les Zouaves canadiens à Rome et au Canada*, Québec 1924 – Francoeur, A., *Nos zouaves et la Sainte Vierge*, Trois-Rivieres 1925 – Lecomte, L., *Les Belges au service de Rome (1860–1870), Carnet de la Fourragère*, Bruxelles 1928–1929 – Pimodan, G. de, *Vie du général De Pimodan*, Paris 1929 – Delfour, L. C., *Psychologie des Zouaves Pontificaux*, Avignon 1929 – Spoorenberg, F., *Pater Cornelis de Kruyf van de orde der augustijnen. De vader der Hollandsche Zouaven 1813–1874*, 's-Hertogenbosch 1930 – Barral, E. de, *Les zouaves pontificaux (1860-1870)*, Paris 1932 – Stock, L.F. (Ed.), *United States Ministers to the Papal States, Instructions and despatches*, Washington 1933 – CicconettiI, L., *Roma o morte. Gli avvenimenti nello Stato Pontificio nel 1867*, Milano 1934 - Della Torre, P., *L' anno di Mentana*, Torino 1938 – Marraro, H.-R., *Canadian and american zouaves in the papal army*, Toronto 1945 – Van Langen, Ch., *Uit het Epos der 3000 Nederlandse zouaven*, Nijmegen 1947 – Stock, L.F. (Ed.), *Consular Relations between the United States and the Papal States. Instructions and Despatches*, Washington 1955 – Conde de Melgar, F., *Pequena historia de las guerras carlistas*, Pamplona 1958 – Pieri, P., *Storia militare del Risorgimento: battaglia di Castelfidardo 18 settembre 1860*, Torino 1962 – Cerebelaud-Salagna, G., *Les Zouaves pontificaux*, Paris 1963 – Sansone, N. (a cura di), *Lo zuavo e il bersagliere: 20 settembre 1870*, Milano 1963 – Vaussard, *M., La fin du pouvoir temporel des papes*, Paris 1964 – Di Nolli, R., *Mentana*, Roma 1965 – Overfeld, W. van, *De geschiedenis der pauselijke zoeave. Pro Petri Sede*, Oudenbosch 1967 – Friz, G., *Burocrati e Soldati dello Stato Pontificio 1800-1870*, Roma 1974 – Brandani, M.; Crociani, P.; Fiorentino, M.; *L' Esercito Pontificio da Castelfidardo a Porta Pia (1860–1870)*,

Milano 1976 - Musees Nationaux du Canada (Ed.), *Les Zouaves pontificaux canadiens: comprenant l'origine des zouaves pontificaux canadiens,* Ottawa 1976 – Coenen, J., *De Geldropse zoeaven in de strijd tegen de eeinheid van Italie (1861–1870),* Geldrop 1977 – Goddeeris, J., *De pauselijke zouaven: met opgave van de vrijwilligers uit West-Vlaanderen,* 1978 – Hardy, R., *Les zouaves. Une stratégie du clergé québécois au XIXe siècle,* Montréal 1980 – ZaaL, W., *De Vuist van de Paus - De Nederlandse zouaven,* Amsterdam 1980 – Coltrinari, M., *Le Forze Armate Pontificie a Castelfidardo – 18 Settembre 1860* (= Associazione Italia Nostra, Sezione di Castelfidardo, Maggio 1984, Nr. 2), Castelfidardo 1984 – De Vita, C. / Puraye, J., *I Moschetti di Liegi per la Guardia Nobile Pontificia,* Tipografia Poliglotta Vaticana 1986 – Zuaven Regiment Leuk (Hrsg.), *Fahnenweihe Gemeinde Leuk,* Leuk 1991 – Zuaven Regiment Leuk (Hrsg.), *Festschrift – Uniformeinweihung,* Leuk 1991 – Raggi, P., *La Nona Crociata. I Volontari di Pio IX in Difesa di Roma (1860-1870),* Ravenna 1992 – Leoni, F., *Le epidemie di colera nell' ultimo decennio dello stato pontificio,* Roma 1993 – Nispen, M.C.J.L. van, *Pro Petri Sede. Vor de stoel van Petrus. Hommage aan de zouaven van Oudenbosch,* Oudenbosch 1995 – Hinten-de Leeuw, E., *Basiliek van de H. H. Agatha en Barbara Oudenbosch – deutsche Ausgabe,* Regensburg 1995 – Aubry, D., *L'Association des zouaves de Québec. Étude etno-muséographique d' un engagement para-militario-religieuse, Québec 1997 – Guidotti, F., Volontari con Garibaldi per Roma Capitale,* Mentana-Monterotondo 1997 (= Supplemento Culturale del Periodico »La Voce della Provincia Romana«, Ottobre 1997) – Guenel, J., *La dernière guerre du Pape - les zouaves pontificaux au secours du Saint-Siège 1860–1870,* Rennes 1998 - Stichting Nederlands Zouavenmuseum (Ed.), *Voor Paus en Koning. Een korte geschiedenis van de Nederlandse zouaven, 1860–1870,* Oudenbosch 1998 – Nersinger, U., *Soldaten des Papstes. Eine kleine Geschichte der Päpstlichen Garden. Nobelgarde, Schweizergarde, Palatingarde und Gendarmerie,* 2. Auflage, Ruppichteroth 1999 (1. Aufl. Klosterneuburg-Wien 1996) –

D'Argence, R., *Six mois aux Zouaves pontificaux ou Les derniers jours des Etats pontificaux 1870*, Bale 2000 – Nersinger, U., *Das Päpstliche Zuavenregiment (1860/6–1870), Vortrag bei der »Lovania« (Löwen)*, Löwen/Tongerlo 2000 – Comitato Nazionale per le Onoranze ai Caduti del 1867 (Ed.), *Mentana onora i Caduti della Campagna dell' Agro Romano per la Liberazione di Roma*, Mentana 2001 – Seibt, G., *Rom oder Tod. Der Kampf um die italienische Hauptstadt*, Berlin 2001 – Capone, M., *Catalogo delle armi del Museo Nazionale della Campagna dell' Agro Romano per la Liberazione di Roma*, Mentana 2001 – Circolo Culturale »Giuseppe Federici«, *In nome del Papa-Re. L'esercito di Pio IX nell'Iconografia e nella numismatica (1860–1870)*, Rimini 2001 – Innocenti, L., *Per il Papa Re. Il Risorgimento Italiano visto attraverso la Storia del Reggimento degli Zuavi Pontifici* – 1860/1870, Perugia 2004 – Sazillo, T., *Fatti d'arme delle prodi legioni pontificie 1868*, Senago 2004 – Coulombe, C. A., *The Pope's Legion. The multinational Fighting Force that defended the Vatican*, New York / Houndmills 2008 – Alvarez, D., *The Pope's Soldiers. A Military History of the modern Vatican*, Kansas 2011 – Barbagallo, S. / Catananti, C., *La Gendarmeria Vaticana. Dalle origini ai nostri giorni*, Cinisello Balsamo 2017 – Corcoran, D., *The Irish Brigade in the Pope's Army 1860*, Padstow 2018

ARTIKEL

Il colera del 1867 e gli Zuavi Pontifici, in: *La Fedeltà* (Roma), XIV (1884), 122ss – Le Gonidec de Traissan, O., *Souveniers des Zouaves pontificaux*, publiés par A. Lefas, in: Le Correspondent, 1911, n. 243, 147–177, 463–486 – Gonni, G., *Nel cinquantenario della presa di Roma – La Marina italiana nell'anno 1870 e la occupazione in Civitavecchia*, in: *Rassegna storica del Risorgimento*, VII (1920), 406–440 – Van Deinse, J. J., *De Zouaven-uniform*, in: *Twentsch Dagblad Tubantia*, 31 Maart 1912 – Menichetti, G. M., *Gli zuavi pontifici*, in: *L'Osservatore Romano*, 27-II-1926 – Maraviglia, P., Mentana, in: *Bolletino dell'Ufficio Storico dello S.M. del R.*

Esercito, vol. I, anno I (n.6, 1 novembre 1926), 391–404 - Menichetti, G. M., *Pio IX e i suoi zuavi*, in: *L'Osservatore Romano*, 15-II-1928 – Stock, L. F., *An American Consul joins the Papal Zouaves*, in: *Catholic World*, CXXXII (1930), November, 146–150 - Menichetti, G. M., *Atanasio de Charette*, in: *L' Osservatore Romano*, 18-IX-1932 – *Ein Geschenk des Papstes für die holländischen Zuaven*, in: *L'Illustrazione Vaticana*, deutsche Ausgabe, Nr. 20, 25. November 1932, 920 – Dalla Torre, P., *Ai margini di più di un centenario: Fedeltà gloriosa degli zuavi pontifici*, in: *L'Osservatore Romano*, CIV, n. 296 (21–22 dicembre 1964) – Picchio, C., *Garibaldi a Mentana*, in: *Storia illustrata*, N. 118, Vol. IXI, Settembre 1967, 30–53 – Lodolini, E., *I volontari del Canada nell' esercito pontificio*, in: *Rassegna storica del Risorgimento*, LVI, 1969, 641–687 – Bosi. M., *Il reggimento degli Zuavi Pontifici canadesi*, in: *Strenna dei Romanisti*, 1969, 61–69 – Bosi, M., *La proditoria uccisione dello zuavo pontificio de Limminghe e il ricordo di lupinella chiesa di S. Giocchino e S. Anna alle Quattre Fontane: una pagina ignorata della nostra storia*, in: *Strenna dei Romanisti*, 1977, 52–67 – Dunoyer de Segonzac, J. M., *Le Général de Charette et les Zouaves pontificaux au service de la Papauté et de la France*, in: *Annales de la Société d'Histoire de Saint-Malo*, 1978, 129–146 - Nispen, M.C.J.L., *Pauselijke Zouaven*, in: *Brieven van Paulus*, 9(1983), 211–232 – M., *Les fidélités en France au XIXe siècle – Les zouaves pontificaux (1860–1870)*, in: *Fidélités, solidarités et clientèles. Centre de recherches sur l' histoire du monde atlantique. Enquetes et documents* (Nantes), XI, 1985, 275–303 – Mancini Barbieri, A., *Nuove ricerche sulla presenza straniera nell' esercito pontificio*, in: *Rassegna storica del Risorgimento*, LXXIII, 1986, 161–186 – De Wolf, K., *De laatste kruisvaarders pauselijke zouaven uit Zuid-Oost-Vlaanderen*, in: *Zottegems Genootschap voor Geschiedenis en Oudheidkunde*, Handelingen V (1991), 33–124 – Lagrée, M., *Les zouaves*, in: *Religion et cultures en Bretagne*, Paris 1992, 158–165 – Solka, M., *Mordfall Abraham Lincoln*, Wyk auf Föhr 1993 – Guenel, J., *Service de santé, morbidité dans le régiment des zouaves pontificaux en Italie (1861–1870)*, in: *Histoire des Sciences médicales*, XXIX, 1995, 261–269 – Del Re, N., *Zuavi Pontifici*, in: *Mondo Vaticano*, Città del Vaticano 1995, 1097–1098 - Boutry, Ph., *Zouaves pontificaux*, in: *Dictionnaire de la Papautè*, Paris 1995, 1745–1749 – Ellenbroek, H., *Pauselijke zouaven uit Deventer (1860–1870)*, in: *Gens Nostra*, No 7/8 – Nersinger, U., *Das Päpstliche Zuavenregiment (1860/61–1870)*, in: *Militaria, 5* (1999), 162–168 – Nersinger, U., *Der Waffenminister des Kirchenstaates. Eine Erinnerung an Hermann Kanzler (+1888)*, Nr. 2, Februar 2000, 26 – Nersinger, U., *Das »Nederlandse Zouavenmuseum« in Oudenbosch. Eine Reise in das letzte Jahrzehnt des alten Kirchenstaates*, in: *Kirchliche Umschau*, Nr. 2, Februar 2000, 27–28 – Nersinger, U., *General Hermann Kanzler*, in: *Militaria*, (2000) – Guénel, J., *Des zouaves pontificaux aux volontaires de l'Ouest*, in: *Christianisme et Vendèe*, 2000, 481–490 – Cesaroni, M., *Interessante e suggestiva cerimonia per il 140 della »Battaglia di Castelfidardo«*, in: *Il Comune di Castelfidardo*, Ottobre 2000, Anno XXXII, N. 383, 1, 10 – Nersinger, U., *Terror im Kirchenstaat, Der heiße Herbst des Jahres 1867*, in: *Kirchliche Umschau*, Nr. 11, November 2001, 17–20 – Nersinger, U., *Hermann Kanzler. Ein Deutscher als Waffenminister des Kirchenstaates und Befehlshaber der päpstlichen Armee*, in: *Militär & Geschichte*, Nr. 23, Okt, / Nov. 2005, 32–37 – Nersinger, U., *Der heiße Herbst des Jahres 1867*, in: *L'Osservatore Romano*, Wochenausgabe in deutscher Sprache, 6. Oktober 2017, Nr. 40, 5 – Nersinger, U., *Auf den Spuren päpstlicher Soldaten in den Niederlanden*, in: *Die Tagespost*, 21. November 2017, Nr. 139, 10.

MUSIK (Literatur und Partituren)

Geijer, B. P. / Wanna, H., *Groet aan onze Pauselijke Zouaven*, Leiden 1868 – De Vieuxbois, B., *Strijdmarsch der Pauselijke Zouaven*, Gent s.a. – De Vieuxbois, B., *Lied voor Pauselijke Zouaven*, Gent s.a. – Smith, G., *Le Pape-Roi ou L'Univers Catholique*, Choeur avec solo et duo, Montreal s. a. – De Francciscis, P., Al*le dame americane cattoliche de-*

gli Stati Uniti per il vessillo offerto al Santo Padre Pio IX da servire al nobile corpo de Zuavi: canzone del P. D. Pasquale de Franciscis de Pii Operarj, Roma 1867 – Giorzia, P., *Omaggio ai valorosi zuavi: marcia per piano forte*, Milano 18 ? – *Les Zouaves pontificaux*, Chant, Marseille 1873.

MEDIEN (Film, Musik, CD-ROM)

Office National du Film du Canada, *Jour du Juin* (Series: »Temps présent, Profiles et paysages«), 16 mm, couleurs, 29 minutes 29 secondes, Montreal 1958 – NFB-ONF, *With Drums and Trumpets* (National Film Board of Canada, International Program, 125 Houde Street, Saint-Laurent, Québec, Canada H4N 2J3) – Magni, L., *In nome del papa re / In the Name of the Pope King*, Italia / Italy (Jupiter Cinematografica) 1977, VHS (NTSC) – Magni, L., *Arrivano i Bersaglieri*, Factory Cinematografica – Italian International Film 1980 – De Felice, L., *Garibaldina*, in: Cento anni d'amore, Roma – Cinecittà 1958 – Assc. Italia Nostra, Sez. di Castelfidardo / ITIS »V. Volterra« di Torrette (AN), *Castelfidardo nel Risorgimento. Il passaggio delle Marche dallo Stato Preunitario allo Stato Nazionale*, CD-Rom, Castelfidardo 1999 – *Famous Composers for Rome, 1820–1920, A Musical Portait of Sacred and Secular Rome*, Fono-Teca, Editore Discografico Crisopoli Roma, Roma 2000 – Banda Musicale del Corpo della Gendarmeria Vaticana, 1861–2011. *Omaggio all'unità a'Italia*, Edizioni Musei Vaticani 2016 – EWTN, *Der heiße Herbst 1867. Robert Rauhut im Gespräch mit Ulrich Nersinger*, 2 Teile, Irondale (Alabama/USA) 2017.

Anhang

BILDER UND KARTEN

Abb. 1: Kardinal Giacomo Antonelli, von 1848 bis zu seinem Tod 1876 Kardinalstaatssekretär.

Abb. 2: Monsignore Francois Xavier de Merode (1812–1878), Geheimer Kämmerer des Papstes.

Abb. 3: Irische Briefmarke von 1995 zum Gedenken an die St. Patrick's Bataillon.

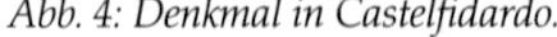

Abb. 4: Denkmal in Castelfidardo.

Abb. 5: Denkmal in Castelfidardo.

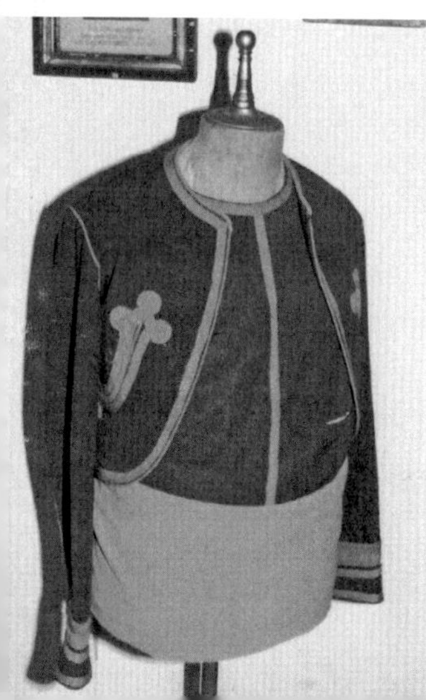

Abb. 6: Gedenkstein in Castelfidardo.

Abb. 7: Ansichtskarte von Ancona.

Abb. 8: Uniformjacke eine päpstlichen Zuaven.

Abb. 9: Der Zuaven-Oberstleutnant De Charette.
Abb. 10: General Hermann Kanzler (1822–1888), päpstlicher General und Oberkommandierender der Päpstlichen Armee.
Abb. 11: General Kanzler mit einigen Offizieren.

Abb. 12: Eine Zuaven-Kapelle.
Abb. 13: John Surratt (1844–1916).
Abb. 14: Giuditta Tavani-Arquati (1830–1867).

Abb. 15: Zeitgenössische Darstellung des Einsatzes in der Wollspinnerei in Trastevere am 25. Oktober 1867.

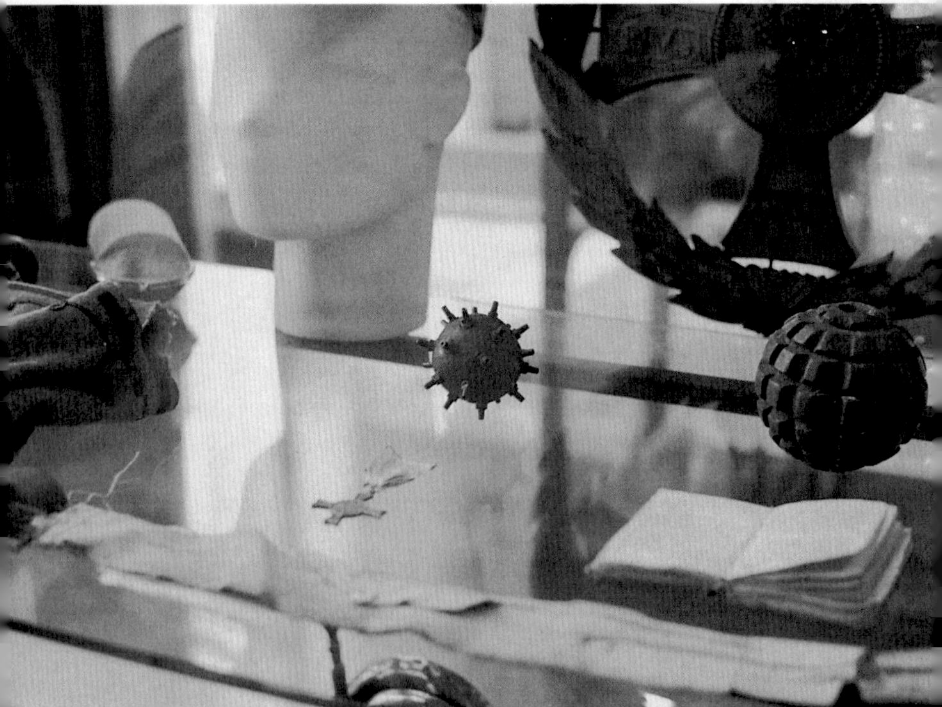

Abb. 16: Orsini-Bomben.

Abb. 17: Giuseppe Garibaldi (1807–1882).
Abb. 18: Pieter Jong (1842–1867), der »Held von Montelibretti«.

Abb. 19: Zeitgenössische Darstellung der Schlacht von Mentana.

Abb. 20: Zeitgenössische Darstellung der Schlacht von Mentana.

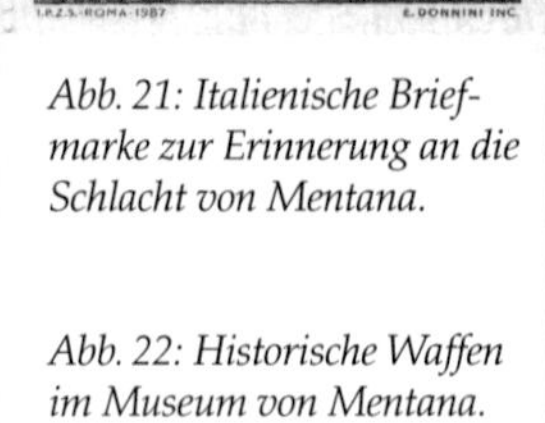

Abb. 21: Italienische Briefmarke zur Erinnerung an die Schlacht von Mentana.

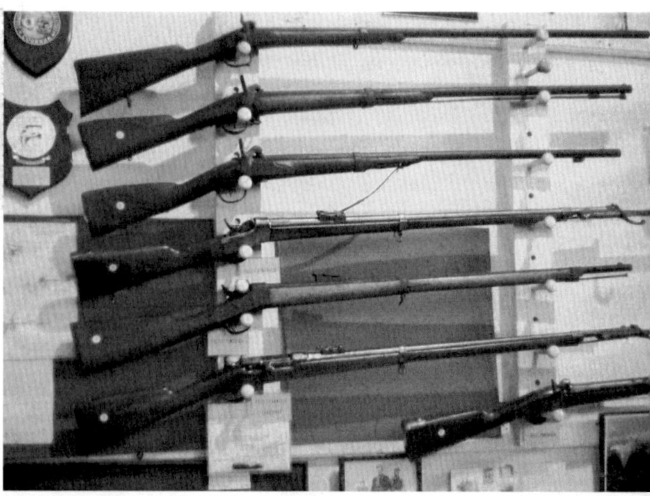

Abb. 22: Historische Waffen im Museum von Mentana.

Abb. 23: Squadriglieri
Abb. 24:Feldlager
Abb. 25: Zuaven während eines Manövers.

Abb. 26: Klemens August Eickholt, Artillerist in der päpstlichen Armee.

Abb. 27: Nobelgardisten in Rom.

Abb. 28: Die Porta S. Giovanni am 21. September 1871.
Abb. 29: Das Grab von General Hermann Kanzler in Rom.

Abb. 30: Statue Pius' IX. mit einem sterbenden Zuaven vor der Basilika in Oudenbosch.

Abb. 31: Statue Pius' IX. mit einem sterbenden Zuaven vor der Basilika in Oudenbosch.

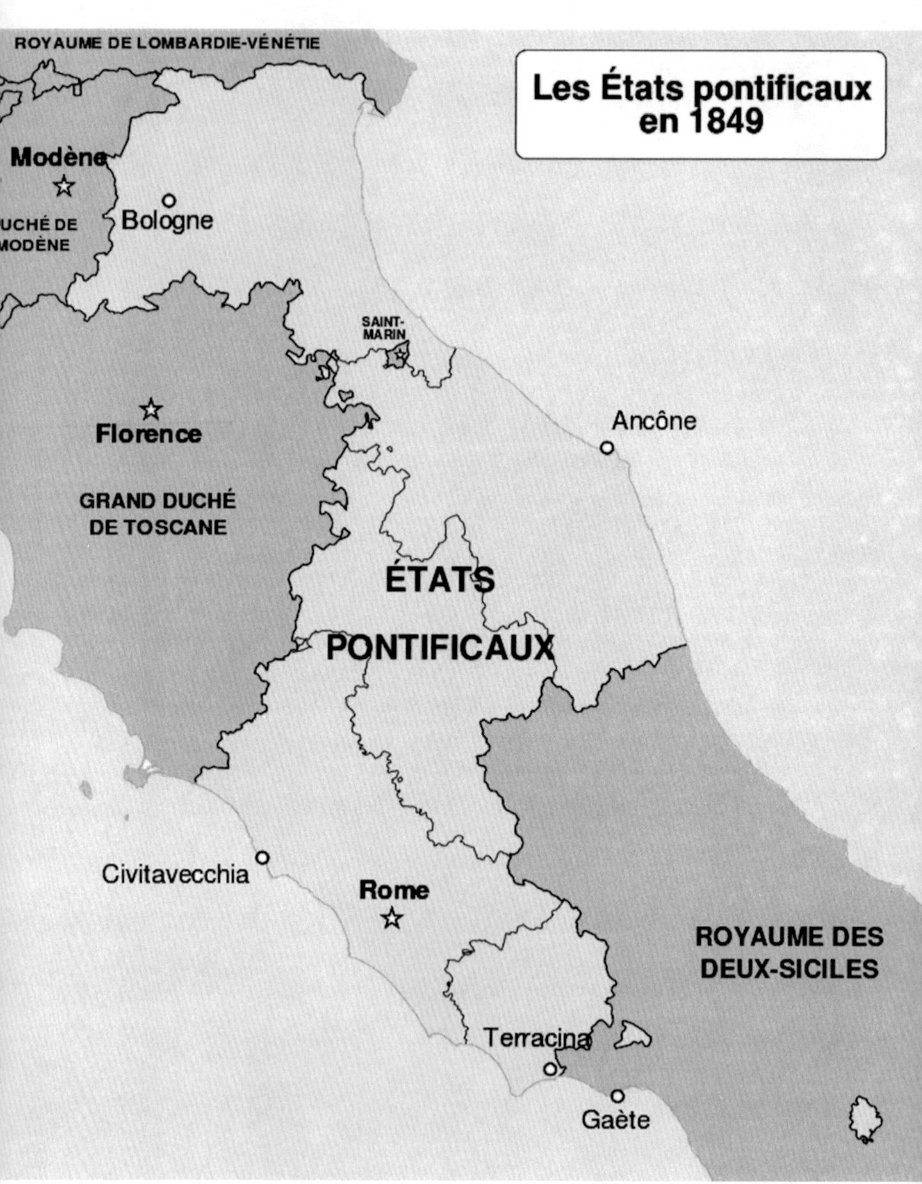

Abb. 32: Der Kirchenstaat im Jahre 1849.

Abb. 33: Der Kirchenstaat um das Jahr 1860.

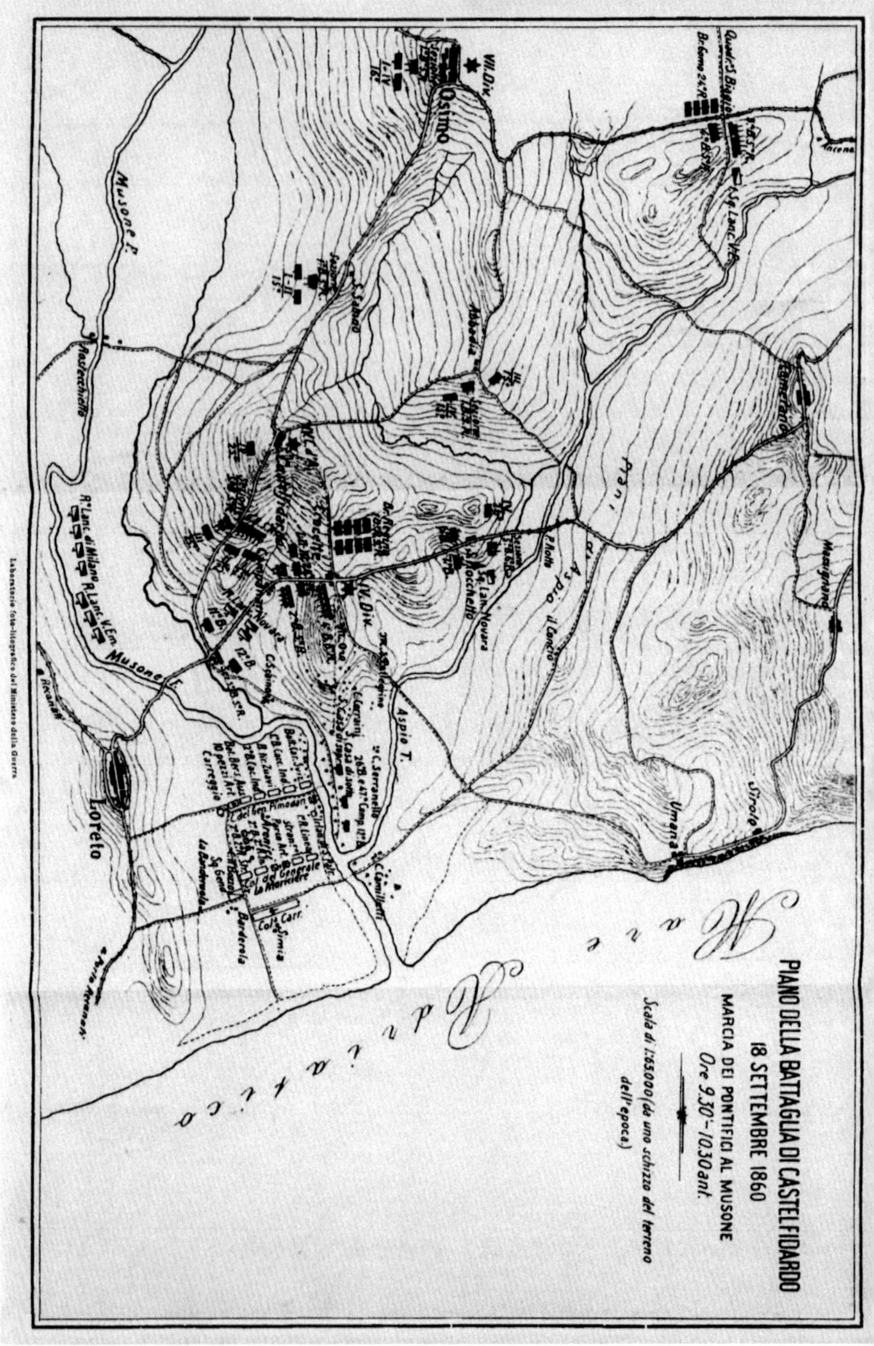

Abb. 34: Karte von Castelfidardo

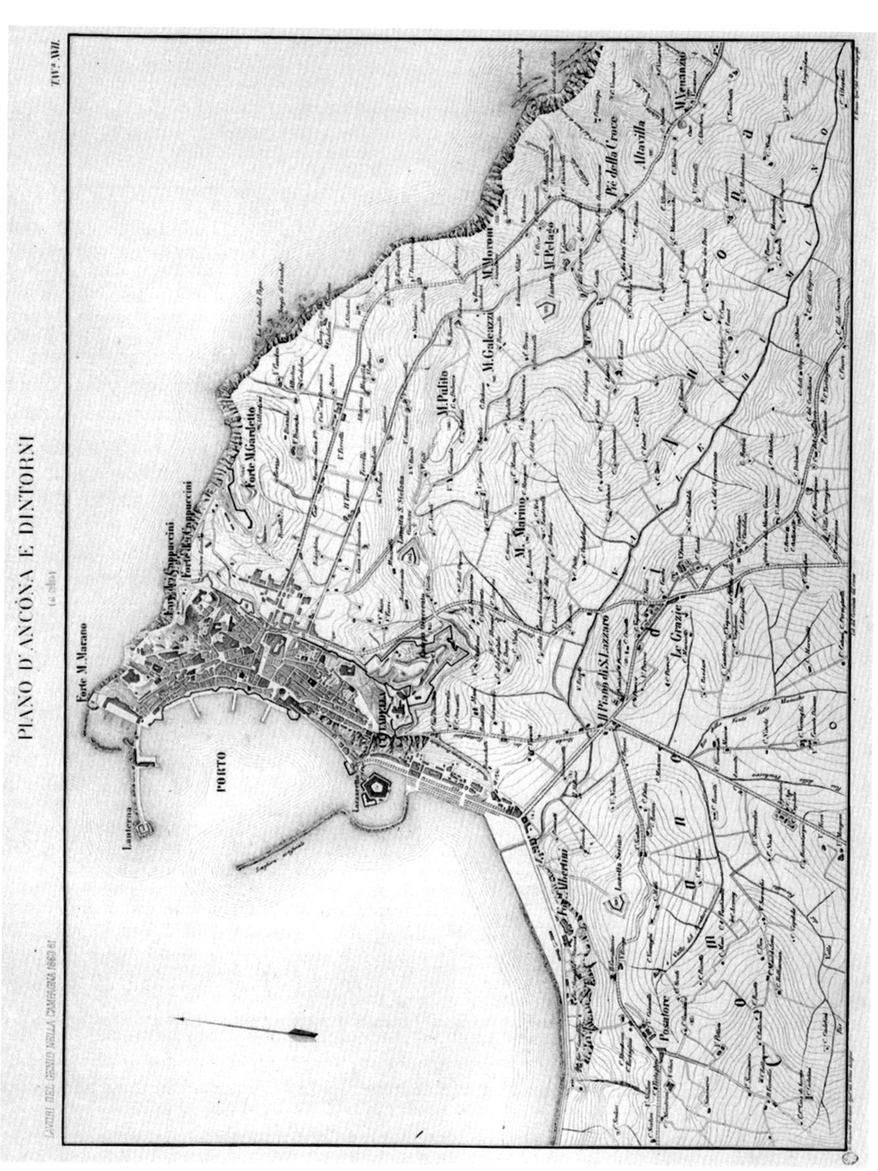

Abb. 35: Karte von Ancona

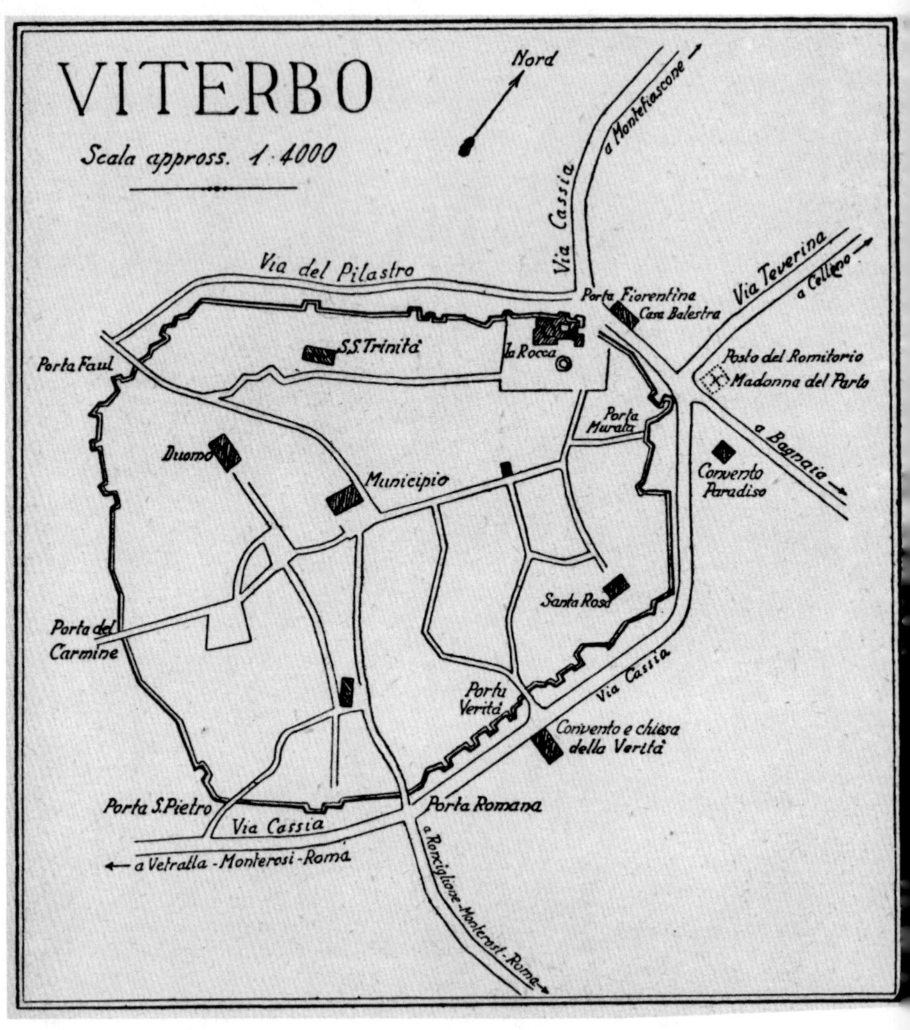

Abb. 36: Karte von Viterbo

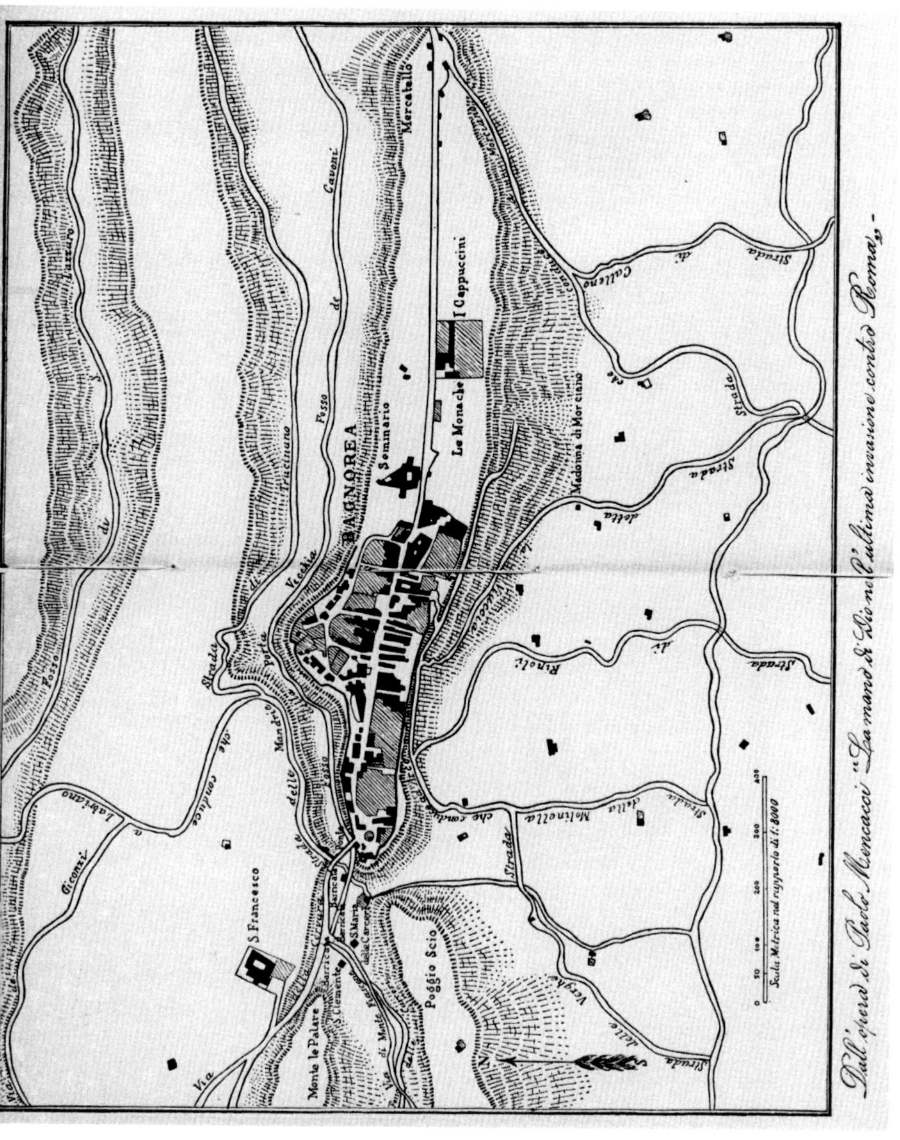

Abb. 37: Karte von Bagnorea

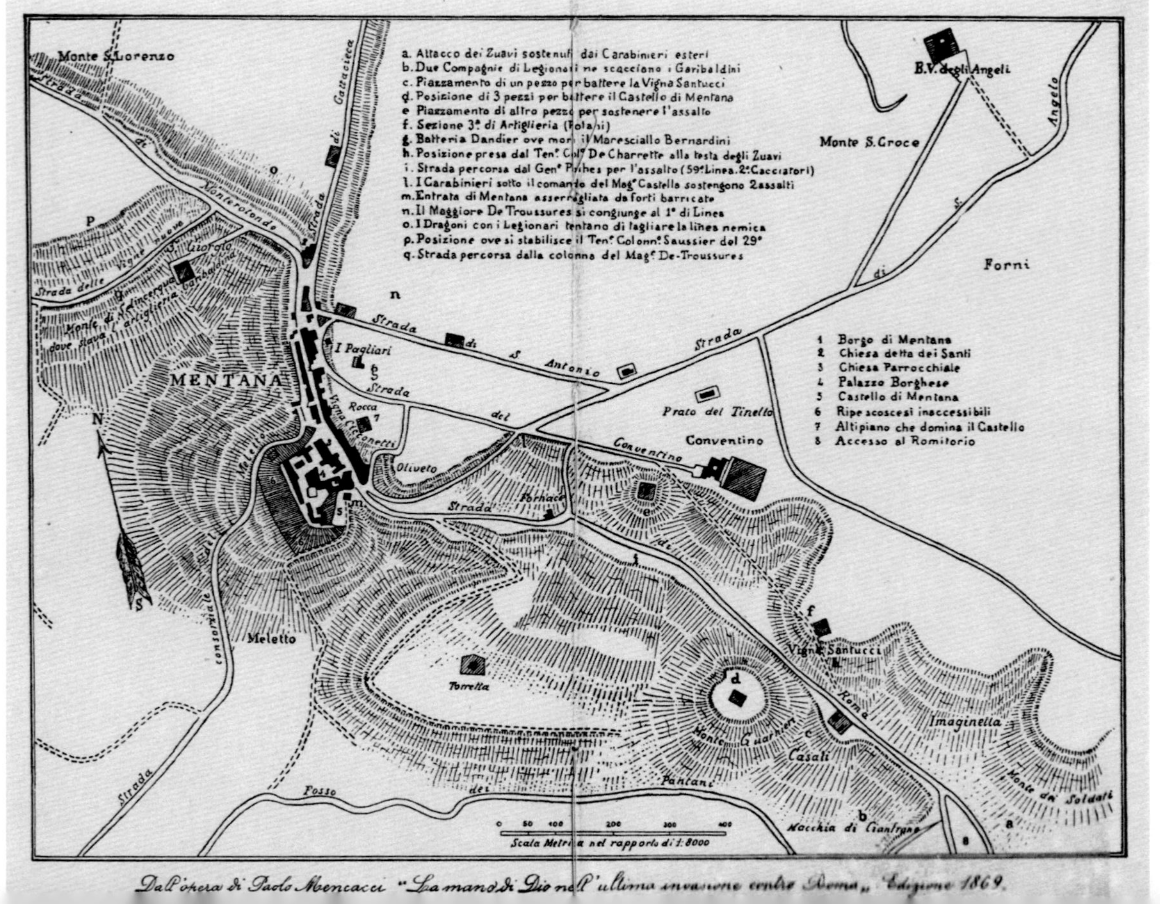

Abb. 38: Karte von Mentana

Mehr Bücher von Ulrich Nersinger

im Bernardus- und Patrimonium-Verlag

DER PAPST UND DIE FRAUEN

Entgegen den üblichen Verdächtigungen ist der Vatikan keine reine Männerbastion. Im Zentrum der Christenheit hatten und haben Frauen durchaus etwas zu sagen und zu entscheiden – in fast allen Bereichen. Ist die sagenumwobene und in den vergangenen Jahren auch medial sehr präsente »Päpstin Johanna« dabei dem Bereich der Legenden zuzuordnen, gibt es viele andere Frauen, die mit unter großen Einfluss auf die Päpste ihrer Zeit ausübten. In 24 kurzen Episoden berichtet der Theologe und Vatikanexperte Ulrich Nersinger von interessanten Frauengestalten, die teils bekannt, teils aber auch weitgehend vergessen sind. Hierzu gehören etwa die heilige Katharina von Siena, Donna Olimpia Maidalchini, die Schwägerin Papst Innozenz' X., Mathilde von Tuszien, Evita Peron oder Pascalina Lehnert, die Haushälterin und Privatsekretärin Papst Pius XII.

ISBN: 978-3-8107-0297-5
Softcover, 130 Seiten, 12,80 €

Bestellungen über info@bernardus-verlag.de

PAUL VI.

Ein Papst im Zeichen des Widerspruchs

Wer war Papst Paul VI., der von 1963 bis 1978 auf dem Stuhl des heiligen Petrus saß? Giovanni Battista Montini, geboren 1897, ist heute selbst vielen Katholiken ein Unbekannter. Zu Unrecht, denn Paul VI. war der Papst, der das Zweite Vatikanische Konzil zu Ende führte und der katholischen Kirche ein neues Gesicht gab. Seine Enzykliken, Pastoralreisen und Reformen sorgten für Schlagzeilen. Ulrich Nersinger versucht, ein an Fakten und Aussagen von Zeitzeugen orientiertes Bild nachzuzeichnen, eine lebendig geschriebene Biografie vorzulegen, die den Blick in ein spannendes Kapitel der (Kirchen-)Geschichte gewährt und dem Leser ermöglicht, zu einem eigenen Urteil zu kommen.

ISBN: 978-3-86417-027-0
Softcover, 138 Seiten, 14,80 €

Bestellungen über info@patrimonium-verlag.de

ATTENTAT AUF DEN GLAUBEN

Das Martyrium des Óscar A. Romero

»Das Martyrium ist eine Gnade, die ich nicht verdiene«, vertraute Monseñor Óscar Arnulfo Romero einem Freund an. Am 24. März 1980 wird der Erzbischof von San Salvador während der heiligen Messe von einem Auftragsmörder erschossen. Óscar Romero war ein Mann, der den Glauben vorbehaltlos und gegen jeden Widerstand verkündete, ein Hirte, der für die Gläubigen und ihre Rechte ohne Furcht und Zögern eintrat. In ihren Augen ist er bereits ein Märtyrer, ein Heiliger.

ISBN: 978-3-8107-0232-6
Softcover, 130 Seiten, 14,80 €

Bestellungen über info@bernardus-verlag.de

KRIEG UND FRIEDEN:

Die Päpste und der Islam

Die Geschichte von Christentum und Islam ist eine Geschichte von Krieg und Frieden. Die Päpste befanden sich dabei stets mitten im Geschehen. Kriege, Eroberungen und Rückeroberungen zwangen sie zum Handeln. Doch wie ist der Griff des Nachfolgers Petri zum Schwert zu begründen? Ist sein Handeln überhaupt mit dem Glauben zu vereinbaren? Erst in jüngerer Zeit brachen längst vergessene Konflikte wieder auf. Werden diese das künftige Verhältnis der beiden Weltreligionen zueinander bestimmen? Und welche Rolle kann der Papst in diesen Konflikten einnehmen?

ÜBER DEN AUTOR

Ulrich Nersinger (*1957 in Eschweiler bei Aachen) studierte Theologie und Philosophie in Bonn, St. Augustin, Wien und Rom mit ergänzenden Studien am Päpstlichen Institut für Christliche Archäologie und der Kongregation für die Selig- und Heiligsprechungsprozesse. Er ist Mitglied der Pontificia Accademia Cultorum Martyrum und gilt als einer der bekanntesten deutschen Vatikanisten.